戦国武将列伝❖10

四国編

平井上総 編

戎光祥出版

はしがき

戦国大名、あるいは戦国武将というと、人によってさまざまな人物が思い浮かぶであろう。戦国時代は、日本列島の各地でさまざまな勢力が、生き残りをかけて時に戦い、時に連携していた。大名家の中には江戸時代に藩として残ったものもおり、また滅びてしまったものもいるが、どちらも地域の記憶に強く残り、現代でもその地域の歴史を語る上で欠かせないと思われている者が多い。

さて、本書が対象とするのは、戦国時代の四国の大名・武将である。戦国時代の四国というと土佐国の長宗我部元親《ちょうそかべもとちか》がもっとも有名であり、いかにして彼が四国を統一していったかという目で見られがちである。関東地方では北条《ほうじょう》氏、中国地方では毛利《もうり》氏など、その地域を席巻した大名がいる場合は、程度の差こそあれ同様の傾向で見られることが多いだろう。ただ、北条氏であれば今川《いまがわ》氏・上杉《うえすぎ》氏・武田《たけだ》氏、毛利氏であれば尼子《あまご》氏・大内《おおうち》氏など、ライバルとなる大名がすぐに浮かぶのに対して、長宗我部氏の四国内におけるライバルは、一般的にはそれほど知名度が高くないのではないか。

だが、戦国時代の四国では、室町幕府を語る際に外すことができない阿波国守護の細川《ほそかわ》氏や、その配下から始まって畿内で大きな勢力を築いた三好《みよし》氏、戦国末期まで勢力を保った伊予国守護の河野《こうの》氏、瀬戸内海の海賊の村上《むらかみ》氏など、多くの個性的な勢力が存在し、活躍していた。彼らは四国外の勢力との関係も含めてそれぞれ独自の論理で動いていたのであり、戦国時代の四国は長宗我部氏だけで語れるものではないのである。

本書は列伝という形態を取り、土佐・阿波・讃岐・伊予といった国々の大名・武将たちを立項しており、中には一般によく知られていない人物もいる。本書は、そうした人物に興味を持つ方々、あるいは四国各地の戦国時代にどんな人物がいたか気になっているという方々にとって、最適なものとなっている。もちろん、戦国期の四国を扱う以上、長宗我部氏に関連する人物も立項し、解説した。なお、三好一族に関しては、阿波国出身ではあるが三好長慶《ながよし》のように畿内での活躍の方が目立つ人物も多い。本書はあくまでも四国での活動を中心に扱うこととし、人選もそれに合わせて絞ったため、彼らの畿内での活動についてはこのシリーズの畿内編をご覧いただいて補完することをお勧めしたい。

戦国時代の四国は軍記以外の史料に恵まれているとは言い難く、血縁関係や死亡年など、基礎的なことすら不明な者がかなり多い。ただ、近年、四国の戦国時代に関する研究は、着実に進展しつつある。本書は、そうした最新の研究成果が盛り込まれた記述となっており、軍記で描かれるような華々しい活躍からやや距離を置いた、実態を追及するような項目もある。さらに、執筆者間で見解が異なっている部分も統一せず、各自の見解に基づいて執筆している。そのため本書は、戦国時代の四国の武将たちの研究状況を一覧するための本としても機能するであろう。編者自身も、各項目の執筆者に勉強させていただいているというのが正直なところである。本書の刊行によって、戦国期の四国に関する研究がより進展することを、編者として願っている。

二〇二二年十月

平井上総

目次

凡例

一、本書では、戦国時代に主に四国（土佐・阿波・讃岐・伊予の四ヶ国）および四国と関係の深い淡路国を基盤として活躍した武将四十三人を取り上げ、各武将の事蹟や個性、そして彼らは何のために戦っていたのかをまとめた。

一、各項目に掲載した系図のうち、特に注記がない場合、本書掲載の武将はゴチック体で表記している。

一、人名や歴史用語には適宜ルビを振った。読み方については、各種辞典類を参照したが、歴史上の用語、とりわけ人名の読み方は定まっていない場合も多く、ルビで示した読み方が確定的なものというわけではない。また、執筆者ごとに読み方が違う場合もあり、各項目のルビについては、各執筆者の見解を尊重したことをお断りしておきたい。

一、用語についても、それ自体が論点となりうるため、執筆者間で統一をしていない。

一、掲載写真のうち、クレジットを示していないものについては、戎光祥出版編集部撮影のものである。

三村氏
宇喜多氏
備中
岩屋城
播磨灘
安宅氏
洲本城
志智城
塩飽諸島
勝賀城
聖通寺城
雨滝城
羽床城
十河氏
十河城
安富氏
天霧城
由佐城
虎丸城
香川氏
昼寝城
木津城
讃岐
藤田城
三好氏
上桜城
勝瑞城
岩倉城
白地城
大西氏
重清城
一宮氏
一宮城
大西城
川之江城
馬路城
阿波
牛岐城
那西仁宇城
本山氏
本山城
日和佐城
長宗我部氏
柳瀬城
岡豊城
牟岐城
日和佐氏
海部氏
大津城
香宗我部氏
海部城
（鞆城）
大高坂城
甲浦城
香宗城
安芸城
浦戸城
安芸氏
土佐湾

戦国時代の四国関係図

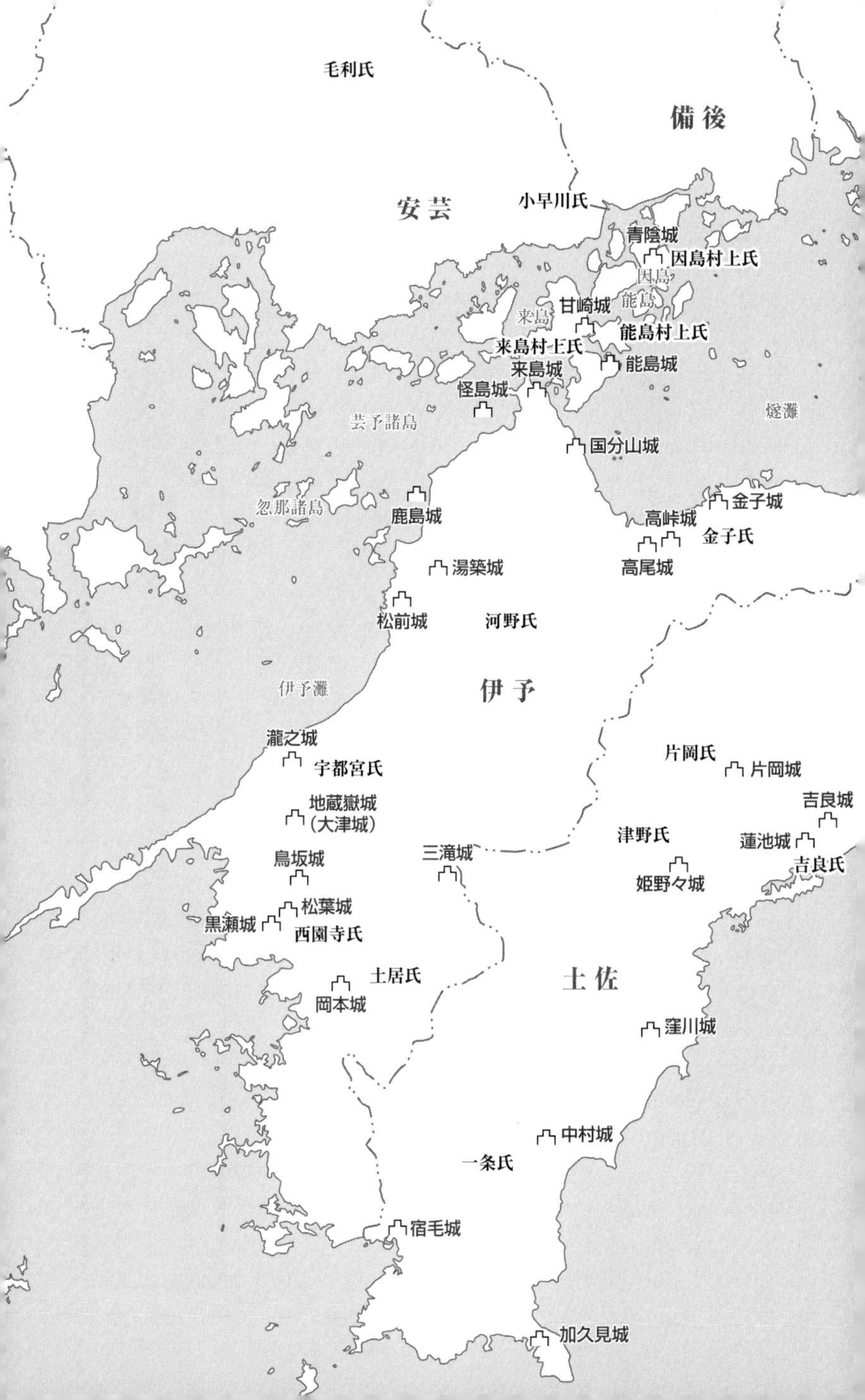

毛利氏
備後
安芸
小早川氏
青陰城
因島村上氏
因島
能島
甘崎城
来島
能島村上氏
来島村上氏
能島城
来島城
怪島城
燧灘
芸予諸島
国分山城
忽那諸島
鹿島城
金子城
高峠城
金子氏
湯築城
高尾城
松前城
河野氏
伊予灘
伊予
瀧之城
片岡氏
宇都宮氏
片岡城
地蔵獄城
(大津城)
吉良城
津野氏
蓮池城
三滝城
鳥坂城
吉良氏
姫野々城
松葉城
黒瀬城
西園寺氏
土居氏
土佐
岡本城
窪川城
中村城
一条氏
宿毛城
加久見城

長宗我部国親——長宗我部氏勃興の立役者

岡豊城の落城と国親

長宗我部《ちょうそかべ》国親《くにちか》は息子の元親《もとちか》と比べ、その認知度は低い。しかしながら、彼なくして元親は土佐統一どころか四国制覇をなしえなかったといえよう。ここでは、知られざる父国親の功績を紹介していきたい。

長宗我部氏は、本姓として秦《はた》氏を用いた。ここから、中国大陸から渡来した秦《しん》の始皇帝《しこうてい》の子孫である秦河勝《かわかつ》にルーツを持つという説がある。しかしながら、同時代史料から長宗我部氏の出自を知ることは史料の残存状況から困難である。一方、後世の編纂史料の記述では次の三つの説に分類することができる。

まず、元親死後三十三回忌に編纂された『元親記《もとちかき》』では長宗我部氏の先祖を土佐国の国司《こくし》と記す。土佐入国の具体的な年代は記されていないが、古代からの土佐居住を想定しているとみられる。

次に、宝永五年（一七〇八）に成立した『土佐物語《とさものがたり》』などでは、秦河勝から数えて二十五代の孫に当たる能俊《よしとし》が土佐国長岡《ながおか》郡岡豊《おこう》（高知県南国市）で三千貫を領したことに始まると記す。そして、居住地から「宗我部」と称したが、隣の香美《かみ》郡にも宗我部を称する武士がいたため、それぞれの本拠とする郡名から「長」宗我部と「香」宗我部を称したと説明する。こちらの説でも土佐に来た具体的な時期については記されていないが、十二世紀ごろを想定していると考えられる。

最後に元禄年間（一六八八～一七〇四）に成立したという『土佐軍記《とさぐんき》』などは、朝鮮半島の百済《くだら》からの使者が信濃国（長野県）に領知を得て秦姓を称したとする。そして、応永年間（一三九四～一四二八）に秦元勝《もとかつ》が武者修行をするなかで久武《ひさたけ》源三や土佐出身の中内《なかうち》八郎を仲間として、さらに伊勢国桑名《くわな》（三重県桑名市）で桑名弥次兵衛を加え、京都・紀伊を経由して土佐に来国したとする。そののち元勝は岡豊周辺の江村《えむら》郷（南国市）に居住する江村備後守の養子として宗我部に住んだと記す。こちらでは土佐来国の時期を具体的に記しており、十四世紀末から十五世紀初めのことと紹介している。

なお、近年の研究では、古代の土佐国衙《こくが》の在庁官人《ざいちょうかんじん》の末裔であったと指摘されており、その出自は古代の幡多《はた》郡の郡司《ぐんじ》であった秦氏にあると考えられている。

同時代史料で「長宗我部」という名前が初めて確認できるのは、元弘三年（一三三三）六月四日付で足利尊氏《あしかがたかうじ》が「長宗我部新左衛門」に宛てた文書の写においてである〔吸江寺文書〕。少なくとも、この頃までに長宗我部氏は土佐国内を拠点に活動し、室町幕府からも把握された有力武士であったことは確かである。しかし、しばらくは長宗我部氏の動向を同時代史料からたどることは困難である。特に、国親の父である兼序《かねつぐ》（元秀《もとひで》）に関する動向はわからない。

さて、岡豊城（南国市）の城主である長宗我部兼序の嫡男として誕生した国親に関しては編纂史料に記された幼少期のエピソードがよく知られている。万治二年（一六五九）に成立した『長元物語《ちょうげんものがたり》』によると、土佐国内の有力な国衆である吉良《きら》・大平《おおひら》・本山《もとやま》が連携して、長宗我部氏の居城である岡豊城を攻撃した。この攻撃によって兼序は討ち死にしてしまう。昭和末に実施された岡豊城の発掘では焼土が確認されており、岡豊城落城が史実であったと注目されている。岡豊城が落城したとき、六歳であった国親は千王丸《せんおうまる》という幼名を称していたが、敵からの激しい攻撃の中、譜代家臣である近藤《こんどう》某が国親を竹籠に入れて脱出した。そして、幡多郡中村《なかむら》（高知県四万十市）を本拠とする一条《いちじょう》殿（法名「光寿寺《こうじゅじ》」）のもとで国親は保護された。国親が七歳のときに、一条氏がたわむれとして二階から庭に飛び降りることができたなら長宗我部の家を再興してやろうと言うと、言い終わらないうちに国親は飛び降りた。この行動に一条殿は感動して涙を流し、国親を岡豊城に帰還させたという。ここでいう一条殿は法名から一条房基《ふさもと》（一五二二～四九）を指すと考えられている。

右のエピソードは同じく後世の編纂史料である『土佐物語』では、岡豊城への攻撃を永正六年（一五〇九）のことと明記し、国親が頼った一条殿を房基の祖父である房家《ふさいえ》に比定して、そのうえ国親の岡豊城への帰還を永正十三年のこととする。つまり、両説には世代のズレが生じている。

ちなみに、国親は岡豊城を脱出すると、香美郡大忍庄《おおさとのしょう》仙頭《せんとう》（高知県香美市）に逃れて、同地の有力者である専頭四郎左衛門を頼ったという伝承がある〔南路志〕。江戸時代に、この地に存在した光明寺《こうみょうじ》には、国親の位牌があったと、その由緒に記されている。

ところで、京都相国寺《しょうこくじ》の禅僧である仁如集堯《にんじょしゅうぎょう》が著した「鏤氷集《るひょうしゅう》」という詩集に収録された国親の寿像讃《じゅぞうさん》には、永禄二年（一五五九）に数え歳で四十五歳とある。それゆえ、国親の誕生を永正十二年（一五一五）に比定する説がある。こちらは国親と同時代を生きた人物が著したものであるため、軍記物語よりも信憑性は高いといえよう。そうなると、『土佐物語』が記す岡豊城永正六年落城説は国親の誕生前であり、誤りの可能性が高い。なお、国親が身を寄せたのを一条殿と考えた場合、房基が誕生する前であることから、その祖父の房家を指すと解すべきである。

岡豊城落城の年については、『長元記』に記載される国親六歳のときと考えるならば、大永元年（一五二一）ごろの出来事といえる。大永元年ごろの畿内の情勢は、室町幕府の管領《かんれい》を務める細川京兆家《ほそかわけいちょうけ》の当主である細川高国《たかくに》と、阿波国守護家である細川澄元《すみもと》とが激しく対立し、その対立関係が各地に波及した時期といえる。さらに、足利義稙《よしたね》が高国と対立して足利義晴《よしはる》に将軍が交代するなど政治的に大きな動きがあった。細川京兆家が守護を務めた土佐国にも、この動きが波及した可能性は高く、岡豊城攻めに影響したのではなかろうか。

国親による領国支配

岡豊城に帰還した国親は、岡豊城攻めに参加した宿敵ともいえる本山氏の娘を妻に迎えた。長岡郡の北部に位置する本山城（高知県本山町）を本拠とする本山氏は、大永元年（一五二一）ごろには長岡郡南部にも勢力を徐々に拡大させていた。そのため本山氏にとっては長宗我部氏と和睦するとともに婚姻関係を結び、長岡郡南部の地盤を強固にする点でメリットがあったのであろう。国親は、この妻との間に後継者となった元親など三男四女の子宝に恵まれた。

成長した国親は「信濃守」の官途を称した。前述の仁如集堯は、この官途を長宗我部氏が代々用いた由緒あるものと認識している。よって、この官途を称することで国親は長宗我部氏の復活をアピールしたと評価できよう。

岡豊城に帰還した国親は、吉田城《よしだ》（南国市）を本拠とする吉田周孝《しゅうこう》との同盟を企図するとともに、父兼序時代からの重臣を集めて、家老衆の再生を試みたようだ。編纂史料である『元親記』では、国親が取り立てた家老として十五名の名が挙げられている。そのなかには、岡豊城のある長岡郡はもちろんのこと、隣接する香美郡に出自を持つとみられる者が含まれている。したがって、国親は代々の重臣に加えて、新参の有力者を抜擢しながら家臣団を拡大させていったと推定できる。

現在のところ、国親の発給文書は十五通が確認されている。年号が付された文書のなかで最も古いものは、天文三年（一五三四）四月五日付で川田《かわた》喜兵衛に対して土佐国分寺《こくぶんじ》領のうち三反の作職《さくしき》を付与するものである〔村島家文書〕。国親は、こうした知行宛行状を用いながら在地の武士たちに権益を与えて味方や家臣を増やしていった。続いて、天文五年七月十七日付で権助という人物に対して長岡郡

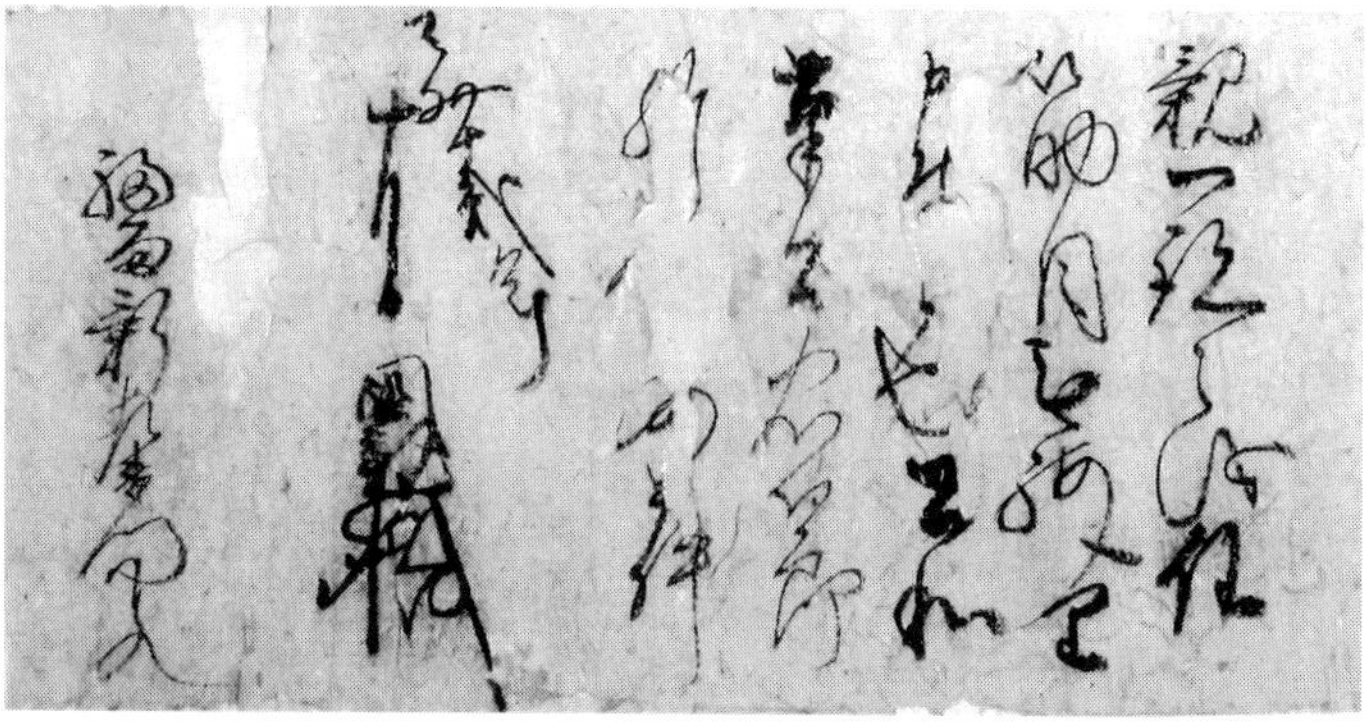

長宗我部国親判物　高知県いの町・椙本神社蔵

野田《のだ》（南国市）での合戦における活躍を賞している〔土佐国古文叢五九二号〕。この文書は写しであり、文書作成の作法に不審があるとも指摘されている。この文書が本当に発給されたものであれば、国親が関与した合戦の初見となる史料として評価されている。

天文十二年十月日付で国親の守り役であった福留《（富）》修理の子息とみられる福留新左衛門に「親一跡」を安堵している（写真参照）。譜代の家臣にも権益を保証しており、地盤強化に努めている。着実に力を付けた国親は周辺の敵対勢力を撃破していった。国親の軍事行動をたどると、天文十六年には大津《おおつ》城（高知市）の天竺《てんじく》氏、介良《けら》城（高知市）の横山《よこやま》氏を降したとされる。大津は、紀貫之《きのつらゆき》の『土佐日記《とさにっき》』にも登場する、古くからの良港がある地として知られている。戦国期には土佐国守護代の拠点の一つであったという。戦国期には、守護代自身は畿内を居所としたが、その一族である天竺氏・十市《とおち》氏・池《いけ》氏らは在国し、大津やその周辺に位置する十市（南国市）・池（高知市）に跋扈していた。国親は、大津城の天竺氏を降すことで、浦《うら》戸《ど》湾に至る水運の拠点を手にしたといえよう。

このころ畿内では細川高国の後継者である細川氏綱《うじつな》と、細川澄元の子息である晴元《はるもと》との抗争が発生していた。それに連動して土佐国内でも氏綱派の土佐守護代や天竺氏と、晴元派の国親や十市氏・池氏との対立があった可能性が指摘されている。さらには、この対立関係を巧みに利用して国親は十市氏や池氏を服属させたとも評価できよう。

右に加えて、国親飛躍の契機といえるのが、隣接する山田元義《やまだもとよし》の討滅とその旧臣の家臣化である。山田氏は楠目《くずめ》城（香美市）を拠点とした国衆である。彼も細川氏綱派であったようで、ここでも畿内における対立関係が影響したとみられる。国親は、天文十六年の年号を持つ発給文書で、香美郡を本拠とする村田《むらた》氏や前田《まえだ》氏に対して知行宛行状や知行安堵状を発給しており、山田氏の勢力下に徐々に侵攻していった〔高知県立歴史民俗資料館蔵文書〕。そしてついに、天文十八年には山田元義を討ち破ったとされる。

山田氏を討滅した後、その旧臣を吸収することで国親は家臣団をより強大なものにした。前述の『元親記』に家老分として記載される姫倉《ひめくら》豊前守や国吉《くによし》甚左衛門は香美郡に本拠を置いたと指摘されており、彼らが山田旧臣に比定できよう。天文二十四年には山田旧臣である窪《くぼ》越後守らを介して、同じく山田旧臣である柳瀬道重《やなせみちしげ》に対して知行安堵を行い、支配下に組み込んでいる〔柳瀬家文書〕。

ところで、右の知行安堵状を国親は「覚世」という法名で署名している。これは、前述の仁如集堯から与えられた「瑞応覚世《ずいおうかくせい》」を用いたものである。発給文書で国親署名の終見は天文十六年五月二十一日付知行宛行状であり〔村田文書〕、覚世署名の初見は天文二十三年三月日付知行宛行状である〔村島家文書〕。ゆえに、この期間に改称したことは確実である。先行研究では、改称の時期を天文二十三年ごろのことと推定するが、新たな文書の発見次第で、その時期は早まる可能性もあろう。

法名である覚世を称した理由は出家したためと判断されるが、これは隠居や引退を意味するものではなかった。先行研究によると、この出家は家臣から資質を疑われていた嫡男元親を元服させて時期当主として確立させるための処置だという指摘がなされている。また、国親の偏諱《へんき》が細川高国から付与されたものと判断できるため、改称することによって細川氏の支配下からの脱却を企図したとも考えられている。ちなみに、天文十二年以降に国親が用いた花押はその後に大きな変化はみられない。

弘治二年（一五五六）には領地の西部に侵攻し、土佐郡に位置する秦泉寺《じんぜんじ》城・大高坂《おおたかさか》城・国沢《くにさわ》城（いずれも高知市）を勢力下に組み入れたとされる〔土佐国編年紀事略〕。一方で、『元親記』では土佐郡の諸勢力の降伏は永禄三年（一五六〇）以降であり、元親の功績として紹介されている。よって、土佐郡侵攻の時期については見解が分かれているが、国親の代で本拠である長岡郡や隣接する香美郡において勢力拡大を果たしたことは確かである。

ここまでみてきた軍事行動や家臣への知行宛行や知行安堵だけでなく、支配地域の安定化を企図して国親は寺社の再建や相論の裁定などの宗教政策に取り組んでいる。長宗我部氏は代々足利将軍家と深いつながりのある吸江庵《ぎゅうこうあん》（高知市）の寺奉行を務めており、寺社勢力に一定の保護を加えていた。例えば、天文二十三年には、父の菩提寺として岡豊に兼序寺を建立し、新たに支配地域に組み入れた下田《しもだ》（南国市）の三所権現《さんしょごんげん》を再興している。また、弘治二年には吸江庵と竹林寺《ちくりんじ》（高知市）との寺領の境界相論を裁定し〔吸江寺文書〕、翌年には山田氏の菩提寺であった予岳寺《よがくじ》（香美市）の住職に通安《つうあん》和尚を迎えている。

そして特筆すべきは、永禄元年の土佐国分寺金堂《こんどう》（南国市）の再建であろう。この棟札《むなふだ》には、国親だけでなく長男である元親も大檀那《おおだんな》として明記されている。前述のように、国親発給文書の初見となる天文三年四月五日付判物《はんもつ》では「国分寺領」から知行を与えており、古くから国親と国分寺との関係が見て取れる。このように、長宗我部氏と縁が深い国分寺の金堂再興は周辺領域だけでなく、土佐国全体へのアピールにつながったと評価できよう。

それに加えて、「土佐一宮《いちのみや》造営」を名目に長岡郡・香美郡から臨時課税に当たる段銭《たんせん》を徴収している〔吸江寺文書〕。土佐一宮とは土佐神社（高知市）に該当する。この造営の時期に関しては他に記録が残されておらず判然としない。また、造営の主体についても国親ではなく、土佐国守護である細川家や土佐神社自身など見解は分かれる。ひとまず、土佐を代表する神社の修築に関与したことは事実として指摘しておきたい。

本山氏との対立と国親の死

軍事面・内政面で権力を拡大させ、権力基盤を安定させた国親は岡豊城落城の当事者である本山氏と戦端を開いた。本山氏は、長岡郡北部の山間に位置する本山城を本拠としたが、長岡郡や吾川郡《あがわ》の南部に進出し、土佐国中央部を縦断する勢力にまで発展した。国親の岡豊城復帰後に本山氏から妻を迎えるとともに、国親の妹が本山茂辰の妻となり、二重の婚姻関係を結んでいた。

両者が戦端を開くきっかけについて『元親記』は、国親が大津の港から種崎《たねざき》（高知市）まで出した兵糧船を本山領の潮江《うしおえ》（高知市）から出て来た船によって略奪を受けたと記す。これに対して、本山清《きよ》茂《しげ》（梅渓《ばいけい》）・茂辰《しげとき》父子は自身の指示ではないと弁明した。ところが、かつて岡豊城を攻撃されたという恨みから国親はこの弁明を無視したため、両者は手切れとなったしまったという。

右のエピソードの具体的な時期は不明であるが、本山清茂は天文二十四年（一五五五）に死去しており、子の茂辰が後継者となった。家督を継いだ直後の弘治二・三年（一五五六・五七）には吾川郡にある本山氏の拠点の一つである賀田《かだ》城（高知県いの町）の城番を定め、土佐郡内で知行地を家臣に付与するなど、本山氏当主としての発給文書が確認できる〔土佐国蠹簡集二六〇・二六七・二六八号〕。

他方、この時期の国親は、本山氏ではなく東方への軍事行動に専念しており、香宗《こうそう》城（高知県香南市）の香宗我部《こうそかべ》親秀《ちかひで》と共闘して、西進を企図する安芸《あき》城（同安芸市）の安芸氏と戦闘に及んでいる。香宗我部氏は国親とは対立関係にある細川氏綱派に属した国衆であるが、東部の安芸国虎《くにとら》からの圧力に屈して国親に接近したのであろう。

したがって、『元親記』の記述を信用するならば、清茂の生前には両者は手切れとなったが、それからしばらくは小康状態で、目立った対立はなかったとみられる。こののち、永禄二年（一五五九）二月日付で国親は吉松《よしまつ》孫兵衛に対して替地として岩村《いわむら》（香美市）で一町の知行地を付与している（土佐国蠹簡集二七八号）。本文書は国親の終見文書として知られている。宛所の吉松氏は土佐郡を本貫地とした有力な武士である。本家筋とみられる吉松光久《みつひさ》は元来本山氏に仕えて、土佐郡朝倉《あさくら》（高知市）周辺に知行を有したという。宛所となっている吉松孫兵衛を光久の一族とみれば、永禄二年ごろに本山氏の家臣を味方に引き入れていたと評価ができる。他方、香美郡内に本貫地を持つ別系統の吉松氏という可能性も指摘されており、その場合は本山氏との決戦を前にして国親は今一度東部方面における領国の地盤強化を企図したと評価できよう。

さて、緊張関係がみられた国親と本山氏とが本格的な戦闘に突入するのが永禄三年である。この年の五月に国親は本山氏が有する長浜城《ながはまじょう》（高知市）を攻撃する。国親の支配下とみられる種崎の対岸に長浜は位置しており、この地を奪取することで、浦戸湾における制海権の掌握を企図したものと判断できる。この戦いについては、『長元記』『元親記』の両書に国親と縁のある大工が長浜城の攻略に関与したと記されている。

長浜城を奪われた本山氏は当時本拠としていた朝倉城（高知市）から救援のため出陣し、長浜において対決するに至った。これが国親の嫡男である元親の初陣として知られる長浜の戦いである。ところが、この戦いに国親が参加したかどうかについては史料によって様相が異なっている。

『長元記』では国親自らが長浜城攻めに参加して城を攻め落とすが、その二日後に死去してしまったという。元親は長浜城攻めには従軍しておらず、国親の訃報を聞いて岡豊城から出陣したとされる。このときの元親は、十八歳にもかかわらず槍の使い方も知らなかったが、初陣となった長浜の戦いで槍を使いこなして敵兵を圧倒する活躍を見せて味方を勝利に導いた。その勢いに乗じて潮江城も手中に収めたとされる。しかしながら、永禄三年に元親は二十二歳となっており年代に誤りがみられる。

長宗我部一族の墓　高知県南国市

『元親記』では、長浜落城を耳にした本山氏（すでに死去した清茂の軍勢とされている）はすぐさま朝倉城から長浜に進軍した。一方、長浜城攻略を耳にした国親と元親とは種崎から対岸の御畳瀬《みませ》（高知市）に渡った。そして、両軍は「慶運寺《けいうんじ》」（のちに雪蹊寺《せっけいじ》と改称）の前の戸《と》の本《もと》で合戦となった。これが長浜の戦いである。巳の刻（午前十時）くらいに始まった戦闘は午の下刻（午後一時）くらいまで続き、一進一退の攻防を繰り広げた。すると、元親が五、六十騎で敵中に突撃し長宗我部軍は勝利を得たという。

翌日の早朝には、同じく本山氏の拠点である浦戸城から本山茂辰が若宮《わかみや》（高知市）に出陣するが、この戦いにも長宗我部氏は勝利した。敗北した茂辰は浦戸城へ退却したので、国親は若宮周辺の海際まで柵を結んで浦戸への通路を遮断した。ところが、五、六日して国親は何を考えたのか柵を一部撤去して茂辰を脱出させた。娘婿である茂辰へかけた国親の最後の恩情であったのかもしれない。

この年の夏に国親は急病となり、臨終の間際に本山氏と戦いが決着する前に死ぬことは「無念至極」と述べつつも、長浜の戦いでの元親の活躍を見て安心したので、私は軍神として見守ろうと遺言して永禄三年六月十五日に死去した。

軍神として国親が見守る中で、永禄十一年ごろに本山氏は国親の後継者である元親の軍門に降った。元親は父の菩提を弔うため、国親が建立した兼序寺を父母追善のために再興して、祥鳳山瑞応寺《しょうほうさんずいおうじ》と改称した。そして、元親が居城を大高坂城（高知市）に移したときに岡豊から洞ヶ島《ほらがじま》（高知市）に移したとされる。

（石畑匡基）

【主要参考文献】

野本亮「長宗我部国親発給文書について」（『高知県立歴史民俗資料館研究紀要』一九号、二〇一四年）
平井上総『長宗我部元親・盛親』（ミネルヴァ書房、二〇一六年）

長宗我部元親――天下人と戦った四国一の大名

ここで紹介する長宗我部元親《ちょうそかべもとちか》は、土佐国の国人《こくじん》の身から土佐一国を統一し、そして四国各国に攻め入り多くの地を切り取ったのち、豊臣秀吉《とよとみひでよし》に敗れ土佐一国の大名になったことで知られている。なお、過去を明らかにするための史料にはリアルタイムで記された一次史料と後世に書かれた二次史料があり、信頼性は前者のほうが圧倒的に高い。ただ、長宗我部氏に関しては、二次史料も一部利用しないと不明な点が多くある。本稿では、十七世紀半ばまでに成立したとされ、他に比べればやや信頼しうる『元親記《もとちかき》』『長元記《ちょうげんき》』などの軍記物語に依拠・検証した部分もあることを最初に断っておきたい。

元親の初陣

元親は長宗我部国親《くにちか》の長男として、天文八年（一五三九）に生まれた。通称を弥三郎《やさぶろう》といい、やがて宮内少輔《くないのしょう》を名乗った。後に説明する豊臣期には、侍従《じじゅう》に任じられて羽柴《はしば》苗字を与えられ、羽柴土佐侍従元親と名乗るようになる。

若い頃の元親の人物像については、彼の初陣とされる永禄三年（一五六〇）の長浜《ながはま》（戸ノ本《とのもと》）の戦いに関する次の説明が知られている〔土佐国古城伝承記〕。

長宗我部元親画像　高知市・秦神社蔵　画像提供：高知県立歴史民俗資料館

この弥三郎元親は、生まれつき背が高く色白・柔和であり、容姿・体格の素晴らしいことは比類ないものであったが、用事があるとき以外はしゃべらず、人と対面してもにっこりと笑うだけで挨拶もせず、日夜奥に籠もっていたので、姫若子《ひめわこ》とあだ名をつけて上も下もあざ笑っていた。土佐国の風俗では男子を若子と言う。この人を主君として頼るのは仏像のようだと家臣たちが言っているのは長宗我部家も末期であると覚《かく》世《せい》（国親）は深く嘆き、何度かの戦争にも連れて行かなかった。

見た目は立派であったが、物静かで引き籠もりがちだったので姫若子というあだ名をつけられてしまったという。家臣からすれば、期待していたが見かけ倒しだった、という印象だったのだろう。だが、実際の戦いでは、たちまち三騎の敵を討ち取ったり、退却した敵勢が城に籠もっていないことを太公望《たいこうぼう》の兵書の記述や城の様子の観察から見抜いたりと大活躍したので、長宗我部軍はみな感嘆した、というエピソードになっている。

これとは異なる軍記では、姫若子の話は出てこない。ただ、少数で敵勢の真ん中を突っ切って敵足を乱したとか、元親が二騎の敵を討ち取ったことを見た長宗我部勢が立て直して逆転勝利したなど、やは

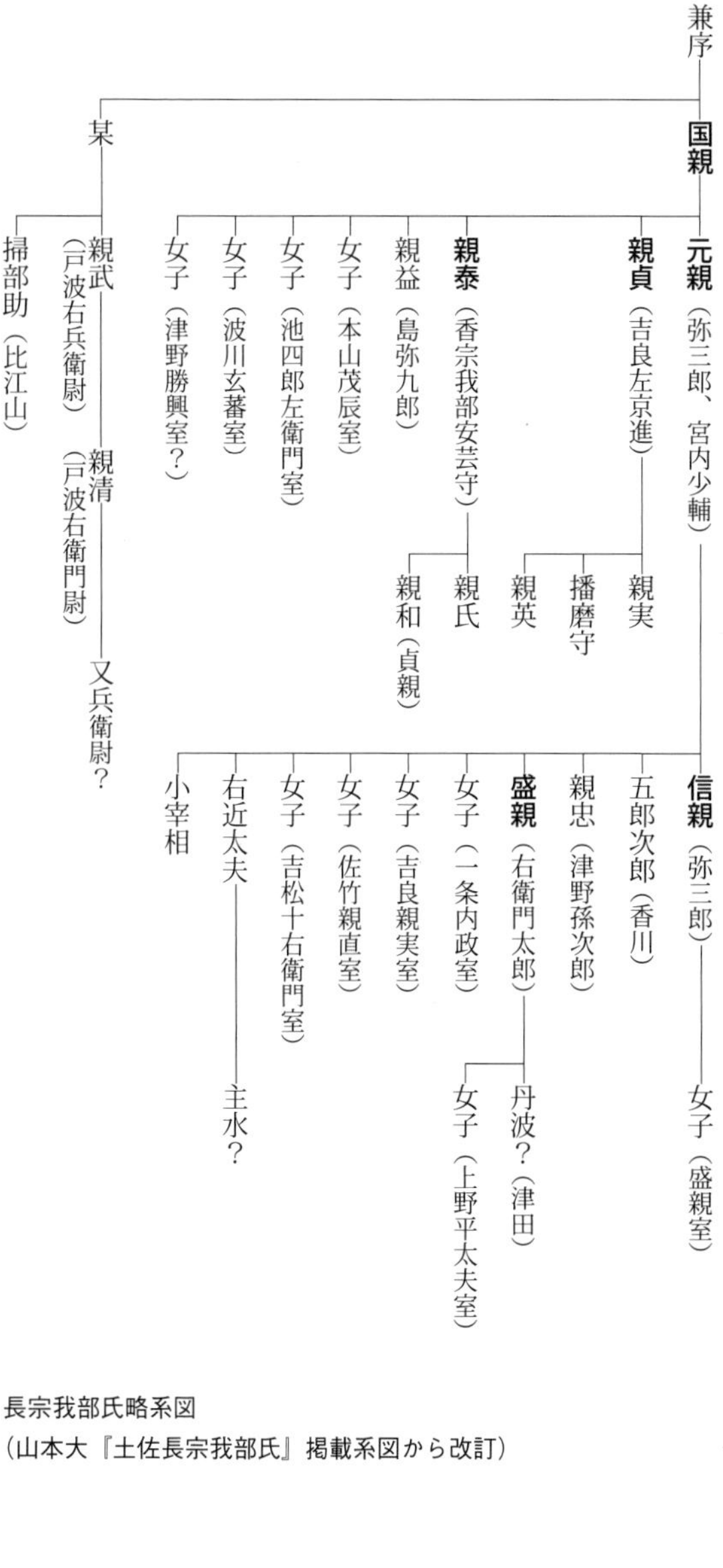

長宗我部氏略系図
（山本大『土佐長宗我部氏』掲載系図から改訂）

り元親が直接戦う形での活躍が描かれている〔元親記、長元記〕。いずれの軍記も、元親が華々しい初陣を飾ったと記すことは一致していると言えるだろう。

この直後に国親は病死し、元親は長宗我部氏の当主となった。実際の戦闘の様子は不明であり、軍記の描き方は元親への代替わりを過度に華々しく演出したものであった可能性も捨てきれない。ただ、このときの戦いの相手であった本山茂辰《もとやましげとき》が、この戦い以後に元親に追い詰められていき、やがて服属することになるのは確かである。長宗我部氏を扱った江戸時代初期の軍記の作者は元長宗我部家臣だった者やその子孫が多いから、元親の初陣とその後の活躍が家臣団の中で虚実を交えて鮮烈に記憶されていたのかもしれない。

土佐国の統一へ

元親と本山茂辰との本山氏との戦いには、土佐国の西端の幡多《はた》郡に拠点を持つ土佐一条《いちじょう》氏も協力していたという。土佐一条氏に関しては別項で解説するが、当時の当主一条兼定《かねさだ》は元親より四歳下であり、両家は友好関係にあった。

だが、元親が安芸《あき》郡の安芸国虎《くにとら》と戦って滅ぼした永禄十二年（一五六九）から、両家の関係は断絶してしまう。その理由は諸書によって異なり、土佐一条氏と安芸氏が組んで長宗我部氏の居城岡豊《おこう》城（高知県南国市）を攻めたことがきっかけとする説もある〔長元記〕。『長元記』や系図によると、兼定と国虎は親戚関係にあったというから（兼定の姉妹が国虎と結婚していたという）、長宗我部氏と安芸氏の対立が先に起こり、これをみた兼定が安芸氏を救うために加勢した、という流れだったのではないかと思われる。

安芸氏を滅ぼし土佐国東部の大部分を手に入れた元親は、土佐国の西部へと進出し、一条兼定を圧迫していった。そうした中で兼定が家臣の土居宗三《どいそうさん》（宗算とも）を手討ちにしたところ、天正元年（一五七三）、他の家臣たちが兼定を強制的に隠居させて子の内政《うちまさ》を土佐一条氏当主にする事件が起こってしまう。元親が土佐一条氏の家臣たちを唆したと記す史料もあり（長元記）、このあと元親は娘を内政に嫁がせ、さらに土佐一条氏の居城である中村城《なかむら》（高知県四万十市）に弟の吉良親貞《きらちかさだ》を入れているから、単なる土佐一条氏の内紛というより、元親もこの一件に大きく関与していたものとみられる（さらにこの他、京都の一条氏の本家も関与していた。これは一条兼定の項目で解説する）。

隠居させられた兼定は、やがて土佐国から追放されたが、舅の大友宗麟《おおともそうりん》のもとで戦力を整え、天正三年七月下旬～八月上旬に幡多郡奪還の戦いを起こした。大友勢や伊予国の援軍のほか、一条氏の家臣の中にも同調する者がおり、兼定は短期間で幡多郡の多くの地域を席巻していく。そこで元親は自ら軍勢を率いて出陣し、吉良親貞と合流して渡川《わたりがわ》（四万十川《しまんとがわ》）を挟んで兼定の軍勢と対峙した。九月に起きたこの渡川の戦いでは、一条勢が川に杭を打って長宗我部勢を迎え撃とうとしたが、長宗我部勢が迂回して上流から渡河したため、不意を打たれた一条勢は敗走し栗本城（高知県四万十市）に籠もったという〔元親記〕。

兼定が籠もった栗本城は、長宗我部勢による三日間の包囲によって落城し、兼定は退却したため、長宗我部氏は幡多郡の支配を再び進めていった。これ以前に土佐国東端の安芸郡も元親は支配下に入れており、渡川の戦いによって元親は土佐一国を支配する大名になった。

四国各国への進出

土佐国を統一したのち、元親は四国の他国（阿波・讃岐・伊予）にも進出していく。その際に彼は、幡多郡に置いた弟吉良親貞を伊予方面、安芸郡に置いた弟香宗我部親泰《こうそかべちかやす》を阿波方面南部の軍代《ぐんだい》とした。軍代は担当方面の軍事・外交を担当する存在であり、長宗我部家臣を与力として預かっていた。ただし親貞は天正五年（一五七七）に病死し、伊予方面の軍代は久武親信《ひさたけちかのぶ》に交替したようである。元親自身は阿波国の北部から攻め入っていた。

阿波・讃岐には三好長治《みよしながはる》・十河存保《そごうまさやす》兄弟ら三好勢、伊予には守護の河野通直《こうのみちなお》や南予の国人西園寺公広《さいおんじきんひろ》などがおり、その他多くの国人らがいたから、もともと土佐の国人の一人にすぎなかった長宗我部氏としては、それらの国に容易に進出できたわけではない。阿波国では守護の細川真之《ほそかわさねゆき》が三好氏と対立しており、元親はこの守護細川氏勢と連携することで阿波進出を円滑にしていったものとみられる。

このほか四国進出時の外交として特筆すべきなのが、当時日本の中心部分を支配していた、織田《おだ》政権との関係であろう。確実な年代としては天正六年、元親は長男弥三郎に織田信長《のぶなが》から一文字をもらいたいと願い、信長は弥三郎に「信親《のぶちか》」の名を与えている。この外交は、元親の妻の実家である石谷《いしがい》氏に養子に入った頼辰《よりとき》が斎藤《さいとう》氏出身であり、頼辰の実の兄弟である斎藤利三《としみつ》が織田氏の重臣明智光秀《あけちみつひで》の家臣である、という関係が生かされていた。両者の外交関係は、信長が足利義昭《あしかがよしあき》を擁立して上洛するよりも前からあったと記す軍記もある〔元親記〕。そこまで早くからではなかったとしても、おそらく天正六年よりも前から、元親側から妻の縁を通じて織田政権に接近していったのだろう。

なお、織田政権が一条内政を土佐国主とみなし、元親のことをその家臣として認識していたとの説もある〔秋澤二〇〇〇〕。だが、織田政権と長宗我部氏の間で交わされた書状をみても、一条内政の存在感はまったくないから、そうした評価は疑問である〔平井二〇一六〕。なお、内政の存在はともかくとして、織田政権と長宗我部氏が対等の関係ではなく、元親が信長に対して低姿勢を取っていたことは、元親が石谷頼辰に送った書状の中での信長に対する書き方（書札礼《しょさつれい》）からみて確実である〔石谷家文書〕。これは、当時の信長が朝廷から高い位階を得ていたために必然的に礼儀を尽くした書き方にせざるをえなかったとも考えられるが、自ら長男に信長の一文字をもらったことから明らかなように、元親側も信長に対して従う姿勢を強調していたように思われる。他国進出の名目に乏しい元親にとって、織田政権との関係をアピールすることは、他国の勢力を味方につけるための有効な手段だったのだろう。信長は元親に「四国のことは手柄次第に切り取っていい」と記した朱印状を与えたともされる〔元親記〕。

本能寺の変と羽柴秀吉

各国に進出していた長宗我部勢だが、だんだん情勢が悪化していく。阿波国では長宗我部氏が奪っていた勝瑞《しょうずい》城（徳島県藍住町）を天正八年（一五八〇）九月頃に三好勢が雑賀《さいか》衆とともに奪還したが、この雑賀衆が信長から朱印状をもらっていると言っていたらしい。元親は織田政権の姿勢を疑いながらも、「阿波と讃岐を平定すれば、織田政権の西日本への戦いを大いに手伝いましょう」とさらなる協力を申し出ている。また、天正九年五月頃には伊予国の西園寺氏と戦った岡本《おかもと》合戦で長宗我部勢が大敗し、軍代の久武親信らが戦死した〔東近二〇一九〕。この戦いについて、織田政権の奉行が西園寺側の肩を持っていたらしく、こうした諸々の出来事によって織田と長宗我部の友好関係は崩れていった。

信長は元親に対し、讃岐国や阿波国で長宗我部氏が手に入れた城を差し出すよう命じた。元親はこの命令をかなり横暴なものと考え反発したため、織田と長宗我部の関係を取り持ってきた明智光秀と斎藤利三は、信長の命令に従うようにと、数ヶ月にわたって元親を説得した。そうした中で、天正十年五月、信長は息子信孝《のぶたか》らに四国への出兵を命じた。五月下旬、織田勢からの攻撃を目前に控えた元親は、光秀・利三からの説得を受け入れ信長の命令に従おうと方針転換したが、おそらくそれが伝わる直前に、光秀が信長を殺害する本能寺《ほんのうじ》の変《へん》が起こった。

信長の死によって四国出兵は中止され、長宗我部氏は滅亡の危機を免れた。そこで元親は同年八月、阿波国の攻略を再開する。三好氏の当主となっていた十河存保（三好義堅《よしかた》）との中富川《なかとみがわ》の戦いに勝利し、三好勢が籠もった勝瑞城を包囲した。ところがその最中、明智光秀を討ち織田政権の重臣の中でも最も勢いがあった羽柴秀吉が、三好勢を支援するために仙石秀久《せんごくひでひさ》らを派遣してきた。このときは勝瑞城を落として勝利した元親だが、秀吉とはその後しばしば戦うことになる。翌天正十一年の賤ヶ岳《しずがたけ》の戦いの際は織田信孝・柴田勝家《しばたかついえ》陣営と結んで讃岐国の羽柴方勢力を攻撃し、四月に同国引田《ひけた》（入野屋。香川県東かがわ市）の戦いで仙石秀久を破った。ただ、同盟者の信孝・勝家は秀吉に敗れて死亡したため、元親は讃岐・阿波での勢力を拡大しつつも、秀吉との対立が深まる結果となった。同年末に元親は讃岐・阿波を手放す代わりに伊予国を長宗我部領にする条件で秀吉と和睦しようとするが不調に終わる。

翌天正十二年、今度は織田信雄《のぶかつ》と徳川家康《とくがわいえやす》が秀吉と戦ったが、この小牧《こまき》・長久手《ながくて》の戦いのときも元親は信雄・家康側と同盟を結び、秀吉と対立することになった。元親は讃岐国十河城（高松市）を落として讃岐国支配を進め、家康からは淡路国・摂津国・播磨国に渡海・出兵して秀吉の拠点である大坂を背後から脅かすよう依頼が来ていたが、結局讃岐国虎丸城《とらまる》（香川県東かがわ市）と阿波国土佐泊城《とさどまり》（徳島県鳴門市）の攻略に手間取り、渡海できなかった。この二城は最後まで攻略できなかったらしく、さらに伊予国の河野通直が最後まで降伏しなかったことを合わせると、元親は四国のそれぞれの国であと一歩のところまで支配を進展させたが、四国統一は達成できずに終わったと言える〔津野二〇一二〕。

秀吉への降伏

秀吉との対立が続く中で、元親は中国地方随一の大大名である毛利輝元《もうりてるもと》とも戦うことになってしまう。輝元は秀吉と友好関係にあるとともに、輝元の姪婿にあたる伊予国の河野通直とも深い同盟関係にあった。河野氏は先述のように伊予国の守護であり、伊予に進出していた長宗我部氏とは競合関係にある。「河野殿は毛利氏の親戚だから手出しをしないように」と元親が家臣たちに命じていたと記す軍記もあるが〔長元記〕、実際は伊予の長宗我部勢と河野氏の対立は生じていた。特に小牧・長久手の戦いがあった天正十二年（一五八四）に長宗我部勢の伊予攻略が大きく進展したことから、輝元は河野氏救援のために伊予に軍勢を派遣させ、長宗我部勢と戦わせたのであった。

小牧・長久手の戦いは信雄・家康が秀吉と和睦することで終焉する。こうして、賤ヶ岳の戦いの後と同様に、元親は秀吉との関係が悪化したまま外交上孤立してしまった。そこで元親は、再び秀吉との和睦交渉を試みていく。当初は前回と同様に讃岐・阿波を差し出す代わりに伊予を貰おうとしていたようだが、秀吉は毛利氏への配慮からこれを蹴った。そこで元親は、右の条件に加えて、息子（津野親忠《つのちかただ》か）を人質に出すとともに、長男の信親を大坂に居住させて奉公させると提案したのだった。

この提案で元親本人がどうするつもりだったのかは不明であるが、後継者が秀吉の配下として働くというのだから、これは実質的に降伏を願い出たに等しい。そのため秀吉は考えを改め、人質を受け取って元親の降伏を受け入れようとしたようだが、結局伊予国を求める毛利氏との兼ね合いが問題となり、人質を返還して四国出兵を行なうことになった。秀吉は、大大名である毛利氏の意向を無視して元親の降伏を受け入れるよりは、長宗我部氏を攻撃して伊予国を毛利氏に与え、恩を売ったほうがいいと判断したのである。

四国出兵は天正十三年六月末に始まり、秀吉の弟羽柴秀長《ひでなが》・甥秀次《ひでつぐ》勢のほかに備前国の宇喜多秀家《うきたひでいえ》勢、安芸国の毛利輝元勢が各方面から渡海した。讃岐・阿波・伊予の各国で長宗我部勢は迎え撃ったが抗しきれず、結局七月下旬に秀長の勧告に従って元親は降伏する。元親には土佐一国の領有のみが許され、讃岐国には仙石秀久、阿波国には蜂須賀家政《はちすかいえまさ》といった秀吉の家臣が入部し、伊予国は毛利輝元の叔父小《こ》早川隆景《ばやかわたかかげ》に与えられたのだった。この結果は、戦前に願い出ていた降伏条件のうち、伊予国領有以外は認められたことになる。秀吉の四国出兵に、毛利氏への配慮という要素が濃かったことがよくわかる。

豊臣政権のもとでの軍役

羽柴秀吉は豊臣姓を朝廷から授かったため、彼の政権を豊臣政権という。江戸時代の土佐藩の石高は二十万石であったが、豊臣期に長宗我部氏に認められた土佐国の石高は九万八千石であった。検地の結果からすればもっと多くなるはずだが、長宗我部氏が政権のために負担すべき軍役人数が三千人であるという条件が先に決められ、そこから逆算して九万八千石という石高になったらしい〔秋澤一九七五〕。

秀吉に降伏したのち、長宗我部氏はこの軍役のために各地の戦いに従うことになった。天正十四年

長宗我部元親の墓　高知市

（一五八六）には九州に出陣して島津《しまづ》氏と戦って戸次川《へつぎがわ》の戦いで大敗し、息子信親が戦死する（戦いの様子は信親・盛親の項目で記す）。秀吉は後継者を失った元親に島津領の大隅国を与えようとしたが、結局これは実現されなかった。天正十八年には小田原《おだわら》合戦のため、関東まで出陣する。このときは主に水軍としての参加だったらしく、「大黒丸《だいこくまる》」なる大船を用いて活躍したとされている（元親記）。

豊臣政権は日本全国を支配下に置いたのち、中国の支配を目指して朝鮮に侵略した。この朝鮮侵略にも長宗我部氏は動員されており、天正二十年から文禄の役、慶長二年（一五九七）から慶長の役のために水軍として参加している。この二つの戦役に元親は後継者である盛親とともに参戦していたが、文禄の役の後に父子がいったん帰国した後も、弟香宗我部親泰や三男津野親忠らの軍勢が朝鮮に残って在番しており、長宗我部氏の人々はかなりの期間を海外での侵略戦争に費やしていた。

文禄の役の直前に、元親は居城を大高坂《おおたかさか》城（高知市）から浦戸《うらど》城（高知市）に移している。もともと長宗我部氏の居城は岡豊城だったが、天正十二〜十五年頃に大高坂城（現在の高知城）へと移転した。ところがそれから数年、遅くとも文禄二年（一五九三）には浦戸城に居城を移している。これは明らかに朝鮮侵略と連動しており、朝鮮への出陣のために浦戸湾を利用するためだったようだ〔市村二〇〇一〕。

このほか、家臣の中には軍役に耐えきれず領地を上表する者も出てきており、豊臣期に制定した分国法ではそれに対応するための条文も定めている〔長宗我部氏掟書〕。このように、長宗我部氏にとって政権の軍役に従うことは大きな負担となっていた。しかし、こうした軍役を無視すれば領地を没収される運命にあり、従わざるをえなかったのである。文禄の役が順調に推移していた頃、秀吉からは「この戦争がうまくいったら、中国で十倍の領地をやろう」という提案を他の大名たちとともに受けたが、元親は本領である土佐から動かされるのは迷惑ですと言って断った〔組屋文書〕。元親にとっては不毛な戦争と映っていたのだろう。慶長の役の途中で元親は帰国を許され、その後秀吉が病死したために朝鮮侵略は終わった。そして翌慶長四年五月、元親もまた、伏見の屋敷で病死した。

一代で長宗我部氏を四国全体に勢力を持つ大大名にした元親であったが、豊臣政権に降伏後の後半生は、息子を失ったり異国の戦陣で長期間を過ごさざるをえなくなったりと、大きな波乱にみまわれた。ただ、そうした境遇の中でも、元親が領国支配の強化によって豊臣政権下を生き抜いた側面も評価すべきであろう〔津野二〇二〇〕。元親はそうした柔軟性も持ち合わせていたのであった。

（平井上総）

【主要参考文献】

秋澤繁「豊臣政権下の大名石高について」（秋澤繁編『戦国大名論集　長宗我部氏の研究』吉川弘文館、一九八六年、初出一九七五年）
秋澤繁「織豊期長宗我部氏の一側面」（平井上総編著『シリーズ・織豊大名の研究1　長宗我部元親』戎光祥出版、二〇一四年、初出二〇〇〇年）
市村高男「戦国の群雄と土佐国」（荻慎一郎ほか『高知県の歴史』山川出版社、二〇〇一年）
津野倫明「長宗我部氏による讃岐・阿波統合の状況」（『長宗我部氏の研究』吉川弘文館、二〇一二年）
津野倫明「研究余録 戸次川の戦いと長宗我部氏の命運」（『日本歴史』八六五、二〇二〇年）
東近伸「本能寺ノ変直前の四国の軍事情勢と岡本合戦の意義」（『よど』二〇、二〇一九年）
平井上総『長宗我部元親・盛親』（ミネルヴァ書房、二〇一六年）

長宗我部信親・盛親
――元親の後継者を襲った悲劇

長宗我部元親《ちょうそかべもとちか》には、多数の子がいた。男子のうちよく知られている者は、長男信親《のぶちか》、次男香川五郎次郎《かがわごろうじろう》（親和《ちかかず》か）、三男津野親忠《つのちかただ》、四男盛親《もりちか》、五男右近大夫《うこんたいふ》である。ここでは、元親の本来の後継者であった信親と、実際に元親の跡を継ぎ大名としての長宗我部氏の最後の当主となった盛親について記していく。

元親の長男信親

信親は幼名千雄丸、通称弥三郎《やさぶろう》といい、名前の「信」の字は天正六年（一五七八）に父元親が織田信長に頼み込んで付けてもらったものであることが知られている。系図や軍記によれば、信親は永禄八年（一五六五）生まれで、信長から名前をもらった際に左文字《さもんじ》の刀と栗毛の馬を拝領したという〔元親記〕。元親は息子の教育に力を入れており、太鼓・謡・笛・鼓・弓・蹴鞠・碁・馬・槍・長刀・太刀などについて、師匠を京都や堺から呼んだり、家臣を京都に派遣して習わせて指南役にしたりしたとされている〔元親記〕。

信親には教育係を付けるだけではなく、早くから次期当主としても表に立たせてきた。土佐郡森郷の白髪《しらが》神社の棟札《むなふだ》には、信長から名をもらう以前である天正二年の段階から、父元親と連名で千雄丸の名前が登場している〔土佐国蠹簡集〕。元服前であるため、信親が自分の意思で記したわけではなく、元親が後継者をアピールするために早くから名前を出していたのであろう。このほか、本能寺《ほんのうじ》の変《へん》の翌年である天正十一年から、元親と信親が連署して多くの文書を発給している。信親が十代後半にまで成長したため、父子での二頭政治を開始することで本格的に次期当主としての活動をさせていったものとみられる。信親が単独で命令している文書もあり、着々と育成は進んでいた。

軍事面では、本能寺の変の直後に、父に対して「三好《みよし》勢に奪われた一宮《いちのみや》城・蛮山城を取り戻しましょう」と申し出たが「八月まで待て」と止められたため、身近にいる小姓などを連れて単独で出陣しようとした。だが元親に「そのように焦るのは若い者としてはわかる。だが、八月に三好と戦って阿波・讃岐両国を手に入れる計画を立てているので、多少のことで兵を疲れさせるのは得策ではない」と再度止められ、諦めて帰陣した、というエピソードが知られている〔元親記〕。八月末の中富川《なかとみがわ》の戦いでも突っ込もうとして元親を慌てさせており、若さゆえの暴走が多かったようだ。

時系列としては、右のような血気盛んな様子をみせていた頃に二頭政治が始まったことになる。元親としては、信親に大名としての経験を積ませることで、落ち着かせようとしたのかもしれない。

戸次川の戦いと信親の死

天正十四年（一五八六）、九州では薩摩国の大名島津義久《しまづよしひさ》が豊臣《とよとみ》政権からの停戦命令を破り、豊後国の大名大友義統《おおともよしむね》と戦っていた。豊臣政権から九州への出陣を命じられた元親・信親父子は、かつて何度か戦った秀吉の家臣仙石秀久《せんごくひでひさ》とともに、大友義統と合流した。この時期、秀吉は京都や大坂から九州の豊臣勢に指示をしているが、その中には仙石秀久と信親の二名に宛てたものもある〔百瀬文書〕。秀吉は、信親が長宗我部氏の次期当主として父に代わって活動できると認めていたのである。

長宗我部父子は、豊後滞在中にイエズス会士と交流している〔フロイス日本史〕。元親は、イエズス会からの要請があれば司祭や教会などを援助する用意があると述べたという。また、信親は、修道院で説教を聴聞した結果、キリシタンになりたいという希望を表明していたという。ただ、信親はこの直後に戦死しており、翌年秀吉が伴天連追放令《ばてれんついほうれい》を出したこともあって、元親によるイエズス会援助は行われずに終わったものとみられる。

十二月十二日、戸次川《へつぎがわ》（大野川《おおのがわ》）で、豊臣勢（大友・仙石・長宗我部）と島津勢の戦いが起こった。大友側の利光城《としみつ》（大分市）が島津勢に囲まれていたため、仙石秀久が救援を主張し、元親が止めたにもかかわらず出陣してしまったという〔元親記〕。ルイス・フロイスによれば、このときすでに利光城は落ちていたらしい〔フロイス日本史〕。高田川《こうだがわ》に到着したところ、対岸の島津勢が少数であったので、豊臣勢は渡河して攻撃を仕掛けた。ところが、そこを島津勢の伏兵が一斉に猛攻したため、豊臣勢が頼みにしていた長宗我部の鉄炮隊も十分な威力を発揮できず、切り崩されてしまった。この敗戦の中で、大友勢は河川の流れを知っていたため逃れられたが、仙石勢と長宗我部勢は浅瀬がわからずに多くが溺死した〔フロイス日本史〕。

この戦いで、信親は馬を降りて大長刀で島津勢八人を薙ぎ伏せ、さらにかつて信長からもらった左文字の太刀で六人を斬ったが、刃こぼれにより戦えなくなり、切腹しようとしたところ大勢に取り囲まれ討ち死にしたという〔元親記〕。島津方は、信親の働きを見て、中国（漢）の樊噲《はんかい》にも劣らないと噂したとされている。信親のほかにも、彼の妻の父である石谷頼辰《いしがいよりとき》など、長宗我部勢では多くの犠牲が出た。

長宗我部信親の墓　大分市

秀吉はもともと援軍が来るまで待つよう彼らに命じていたから、戸次川での敗戦は秀久の命令違反が原因だったとみなし、同月二十四日に秀久の領地を没収した〔豊臣秀吉朱印状〕。のちに黒田孝高《くろだよしたか》に送った朱印状には「先手の者は失敗すれば仙石秀久と同様にする」と書いており、秀久は失敗した者の代表例のような扱いを受けている〔黒田家文書〕。一方、元親に対しては、信親の忠節を褒め、大友氏の臼杵城《うすき》（大分県臼杵市）に入城した元親を励ましている〔大友家文書録〕。そして、島津義久が降伏した後には、「秀久の命令違反のせいで信親を戦死させてしまったので、元親に（島津領の）大隅国を与える」という案まで出していた〔大友家文書録〕。この案は結局実現しなかったが、信親を死なせたことを秀吉はかなり気にしていたようだ。

信親死後の後継者

長宗我部氏を継ぐ存在として誰しもが認めていた信親が死んでしまったため、元親はあらためて後継者を決める必要に迫られた。信親のすぐ下の弟として先述の五郎次郎がいるが、彼は讃岐国の香川信景《のぶかげ》の養子であり、豊臣政権に長宗我部氏が敗北した後は養父とともに土佐国で暮らしていた。『元親記』によると、戸次川の敗戦を聞いた秀吉は、元親の行方も掴めなくなっていたらしく、もしもの際は五郎次郎に継がせるという朱印状を出していたという。そのため五郎次郎は自分が長宗我部氏を継ぐものと思い込んでいたが、元親にはその気がなかったらしく、五郎次郎に少しだけ領地を与えたのみだったため、五郎次郎はショックで病気になってしまった。実は五郎次郎は遠慮して元親に朱印状のことを言っておらず、元親はそれを知って後悔し「国は五郎次郎に渡そう」と言ったが、もはや手遅れであり、五郎次郎は病死してしまったという〔元親記〕。

『元親記』には、五郎次郎の死後、三男親忠は幼少期から津野氏を継ぐことが決まっていたため、四男盛親を後継者にした、と記されている。ただ、同書はこの決定の事情について別のエピソードも記している。それによると、元親はとにかく盛親に後を継がせたいと考えながらも「後継者のことは重臣たち次第だ」と意見を求めたが、重臣たちは元親の内意がわかっていたので異論を述べなかった。そして年月が経ったころ、家老の久武親直《ひさたけちかなお》が「吉良親実《きらちかざね》が親忠を擁立しようとしています。親実は評判の悪い人物であります」と讒言した。それを聞いた元親は親実を切腹させてしまい、盛親が後継者になることが確定した〔元親記〕。盛親は幼名を千熊丸といい、元服後の通称は右衛門太郎、天正三年（一五七五）生まれでこのとき十六歳であった。盛親は吉良親実の弟播磨守の養子となっていたともされているが、それは本家の後継者となった時点で解消されたのであろう。

吉良親実は元親の甥にあたる人物であり、彼は以前から久武親直と衝突していて、それがこの讒言に繋がったとされている。親直の讒言の真偽を確実な史料から検証することは難しいが、盛親への継承決定について別の視点から考えることはできる。香川五郎次郎が死去したのは天正十七年八月、吉良親実が切腹させられたのは天正十八年後半と考えられる。五郎次郎は早々に後継者候補から外されていたらしいが、そうすると元親は信親の死後すぐに盛親を後継者に決めていたことになろう。親実に重い処分が下されたのは、この数年で固まってきた盛親を後継者にするという路線を覆し、長宗我部氏の家臣団を動揺・分裂させる可能性があったからだと思われる。

五郎次郎は病弱で後継者にふわしくなかったとしても、なぜ次の弟津野親忠ではなく盛親を選んだのか。親忠の養子先である津野氏は、もともと長宗我部氏と同クラスの国人領主だった存在であり、豊臣期でも大名並みの領地を持っていた。そうした家の当主が長宗我部氏を継いだ場合、長宗我部権力内における津野氏の影響力が大きくなってしまう。また、吉良氏も津野氏と同等かそれ以上の領地を持っており、長宗我部家臣団の中でもトップに位置する二家が結託することに対する警戒も元親にはあっただろう。元親が盛親にこだわったのは、こうした権力構造に対する懸念があったためではないかと思われる。

元親・盛親父子の二頭政治

後継者を盛親に決めてからも、元親は病死するまで隠居はしておらず、父子は「大殿様」と「若殿様」と呼ばれ二頭政治を行っていった。父子が連署で文書の発給や法の制定をした事例もあれば、盛親のみが文書を発給した事例もある。家臣に土地を与えるという、大名にとってもっとも重要な権限については、完全に盛親の仕事となっていたらしい。一方で、その他の事柄に関してはどちらも行なっており、当主権限を共有していた。これは、彼らが豊臣政権の要求により土佐国以外に滞在することが多かったことが影響しており、父子の片方のみが在国していても領国支配を行える体制にしていたものとみられる〔平井二〇〇七〕。ただ、文禄の役・慶長の役の二度の朝鮮侵略の際には父子揃って朝鮮に渡海しており、結局父子が土佐国を離れていた期間は長かった。

豊臣政権は、配下の大名、特にもともと自立していた戦国大名に対して、領国支配体制の強化を求めていた。たとえば、陸奥国の南部《なんぶ》氏は秀吉に服属した際に家臣たちの妻子を人質として城下町に居住させるよう命じられていたし、薩摩国の島津氏は検地によって蔵入地《くらいりち》（直轄領）を増やして財政を安定させるよう要求されている。戦国大名の家臣団には、長宗我部氏における津野氏のように同格に近い有力な国人がいることが多く、大名当主には彼らを強く統制することは困難であった。秀吉はそれに対し、豊臣政権からの軍役にしっかり応えられるよう、大名当主への集権的体制を構築するようを命じていたのである。長宗我部氏の場合を見ると、先述した後継者をめぐる一件で吉良氏を改易したり、奉行人制度を整備したりと、豊臣期に大幅な権力構造の改変が行われていた。元親の病死の直前には、津野親忠の領地を移動し、津野家臣の多くを長宗我部直臣に編入してしまっている。こうした権力構造改変政策は政権の要求に応じた側面が強いだろうが、親忠の一件をみると、年若い盛親のために体制整備を急いだという側面もあったかもしれない。

なお、元親は後継者の盛親を秀吉にお目見えさせてもらえるよう秀吉の直臣である垣見《かけい》一直《かずなお》に丁寧な書状を書いて依頼するなど、豊臣政権に対する働きかけも行っていた〔津野二〇一〇〕。そのかいあってか、慶長の役の動員命令が元親・盛親父子に対して命じられるなど、盛親は政権から長宗我部氏の後継者として認識されていた。朝鮮からの帰国後、慶長四年（一五九九）五月に元親は病死したが、盛親の長宗我部氏継承は問題無く認められたものとみられる。

関ヶ原の戦いと赦免交渉

慶長五年（一六〇〇）、豊臣政権は、徳川家康《とくがわいえやす》らによる東軍と、毛利輝元《もうりてるもと》・石田三成《いしだみつなり》らによる西軍に分かれ、美濃国の関ヶ原《せきがはら》（岐阜県関ヶ原町）で戦った。長宗我部盛親はこのとき西軍側となったが、その事情について、本当は東軍に味方しようとしたが使者がたどりつけずに失敗し、やむなく西軍についたという説が知られている〔土佐物語〕。これについては、盛親の通称の「右衛門太郎」が西軍側の増《まし》田《た》長盛《ながもり》の「右衛門尉」という通称にあやかっているとみられることから、もともと長宗我部氏は長盛と懇意にしており、西軍寄りだったのではないかと考えられている。島津義弘《よしひろ》の書状によると、盛親は二千人の出兵を求められていたところ、五千人を連れてきたという〔薩藩旧記雑録〕。このとき義弘は国許から兵を連れてくるために躍起になっていたことから、この数値は過大に書かれている可能性も高いが、おそらく決められた人数以上を連れていったのは事実であろう。

長宗我部盛親の陣跡　岐阜県関ケ原町

　関ヶ原の戦いは、九月十五日に起こり、西軍の敗北に終わった。このとき長宗我部勢は関ヶ原の東南にある栗原山《くりはらやま》に陣取っていたが、近隣の南宮山《なんぐうさん》の毛利勢が動かなかったため、決戦に参加せずに終わってしまった。敗者となった盛親は、長宗我部勢を率いて伊勢方面から大和方面へ抜け、土佐への帰国を目指していく。その途中、一揆に襲われたり、岸和田《きしわだ》城主小出秀政《こいでひでまさ》の軍勢と戦ったりしており、かなり苦戦しながら帰ったようだ〔福富半右衛門親政法名浄安覚書、寛永諸家系図伝〕。

土佐に帰国した盛親は、兄津野親忠を切腹させた。親忠が独自に徳川家康に働きかけ、土佐半国を得ようとしていたことが原因とされている〔土佐軍記、土佐物語〕。通説としては、このあと盛親は大坂に行って家康に赦免してもらおうとしたが、兄を殺したことに激怒した家康に土佐国を没収され、盛親は大名の地位を失った、とされてきた。だが、当時の家康が兄殺しを主因として大名を改易したのかと考えると疑問が残る。

残された文書から実際の動きをみると、十月に盛親は東軍側からの攻撃に備えて防戦体制を構築するとともに、徳川家臣井伊直政《いいなおまさ》を通じて赦免を交渉している。その結果、土佐を失う代わりに堪忍分《かんにんぶん》をもらうという減転封の約束を得たらしく、十一月に盛親自身が大坂に上るとともに、井伊家臣の鈴木重好《すずきしげよし》が土佐国を受け取りに下向した。ところが十二月に長宗我部氏の下級家臣たちがそれに抵抗して浦戸城《うらど》(高知市)を占拠し、一時は隣国から鎮圧軍を派遣することが計画されるような大問題になった〔浦戸一揆〕。盛親が堪忍分の領地をもらえずに牢人にならざるをえなかったのは、親忠殺害ではなく、この浦戸一揆の影響が大きかったと思われる〔平井二〇〇八〕。

大坂の陣と長宗我部氏の滅亡

土佐国を失い、堪忍分も給付されないままであった盛親は、大坂から伏見に移り、おそらく数年間は伏見に居住していたものとみられる。彼は伏見で漫然と牢人生活をしていたのではなく、大名復帰を目指し、家康の政権（江戸幕府）に仕官できるよう運動していたことが一次史料からわかる。ただ、この運動は結局うまくいかず、数年後に盛親は京都の相国寺《しょうこくじ》（京都市上京区）周辺に移住して出家した〔平井二〇一二〕。なお、長宗我部氏には多数の家臣がいたが、収入が途絶えていた伏見・京都での牢人中は、彼らのうちわずかな者のみを側に残し、多くを召し放たざるをえなかった。これに関する史料はいくつか残っており、たとえば土佐に帰る家臣に対して大名復帰の際は戻ってくるよう言い含めたり、盛親自身が紹介して他大名に仕官させたりしている。

長宗我部盛親の墓　京都市下京区・蓮光寺

江戸幕府への仕官が叶わず京都で十年近く牢人していた盛親に、慶長十九年（一六一四）、転機が訪れる。大坂の豊臣秀頼《ひでより》と江戸の徳川家康が対立し、盛親は大坂側から誘われたのである。十月に盛親は大坂城に入城し、旧大名として大坂の牢人衆の主要メンバーの一人となって、各地から旧臣の一部を呼び戻して戦力とした。一方で、新たな仕官先に残った旧臣も多かった。

同年の大坂冬の陣で長宗我部勢が大坂城のどこを守っていたのかについては史料によって記述がまちまちであり、不明瞭である。真田信繁《さなだのぶしげ》とともにいわゆる真田丸《さなだまる》に籠もっていたと記す史料もある。さまざまな史料をみても、大坂冬の陣での長宗我部勢に関する記述はあまりないことから、このときは主要な戦いに参加していなかったものとみられる。

大坂の陣の中で盛親最大の戦いは、翌慶長二十年の大坂夏の陣における、五月六日の八尾《やお》の戦いである。長宗我部勢と藤堂高虎《とうどうたかとら》勢によるこの戦いは、藤堂氏の多くの一族・重臣に戦死者が出たほどの激戦であった。長宗我部氏の元家老であった桑名吉成《くわなよしなり》は、盛親が牢人した際に藤堂高虎に仕えて厚遇されていたが、八尾の戦いで旧主盛親と戦い戦死している。激戦による長宗我部勢の消耗は激しく、藤堂勢も一時撤退しようとしていた。そこで盛親は部隊を少しずつ久宝寺《きゅうほうじ》（大阪府八尾市）へ撤退させていったが、藤堂高虎はそれをみて追撃へと方針を転換し、これによって長宗我部勢は壊滅的打撃を受けた〔元和先鋒録〕。

大坂城に戻った盛親であったが、もはや余力は残っておらず、大坂城落城後に京都に向かって逃走中に捕えられた。盛親は二条城《にじょうじょう》（京都市中京区）で数日間さらされた後、五月十五日に洛中引き回しにあったのちに処刑された。

信親・盛親兄弟の父である元親は物静かな性格であったが、盛親は書状などをみると性急で怒りっぽい性格であったようだ。ただ、兄の信親もまた血気盛んさを示すエピソードがいくつかみられ、元親ですら初陣では自ら敵に突っ込んでいったとされているから、若い頃の書状ばかりが残る盛親については多少割り引いて考えてもいいかもしれない。二十代半ばで国を失ってからの彼の様子がわかる史料は少ないが、伏見居住時代の行動をみるに、大名として復帰し旧臣たちを呼び戻すことを願い続けていたことは確かだろう。大坂への入城も、大名に戻れる最後のチャンスと考えていたものとみていい。だが、大坂の陣で敗れた盛親が処刑されたことによって、彼が目指していた長宗我部氏再興の道は閉ざされてしまったのであった。

（平井上総）

【主要参考文献】

津野倫明「軍目付垣見一直と長宗我部元親」（『長宗我部氏の研究』吉川弘文館、二〇一二年、初出二〇一〇年）
平井上総「豊臣期長宗我部氏の二頭政治」（『長宗我部氏の検地と権力構造』校倉書房、二〇〇八年、初出二〇〇七年）
平井上総「関ヶ原合戦と土佐長宗我部氏の改易」（『日本歴史』七一八、二〇〇八年）
平井上総「浪人長宗我部盛親と旧臣」（天野忠幸ほか編『戦国・織豊期の西国社会』日本史史料研究会、二〇一二年）

吉良親貞・香宗我部親泰
——元親の勢力拡大を支えた弟たち

親貞の吉良氏継承

長宗我部《ちょうそかべ》元親《もとちか》には、現在判明しているだけで親貞《ちかさだ》・親泰《ちかやす》・親益《ちかます》の三人の弟がいた。この弟たちは、親貞は吉良《きら》、親泰は香宗我部《こうそかべ》、親益は島《しま》と、それぞれ別の家名を名乗っている。本稿では、吉良親貞と香宗我部親泰を中心にみていきたい。

吉良親貞は、元親より四・五歳年下とみられており、通称として左京進《さきょうのしん》・播磨守《はりまのかみ》と名乗っている〔土佐国蠹簡集〕。親貞が継承した吉良氏は土佐《とさ》郡・吾川《あがわ》郡に領地を持つ有力国人であったが、謎が多い。

謎の原因の一端は『吉良物語《きらものがたり》』という軍記の存在である。『吉良物語』は親貞の子である真西堂《しんせいどう》が執筆したとされていて、これは吉良氏を源頼朝《みなもとのよりとも》の弟希義《まれよし》の子孫であり源氏であったと記している。同書によると、吉良氏は戦国期に土佐南学《なんがく》の祖とされる南村梅軒《みなみむらばいけん》を招くなど隆盛していたが、その後長宗我部氏によって滅ぼされ、親貞が吉良氏を継いだという。

ところが、一次史料をみると親貞は実際には平氏を名乗っている。『吉良物語』が記す吉良氏＝源氏説と、実際の戦国期の吉良氏の名乗る本姓が、明らかに異なっているのである。この事情については、まず『吉良物語』が江戸時代に偽作された物語であり、実際の筆者は真西堂ではなかったという事実が指摘されている〔下村一九七八〕。親貞の子が自分の家の本姓を誤ったのではなく、親貞の子ではない人物が書いた物語だからこそ本姓を誤っている、ということである。また、親貞が継ぐ前に本山《もとやま》氏が吉良氏を滅ぼし、本山茂辰《しげとき》が吉良氏を名乗っているという事実があり、この本山氏が平氏を名乗っていた。よって、親貞が継いだのは、本来の吉良氏ではなく、本山氏が名乗った吉良氏のほうであったと指摘されている〔朝倉二〇〇九〕。

右にみたように、吉良氏は本山氏によって滅ぼされ、吉良領は本山領になっていた。その本山氏と長宗我部氏が対立して起こった永禄三年(一五六〇)の長浜《ながはま》の戦いの翌日、若宮《わかみや》の戦いが起こっており、その際に親貞は自ら槍を振るって本山茂辰を追い立て、数人を討ち取ったという〔元親記〕。その後、永禄六年頃に元親は本山氏を吉良領から追い出して、弟の親貞に吉良を名乗らせて吾川郡の弘岡《ひろおか》城(吉良城。高知市)の城主とし、吉良領を支配させた。豊臣期の検地の結果をみると、吉良親貞が支配した領域は長宗我部家臣団の中でも最大級であり、その家臣には吉良氏の旧臣を多く取り入れていたものと思われる。

親貞について、一条兼定《いちじょうかねさだ》との戦いに関する次のエピソードが知られている。親貞は土佐一条氏が支配していた高岡《たかおか》郡の蓮池《はすいけ》城(高知県土佐市)を奪取することを兄元親に進言し、驚く兄に対して「天罰は自分が引き受けるから」と言って、謀略を用いて蓮池城を攻め落とした。抗議してきた土佐一条氏に対し、元親は「軽率な弟で仕方ありません。これからは兄弟の縁を切ります」と謝罪したものの、両者は対立関係になったという〔元親記〕。ただし、このエピソードについては、土佐一条氏と長宗我部氏は安芸氏攻めをめぐってすでに対立関係に至っていたと思われるため、疑問が残る。

西軍代としての吉良親貞

『元親記《もとちかき》』には、土佐国の海岸の中心に位置する浦戸湾《うらど》（高知市）よりも西側の軍代《ぐんだい》を親貞、東側の軍代を香宗我部親泰に任せたとされている。この軍代は、その方面の軍事・外交を取り仕切る役割を担っており、与力も多数預けられていた。元親は信頼する二人の弟を東西の担当者として土佐国統一（および四国進出）を目指していったのである。

親貞の軍代としての活動は、残念ながらそれほど多くは残っていない。数少ない一次史料からうかがえる活躍として、元亀二年（一五七二）の、村上《むらかみ》水軍の村上吉親《よしちか》との外交がある〔藩中古文書〕。元親や親貞が吉親に送った書状によると、長宗我部氏は前々から村上水軍と連絡を取り合っていたようで、さらにはその先の中国の大名毛利元就《もうりもとなり》との友好関係も結んでいたようだ。親貞は吉親に対して、しばらく連絡が途絶えていたことを詫びつつ、毛利氏の活躍を褒め称え、今後も連絡を取り合うことを伝えている。親貞は軍代として、四国を越える地域との外交をも担当していたのである。

軍事面での活動としては、西側の軍代として、土佐一条《いちじょう》氏との戦いを主に担当していたものとみられる。一条兼定を隠居させた後、一条内政《うちまさ》は土佐一条氏の居城であった中村城《なかむら》（高知県四万十市）を出て大津城《おおつ》（高知市）に移ったが、元親は土佐一条氏退去後の中村城を親貞に預け、一条家臣を親貞の与力とした〔元親記〕。内政を移住させたのは「乱れている幡多《はた》郡に幼少の若君がいるのはよくない」という理由だったとし、親貞を入城させたのは「一条殿の居城を平人に預けるのは恐れ多い」という理由だったともされているが〔長元記〕、こうした理由は建前であり、一条領を併呑するのが元親・親貞の狙いだったとみていいだろう。

天正三年（一五七五）、追放されていた一条兼定が大友宗麟《おおともそうりん》からの援軍を得て幡多郡を取り戻しに来た。その際、兼定の軍勢は中村城以外の地域を席巻したとされており、言い換えれば親貞の籠もる中村城のみが辛うじて持ちこたえていたことになる。親貞がかなり苦戦しながらも中村城を死守したことによって、元親の救援による渡川《わたりがわ》の戦いは長宗我部側の勝利となり、幡多郡は長宗我部氏の支配下に入ったのであった。

天正四・五年に、摂関家の近衛前久《このえさきひさ》が九州を訪問し、土佐国を経由して京都に戻っているが、彼が記した書状には、豊後国の大友宗麟のもとから土佐国に渡る際に「親貞領内」まで送ってもらったとある〔大日本古文書　蜷川家文書〕。親貞は中村城代として幡多郡を管轄していたため、幡多郡が親貞の領地だという認識もされるようになっていたのであろう。

親貞の死

西の軍代として兄を助けていた親貞であるが、どうもこの天正四・五年頃に死去したようだ。軍記物語では天正四年（一五七六）に死去したと記されている一方、幡多郡入野八幡宮《いりのはちまんぐう》の天正五年六月の棟札《むなふだ》に彼の名前が登場しており、この時期までは生きていたともみられる〔土佐軍記、土佐国蠹簡集〕。これについては、前述した近衛前久の土佐訪問との関係からみて、天正五年までは生きていたことが指摘されている〔津野二〇一〇〕。

問題は、彼が天正五年に死んでおらず、それ以後も生きていた可能性があることである。通説としてはこの時期に死去したとみられているが、元親が「吉良播磨守」に対して出した書状を天正五年以後の発給とみる余地があること、天正十四年の戸次川《へつぎがわ》の戦いの戦死者の中に「吉良播磨守」がいることから、親貞はずっと生きていて天正十四年に甥の信親《のぶちか》等と一緒に戦死したとの説もある〔朝倉二〇〇四〕。ただ、先に触れた軍記物語や長宗我部氏の系図では親貞の子（親実《ちかざね》の兄弟）も「播磨守」を名乗ったとされており、判断が難しいところである。系図はあくまでも後世に作られた二次史料であり、誤って記されることも少なくない。

本稿としては、通説に近いところとして、天正五年に死去したとみておきたい。理由として、確実に天正六年以後とみることができる一次史料の中では親貞の姿がみられなくなること、親貞が担っていた軍代の役割に相当する仕事を久武親信《ひさたけちかのぶ》（戦死後は弟の親直《ちかなお》）が担うようになっていくことが挙げられる。

弟の香宗我部親泰がこれ以後も一次史料に登場して活躍することを考えると、親貞の消息が途絶え、別人がその役割を果たしているのは、彼が死亡したからと想定するのが妥当ではないか。

親貞の死後、軍代が久武親信に代わったほかに、中村城代も桑名藤蔵人《くわなとうくろうど》に代わったようである。親貞には跡継ぎとして親実がいたが、それらの役割を彼が継ぐことはなかった。この頃の親実はまだ元服するか否かといった年頃だったとみられ、軍代・中村城代といった大任を任せるのは難しかったのであろう。それだけ親貞の果たしていた役割は大きかったとも言うことができる。

親泰の香宗我部氏継承

親貞の次の弟である親泰は、通称として弥七郎《やしちろう》・安芸守《あきのかみ》・左近大夫《さこんたいふ》などを名乗っており、香宗我部氏を継承した（二次史料では「内記《ないき》」とも名乗っていたとされている）。香宗我部氏はもともと長宗我部氏と似たような階層にあった香美《かみ》郡の国人であった。長宗我部と香宗我部は苗字が酷似しているが、本来はまったく別の家である。長岡郡の曽我部村と、隣郡である香美郡の曽我部邑で、それぞれ宗我部を名乗る家があり、紛らわしかったので、前者（秦《はた》姓）が長宗我部、後者（源姓）が香宗我部を名乗ったとされている〔土佐国古城伝承記〕。苗字が似ているだけで別の家であった両家は、長宗我部氏出身の親泰が香宗我部氏を継いだことで結果的に親戚関係になったのである。

親泰を養子として迎え入れた香宗我部氏について、次のようなエピソードが知られている〔土佐国古城伝承記」）。香宗我部秀儀《ひでのり》は長宗我部国親《くにちか》の勢いを恐れ、その息子親泰を婿養子とした。しかし、秀儀はかつて弟の孫十郎《まごじゅうろう》に跡を継がせると言っていたため孫十郎が怒り、秀儀を討ち取ろうとした。そこで秀儀は孫十郎を暗殺し、罪滅ぼしとして孫十郎の子（中山田《なかやまだ》泰吉《やすよし》・秀正《ひでまさ》兄弟）を養って隠居領を譲ったという。秀儀の名を親秀《ちかひで》と記す史料もある。このエピソードの真偽は不明であるが、戦国期には似たような出来事が各地で起きていたものとみられ、平和裏な養子入りではなかった可能性は十分にある。ただ、のちに述べるように親泰の養子入りは国親死後であったとみられる。

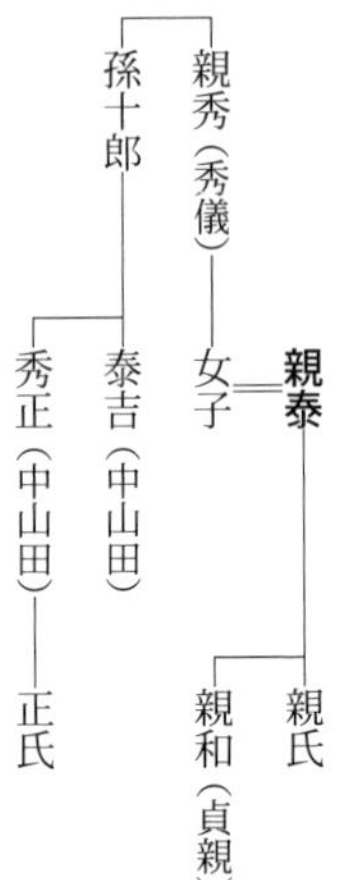

香宗我部氏略系図

　香宗我部氏が長宗我部氏の養子に家を継がせて関係を強化しようとした事情としては、安芸氏との対抗関係もあった。安芸氏と長宗我部氏に挟まれる状況にあったために、長宗我部氏から養子を受け入れて乗り切ろうとしたのである。秀儀（親秀）の父とみられる茂秀《しげひで》が安芸氏に攻められて切腹し、香宗我部城（香宗城。高知県香南市）と香宗我部領が安芸氏に奪われていたとみる説もある〔朝倉二〇〇八〕。元親の父国親の代にも長宗我部氏と香宗我部氏が結んで安芸氏と戦っているから、対安芸氏の共同戦線を張っていくうちに、長宗我部氏への依存が強くなっていったのだろう。

　親泰の養子入りの正確な年代は不明であるが、永禄十年（一五六七）十一月段階ではまだ「長宗我部弥七郎」と名乗っているので、その翌年、元親が本山氏を降伏させた前後の時期かと思われる。永禄十二年夏～秋頃に安芸国虎《くにとら》が切腹し、元親は手に入れた安芸城（高知県安芸市）を親泰に預けた。これ以後、親泰は東の軍代として活動していくことになる。親泰が名乗った「安芸守」も、本来の意味である中国地方の安芸国に由来するものではなく、安芸城に入城したことが由来となっていた〔土佐国古城伝承記〕。

香宗我部親泰の活動

天正五年（一五七七）頃に死去したとみられる兄吉良親貞と異なり、親泰は豊臣期まで兄を支え続けた。まず、東の軍代としての活動を見ていこう。長宗我部氏は阿波国に侵攻していくが、親泰はそのうち南側の攻略を担当したようで、「阿波南郡分の軍代」とも記されている〔元親記〕。また、元親が讃岐・阿波攻めから帰った後に、親泰が大将となって各地に攻め入っていたともされている〔長元記〕。本能《ほんのう》寺《じ》の変《へん》後、長宗我部信親が三好《みよし》への反撃を主張して元親に止められたときは、信親は親泰が担当する阿波国の海部に移動して軍勢を集めようとしていたというから、阿波南部を担当する軍代として甥にも頼られていたようだ。このとき元親は親泰にも待つよう伝えたというから、信親と親泰がともに三好攻めを主張していたとも考えられる〔元親記〕。

軍代としては外交関連の動きも知られる。阿波国の国人日和佐《ひわさ》氏を服属させた文書の存在はよく知られているが、それ以上に有名なのは、香宗我部氏が守り伝えてきた文書からわかる、織田信長《おだのぶなが》や徳川家《とくがわいえ》康《やす》らとの関係であろう〔香宗我部家伝証文〕。まず、織田―長宗我部関係が大きく悪化する以前に、「阿波国の三好式部少輔との関係について三好康長《やすなが》から伝える」という朱印状を信長が親泰に送っており、康長も「信長から親泰と親しくするよう命じられた」と記した書状を親泰に送っている。親泰が阿波国の軍代として大きな役割を担っていることを、織田政権側でも知っていたものと思われる。また、天正十一年の賤《しず》ヶ《が》岳《たけ》の戦い、翌年の小牧《こまき》・長久手《ながくて》の戦いの際にも、織田信《のぶ》孝《たか》や織田信雄《のぶかつ》、徳川家康、そして足利義昭《あしかがよしあき》と外交交渉を行っていた。親泰は長宗我部氏の外交窓口として非常に大きな役割を果たしていたのである。

香宗我部親泰の墓　高知県香南市・宝鏡寺跡

豊臣政権に元親が降伏した後、親泰の軍代としての役割は終わり、彼は香宗城に戻った。豊臣期の彼は、それまでとは異なる役割で存在感を示していく。たとえば元親・盛親《もりちか》父子が朝鮮に渡海していた天正二十年、「名護屋《なごや》で大船を作るので材木を送るように」と命じる秀吉の朱印状が親泰に対して発給されている〔香宗我部家伝証文〕。親泰はそれを受けて津野親忠《つのちかただ》に材木提出を促しており、元親・盛親の不在中は実質的に親泰が彼らの役割を代行していたとも言えるだろう〔平井二〇〇八〕。

こうして、親泰は豊臣期には当主不在時の留守居役として活動していた。だが、文禄二年（一五九三）、日本に帰国した兄・甥と入れ替わるように親泰は朝鮮に渡海し、同年中に病死してしまう。頼りになる弟に先立たれたことは、穏当とは言えない経緯で盛親を後継者に決めた元親にとって、痛手だっただろう。

親貞・親泰死後の吉良氏・香宗我部氏

先述したように、吉良親貞の死後、軍代の役割は久武親信に移った。ただ、親貞には息子の左京進親実と播磨守某がいる。また、五郎左衛門尉親英《ちかひで》も彼の子であったとみられている〔朝倉二〇〇四〕。このうち播磨守は天正十四年（一五八六）の戸次川の戦いで戦死していることは先述した。

親実は父の残した吉良領を継承し、蓮池城主となった。『元親記』では彼について以下のように説明している。親実は「大の器用人」であり、人々が一目置く存在であったが、荒々しい振る舞いをしていたので、みな付き合いに困っていた。豊臣政権から命じられた大仏殿の材木を伐採している最中、親実は弓を持って、「ぐずぐずしている者は誰であっても射るぞ」と言って走り回っていた。そこに久武親直が笠を被って木の上にいたため、親実は親直の被った笠の上を射た。親直はそれを無視していたが、土居肥前《どいひぜん》という者が「左京進がお出でですので笠を脱ぐべきです」と言ったため、笠を脱いで親実に使者を遣わし、「大人数の中にいらっしゃったのでお出でになったことに気付きませんでした。こちらから挨拶すべきだったところをすみません」と謝罪したところ、親実はやや満足したという。

『元親記』は、この一件で親直は親実に恨みを持つようになり、元親に讒言したとされている。この事件が事実だったか否かを検証することは難しいが、信親・盛親の項で述べたように、天正十八年、長宗我部氏の後継者問題と関わって元親が親実を切腹させたことは事実とみられる。のちの検地帳をみると、吉良領は長宗我部氏に没収されている様子が明らかであるから、吉良氏は改易されてしまったようだ。彼の弟とみられる五郎左衛門尉親英は親実切腹以前に検地役人を勤めているが、その後の動向は不明である。

なお、江戸時代の熊本藩に仕えていた藩士の系図をみると、どうも吉良氏の子孫が「町《まち》」という苗字を名乗って藩士となっていたようだ〔細川家先祖附〕。この系図には、元親の次男吉良左京進が細川忠《ほそかわただ》興《おき》に奉公を願ったところ、「吉良という苗字と家紋のままでは召し抱えることはできない」と言われたため、町源右衛門と名乗った、と記されている。吉良左京進を元親の次男とする誤りがあるため全面的な信用はできず、またもし親貞の子だったとしても誰の子孫なのか不明であるが、一応紹介しておいた。

香宗我部氏については、親泰の長男親氏《ちかうじ》（弥七郎）が元服済みで時期後継者としての活動を開始していたものの、天正二十年に朝鮮で病死してしまっていた。親泰の死後、次男の親和《ちかかず》（右衛門八）が跡を継いだが、関ヶ原《せきがはら》の戦い当時で十歳程度と、かなり若かったらしい。そのため、長宗我部氏が土佐国を失うまでの親和の活動はほとんど不明である。土佐を失ったのち、盛親は中山田正氏《まさうじ》（秀正の子）に親和への奉公を労うとともに、長宗我部氏再興の際には帰参するよう述べている〔土佐国蠹簡集拾遺〕。吉良氏が元親の手によって改易させられてしまったのとは対照的に、香宗我部氏は盛親にとって身近な存在であり続けたものとみられる。

ただし、大坂の陣の際に親和は大坂城に入城しておらず、長宗我部氏とは異なる道を辿った。彼は寺《てら》沢《さわ》氏・堀田《ほった》氏と仕えていき、家老になっている。その後も香宗我部氏は主家を変えながらも生き延び、先述した『香宗我部家伝証文』という重要な文書群を後世に伝えていったのであった。

（平井上総）

【主要参考文献】

朝倉慶景「織豊期の土佐吉良氏についての一考察」（『土佐史談』二二五、二〇〇四年）
朝倉慶景「戦国期の香宗我部氏について」（『土佐史談』二三八、二〇〇八年）
朝倉慶景「弘岡吉良氏について」（『土佐史談』二四〇、二〇〇九年）
下村效「土佐南学濫觴の虚実」（『戦国織豊期の社会と文化』吉川弘文館、一九八二年、初出一九七八年）
津野倫明「南海路と長宗我部氏」（『長宗我部氏の研究』吉川弘文館、二〇一二年、初出二〇一〇年）
平井上総「戦国～豊臣期における長宗我部氏の一族」（『長宗我部氏の検地と権力構造』校倉書房、二〇〇八年）

久武親信・親直
——軍事・政治に活躍した長宗我部氏の家老

長宗我部氏の家老久武氏

久武《ひさたけ》氏は、長宗我部《ちょうそかべ》氏の家老として知られている。まずはこの久武氏についてみておこう。久武氏の出自については、「室町時代の応永年間に長宗我部氏の先祖である長元勝《ちょうもとかつ》が、久武・中内《なかうち》という侍二名を連れて武者修行のため故郷を出て、伊勢国桑名《くわな》（三重県桑名市）で宿の亭主を御供に加え、土佐国に居住した」と『土佐軍記《とさぐんき》』に記されており、これを信じるとすれば長宗我部氏が土佐に来る前からの最古参の家臣だったことになる。ただ、長宗我部氏は応永年間以前に土佐国にいることが確実であるから、同書の説明は信用できない。後述する久武昌源《しょうげん》を本山安房守《もとやまあわのかみ》の子だったとする説も江戸時代に出てきているが、根拠は不明である〔寺石一九八〇〕。戦国期以前の久武氏については未詳としておきたい。

次に家老についてみておきたい。『長元記《ちょうげんき》』には、「長宗我部殿の三家老とは、久武・中内・桑名、この他に江村《えむら》・国吉《くによし》・馬場《ばば》・比江山《ひえやま》・野田《のだ》などがいる」と記しており、重臣たちの中で特に久武・中内・桑名の三氏が「三家老」と呼ばれていたとしている。この記述を受けて、研究上でも久武氏は三家老の一人であったとみるのが通説となっており、筆者もそのように説明してきた。

ただ、長宗我部元親《もとちか》・盛親《もりちか》父子が制定した『長宗我部氏掟書《おきてがき》』には「老中《ろうじゅう》」と「年寄《としより》」は出てくるが「三家老」とは記されていない。同時期に制定された「凡近習之輩可勤存條々」には「国家之老衆中」が出てきており、この記述を採るならば家老という用語自体は使われていたとみていいだろう。また、『長元記』と同様に二次史料である『元親記《もとちかき》』を見ても、「家老分」十五名と「若手之分」十七名という形で重臣が列記されてはいるが、「三家老」の語は出てこない。したがって、長宗我部家臣団の中で久武・中内・桑名の三家が三家老という別格の地位にあったという根拠は、意外と薄いのである。

この三家は先述した『土佐軍記』の創業の物語にも出てくる家である。同書の記述が虚構とはいえ、長宗我部氏にかなり早くから仕えていたからこそこうした物語や三家老という概念が出てきたのかもしれないが、このように確実な史料からはわからないということは記しておきたい。ただし、久武氏については、これから記していく実際の活動からみて、家老の中でも上位であったことは事実とみていいだろう。『元親記』には久武親信《ちかのぶ》を「家老頭」と記した部分もある。

さて、ここで取り扱うのは久武親信・親直《ちかなお》兄弟であるが、その父昌源についても若干の史料が存在する。久武昌源は、通称肥後守《ひごのかみ》といい、天正十一年（一五八三）二月に死去している〔土佐国蠹簡集〕。元親の家督相続翌年である永禄四年（一五六一）に元親が発給した感状《かんじょう》に、「なお久武肥後守が伝える」とあり、文書を伝達している〔土佐国蠹簡集〕。こうした役割は他の文書からもみられ、同様に元親の初期の文書を伝達している野中《のなか》（貞吉《さだよし》あるいは親孝《ちかたか》か）とともに、重臣として初期の元親を支えていたのだろう。

元親は本山《もとやま》氏との戦いで土佐郡の久万《くま》城（高知市）を手に入れたのち、昌源をその城代としている。

軍代久武親信

久武親信は通称を内蔵助《くらの》という。元亀年間に長宗我部元親が高岡《たかおか》郡を支配下に入れた際、佐川《さがわ》城代に任じられ、他地域から移住してきた佐川番衆や周辺の国人・土豪たちの寄親《よりおや》になっていた〔秋澤一九八二〕。土佐統一以前の親信のエピソードとしては以下のものが知られる。渡川《わたりがわ》の戦いの際、久武昌源が敵の首二つを得たところ、子の親信が「年寄には似合わない振る舞いです。五千・三千の兵を率い、戦場で兵に命令をする立場なのだから、今さら手柄顔をしているのは恥知らずです。そこに首を捨ててください」とたしなめ、皆は感心したという〔元親記〕。このエピソードの真偽は不明だが、物語上では一軍の将としての心得を持った人物として描かれている。他にも、親信は「武辺才覚は比類無い者であった」とか「武辺と調略は諸人より優れていた」などとも評されていた〔元親記・長元記〕。

元親は弟の吉良親貞《きらちかさだ》を西軍代に任命し、彼に土佐国西部の軍事・外交を担当させるとともに、中村《なかむら》城（高知県四万十市）の城代に任命して幡多《はた》郡を収めさせていた。ところが、親貞は兄に先立ち天正五年（一五七七）に死去してしまう。土佐国は長宗我部氏の支配下に入ったものの、隣国伊予国との戦いもあり、親貞の役割を消滅させるわけにはいかない。そこで、中村城代の役割は桑名藤蔵人《とうくろうど》が引き継ぎ、軍代の役割は久武親信が継ぐことになった。親信の役割を『元親記』は「伊予国中郡から南伊予分の軍代」、『長元記』は「伊予一国の総武頭」と表現している。親信が選ばれたのは、家老久武氏の後継者という地位の高さのほか、能力と、佐川城代としてまとまった軍事力を動かすことができたという複合的な理由であろう。

『元親記』には、親信について面白いエピソードが載っている。親信はあるとき有馬《ありま》温泉（神戸市北区）に湯治に赴いた。そのとき、羽柴秀吉《はしばひでよし》も同じく湯治しており、親信はともに湯に入った。土佐国に帰った親信は元親に対して、「今回たまたま秀吉殿と相湯になりました。この人はただ者ではありません。必ずそのうち天下の主にもなる人でしょう。今までは信長《のぶなが》卿への奏者《そうじゃ》は明智光秀《あけちみつひで》殿にだけ頼んできましたが、ぜひこれからは秀吉殿へも連絡するのがいいでしょう」と勧めたという。天正八年（一五八〇）に秀吉と元親が書状で連絡を取り合っていることが知られており、秀吉の書状からはそれ以前から連絡していることもわかるから、元親が織田家臣の中で明智光秀以外に羽柴秀吉とも繋がりを持っていたことは事実である。そのきっかけが親信の湯治であった可能性はゼロとは言えない。ただ、秀吉も元親も書状の中で親信の話は一切しておらず、しかも両者を取り持っているのは斎藤利三《さいとうとしみつ》である（紀伊国古文書・吉田文書）。真偽不明の逸話という程度にとどめておくのがいいだろう。

岡本城の戦い

親信は、軍代として伊予国の軍事・外交を担当していた。そうした立場で行ったのが、岡本城《おかもと》（愛媛県宇和島市）の戦いである。

伊予国では、長宗我部氏側になびく武士が多くいた。南予の攻略をさらに進めるために、親信は、宇《う》和《わ》郡の三間の土居《どい》・金山《かなやま》・岡本・深田《ふかだ》・高森《たかもり》の五つの城のうち、岡本城を攻め取ろうとして自ら出陣する。このとき、内応する者がいたために兵を忍び入らせて岡本城を奪い取り、親信が兵を率いて入城しようとしたところ、残る城からの援軍に背後を攻撃され、親信は戦死したという〔元親記〕。あるいは、岡本城に少数の兵を派遣して忍び入れて本丸を奪い取ったものの二ノ丸の敵の抵抗に遭い、銃声を聞いた親信が援軍を率いて駆けつけようとしたが、敵の土居清良《きよよし》の鉄炮隊による待ち伏せを受けて、親信と佐竹《さたけ》太郎兵衛義秀《よしひで》、山内外記《やまのうちげき》の三人の将が戦死したともされている〔長元記〕。どちらにせよ、この岡本城の戦いで長宗我部氏側が大敗したことは確実であり、軍代の親信自身が戦死したことは、伊予国での戦い全般を停滞させることになったと思われる。

なお、この岡本城の戦いは、天正七年（一五七九）に行われたというのが通説となっており、筆者もそれを受け入れてきた。ただ、これを天正九年の出来事とする史料も存在する。この問題については近年研究が進み、諸史料との整合性からみて、天正九年五月下旬の出来事であったとする見解が出ている〔松本二〇一六、東近二〇一九〕。本稿はその成果に従い、天正九年に起きたものとしておきたい。

親信の戦死後、軍代の役割は弟の親直が担うようになる。親直は当初通称として彦七《ひこしち》を名乗っており、伊予国の国人たちに対する外交文書でも同様であった。たとえば天正十二年七月に金子元宅《かねこもといえ》に送った起《き》請文《しょうもん》は「彦七親直」の名義で記している。ところがその翌年天正十三年六月に元宅が息子毘沙寿丸に残した遺言状には「久内蔵」とあり、このときには兄と同じ内蔵助へと通称を改めていたことがわかる〔金子文書〕。内蔵助を名乗るようになった時期は、小牧《こまき》・長久手《ながくて》の戦いから秀吉の四国攻撃に至る時期であり、伊予国では毛利《もうり》氏による河野《こうの》氏救援によって戦いが激化していった可能性が高い。長宗我部側についていた国人からの離反も当然あっただろう。親直は兄の通称を継ぐことで、その実績を思い起こさせて引き留めを図ったのではないだろうか。

岡本城跡　愛媛県宇和島市

天正十二年八月、親直は自分の手勢・与力のほか、南予の長宗我部側勢力、そして本山親茂《ちかしげ》ら元親からの援軍を加えて、宇和郡三間に攻め込んだ。ここは兄が戦死した地域であり、親直は弔い合戦と称していたという〔元親記〕。この戦いで、三間の五城のうち少なくとも深田城は落城している〔金子文書〕。軍記では残りの城も落城・降伏したとしている。こうして親直は軍事面でも軍代としての役割を果たしていたが、天正十三年の豊臣政権の四国攻めによって、長宗我部氏は降伏したのであった。

豊臣期の親直の活動

長宗我部氏が豊臣政権の配下に入ったことで、親直の西軍代としての役割は終わった。豊臣期の親直は、家老としての活動が多くなる。とはいうものの、一次史料で頻繁に登場するのは、豊臣政権の末期というべき慶長年間である。なぜこのような傾向があるのであろうか。

久武氏が桑名氏・中内氏とあわせて「三家老」と呼ばれていたと軍記にあることは先述した。これと似た言葉として「三人奉行」があり、豊臣期に元親・盛親は「土佐国内に三人奉行を定めたので、彼らの命令は何ごとにも従うように」と制定していた〔長宗我部氏掟書〕。かつての研究では、三家老＝三人奉行とみなして、豊臣期の長宗我部氏の行政機構の中でも三家老が重要な役割を果たしていたと考えられていた。

しかし、その後の研究によって、三家老と三人奉行はまったく別の存在であることが明らかにされた〔津野一九九六〕。三人奉行とは、豊永藤五郎《とよながとうごろう》・久万次郎兵衛《じろうひょうえ》・山内三郎右衛門《さぶろうえもん》という奉行人のことであり、彼らは家老とはまったく重なっていないのである。これによって、豊臣期の長宗我部氏の機構の中では家老の地位は相対的に低下し、代わりに実務系の奉行を重視する改革が行われていたことが明らかになった。

ところが、先ほど述べたように、久武親直は慶長年間の長宗我部氏の多くの文書に登場している。桑名吉成《よしなり》など他の家老たちは親直のようには登場してこないから、親直は特殊な事例であったと言える。

たとえば親直が出てくる事例をみると、慶長三年（一五九八）十一月に盛親が豊永郷の庄屋に対して、「人々が疲弊しているので国役《くにやく》を一時停止する。非有《ひゆう》・親直・豊永藤五郎が出した文書がない場合は役賦課に応じてはならない」と伝えている〔土佐国古文叢〕。長宗我部家臣の誰かが「これは公的な役である」と言ってきても、非有・親直・藤五郎以外からの命令であれば従わなくてもいいという意味であり、逆に言えばこの三人は公役を課せる特別な地位にあったことになる。

では、慶長年間の長宗我部氏では、親直が特別に高い地位にいて、いつでも自由に公役を課せたかというと、そうではない。実はこの文書を出したときの盛親は、土佐国を離れて伏見にいた。この時期に、非有・親直・藤五郎の三名が連署して文書を発給することが多いが、実はそれらの文書が出た時期の元親・盛親の居場所をみると、朝鮮や伏見など、土佐国以外にいることが確定できることがほとんどなのである。したがって、この三人が公役を課せたのは、盛親が留守にしており、その代行を彼ら三人で勤めていたための特別対応だった〔平井二〇〇八a〕。慶長年間に親直の活動が多く見出せるというのは、裏を返せば元親・盛親が土佐を留守にせざるをえないことが多かったために必然的に目立っていたと言えるだろう。

この三人のうち、豊永藤五郎は先述のように三人奉行の一人であり、実務官僚のトップというべき存在だった。非有は滝本寺《たきもとじ》の僧侶で、元親が帰依しており盛親の指導役的役割を果たしていたとみられ、文禄年間の元親・盛親不在時には浦戸城《うらど》（高知市）の留守居役も勤めていた。このように留守居役は、実務官僚のトップ、元親・盛親の信頼厚い僧侶、そして言うまでもなく家老である親直という顔ぶれであり、親直は重臣代表としてこの留守居に選ばれていたものとみられる。したがって、親直は、他の家臣と異なる特別な権限を常時与えられていたわけではなく、留守居も一人で担っていたわけではないが、元親・盛親から家老の筆頭として信頼されていたことは明らかであろう。親直が家老の中でも最も頼られるようになった理由として、かつての軍代としての実績があったともみられている〔土居二〇一〇〕。

浦戸城天守跡　高知市

親直は佞臣なのか

一次史料からみた親直は、先に述べたように家老の筆頭として留守居役三名のうちの一人に任命される存在であった。ただ、親直というと、長宗我部氏を滅亡に導いた佞《ねい》臣《しん》というイメージが付いている。そうした見方の根拠となった点について、史料の記述と実態を以下に見ていきたい。

まず、盛親の継嗣決定の過程についてである。長宗我部氏の後継者決定に関して、幼少の盛親が当主になれば自分の意のままにできると思った親直が反対派の吉良親実《ちかざね》を元親に讒言し、それによって元親が親実を切腹させ盛親の家督継承が確定した、といった説明を見たことがある方もいるだろう。これは『元親記』および『土佐物語』に依拠したもので、『元親記』で記された内容については他項で説明したためにそちらを参照してほしい。

この問題については、そもそも事実がどうか不明であるという点を差し置いても、親直が自分の意のままになる盛親を当主にするために讒言したとする説明は、『元親記』にのっとれば不適切である。『元親記』の説では、もともと元親は盛親にしたいと心に決めており、皆が何も言えなかったところに、「親実は津野親忠《つのちかただ》を後継者に推しています」と告げて親実を排除しただけであり、親直が盛親を強引に推薦したわけではない。

盛親を当主にして長宗我部氏を牛耳ろうと親直が考えたというのは『土佐物語』の説であるが、同書はかなり文飾が多く、信頼性が非常に低い史料である。よって、この件に関する親直の行動は、親実排除の讒言については事実だった可能性があるとしても、盛親擁立に関してはかなり慎重に捉える必要があろう。ちなみに、両書とは別の『土佐軍記』という物語では、この一件について、親直は桑名・中内とともに「元親様のお考えの通りになさってください」と述べるだけの登場であり、親実を讒言したのは盛親側の人物と記すのみであるから、同書は親直が讒言したとは記していないことになる。

もう一つよく知られているのは、関ヶ原《せきがはら》の戦い後のことである。関ヶ原から土佐国に帰ってきた盛親は、兄の親忠を殺害する。これについて『土佐軍記』は、盛親が大坂に上って徳川家康《とくがわいえやす》に弁明しようとしたときに、親直が「津野親忠は藤堂高虎《とうどうたかとら》と知人です。これを契機に土佐半国をもらおうとするでしょう。切腹させるべきです」と言い、盛親がそれに従って親忠を切腹させたため、家康は盛親から土佐国を没収した、と記している。『土佐物語』だと、盛親が親直の提案を断ったため、これが知られると恨まれると思った親直が親忠を騙して殺害したことになっている。

両書では盛親の対応が異なっているが、いずれにせよ、親直が親忠殺害を進言し、それがきっかけで長宗我部氏が改易されることになったと説明する点では共通している。これについては、実際には盛親の大坂行きは津野親忠切腹後数週間後に決定されたとみられること、土佐国没収は親忠切腹と無関係に決まっており、浦戸一揆によって堪忍分《かんにんぶん》支給も途絶えてしまったのが実態であることから、両書は事実とは異なる内容を記していることになる〔平井二〇〇八b〕。親忠切腹の背景に親直の関与があったとしても、それと長宗我部氏の滅亡とは直接は繋がらないと言えよう。

親直への弁解のような文章になってきているが、彼が吉良親実や津野親忠を讒言したことについては、否定する根拠はないため保留である（確実にあったと証明できるわけでもない）。あくまでも継嗣決定・長宗我部氏改易について、親直との関係が大きく見出せるわけではないことを指摘した。

こうした軍記を見ていると、これらの執筆者（多くは長宗我部氏の遺臣やその子孫）が、どうも長宗我部氏が江戸時代まで存続できなかったことの責任を親直に負わせようとしているように見える。豊臣期に家老の筆頭として活動していたことや、親実・親忠の件などで、他の長宗我部家臣から恨まれていたのかもしれない。親直あるいはその子孫はのちに熊本藩に仕えており、関ヶ原の合戦後に武士として生き残っていったこともそうした恨み・妬みを買った一因であろう。

なお、親直は関ヶ原の戦い後、浪人中の旧主盛親への助言をしてもらえるよう、蜷川道標《になわどうひょう》に依頼する書状を書いている〔蜷川家文書〕。こうした点からみても、親直＝佞臣というイメージは、やや過剰なのではないだろうか。

（平井上総）

【主要参考文献】
秋澤繁「中世」『佐川町史』上（佐川町、一九八二年）
津野倫明「豊臣期における長宗我部氏の領国支配」（『長宗我部氏の研究』吉川弘文館、二〇一二年、初出一九九六年）
寺石正路『土佐名家系譜』（歴史図書社、一九八〇年）
土居喜一郎「長宗我部氏の「新留守居制」と久武親直」（『海南史学』四八、二〇一〇年）
東近伸「本能寺ノ変直前の四国の軍事情勢と岡本合戦の意義」（『よど』二〇、二〇一九年）
平井上総「豊臣期長宗我部氏における権力構造の変容」（『長宗我部氏の検地と権力構造』校倉書房、二〇〇八年ａ）
平井上総「関ヶ原合戦と土佐長宗我部氏の改易」（『日本歴史』七一八、二〇〇八年ｂ）
松本敏幸「岡本合戦の年数問題」（『よど』一七、二〇一六年）

桑名吉成——元親・盛親に仕えた悲劇の重臣

「三家老」桑名氏

桑名吉成《くわなよしなり》（一孝《かずたか》とも）は、長宗我部《ちょうそかべ》元親《もとちか》・盛親《もりちか》に仕えた重臣で、弥次兵衛の通称でよく知られている。慶長五年（一六〇〇）に勃発した関ヶ原《せきがはら》合戦の敗戦により、盛親が土佐国を失ったのちは、伊勢安濃津《あのつ》城（津市）の城主となった藤堂高虎《とうどうたかとら》に仕えた。慶長二十年（元和元年・一六一五）の大坂夏の陣において吉成は旧主である長宗我部盛親の軍勢と相まみえ、壮絶な討ち死にを遂げた。

彼の功績については、吉成の末弟である桑名《くわな》（中内《なかうち》）一重《かずしげ》が自身の養子として迎えた吉成の実子である一吉《かずよし》に対して寛永九年（一六三二）五月六日付で与えた「竹心遺書」（以後、「覚書」）に詳しい。一重は、そもそも中内を名字としていたが、吉成とともに藤堂高虎に仕官した際に桑名へと改姓したという。「竹心」とは語り手である一重の法名と推定され、ほぼ同内容の書物が土佐国内では「桑名弥次兵衛一代手柄書」の名で知られていた。後世の覚書とはいえ、記された内容は桑名吉成や極めて近しい人物ではないと知り得ないものが多い。そこで、ここでは「覚書」を主な史料として依拠しながら、長宗我部元親・盛親に仕えた悲劇の重臣といえる吉成の功績について紹介したい。

そもそも桑名氏は、伊勢平氏の庶流に出自を持つとされる。伊勢国桑名郡桑名郷（三重県桑名市）に土着して桑名氏を称するようになったという。応仁の乱が勃発した十五世紀中頃に桑名丹後守が土佐国に来国したのが、土佐の桑名氏の始まりとされる。

また、後世に編纂された『土佐軍記《とさぐんき》』では応永年間（一三九四～一四二八）に、長宗我部元親の先祖に当たる秦元勝《はたもとかつ》が武者修行の際に伊勢国桑名で桑名弥次兵衛という人物を仲間に加え、土佐に来国して、そのまま土着したと記される。いずれにしろ、名字からして、伊勢国桑名に出自を持つ可能性は高かろうが、詳細は不明である。

その後の桑名氏は、軍記物語では「三家老」として特筆された長宗我部氏の重臣として登場する。「三家老」には他に久武《ひさたけ》氏や中内氏がいて、長宗我部氏の軍事行動を支えていた。

比較的信頼できる史料の初見は、天文十二年（一五四三）の帳簿をもとにして慶長四年（一五九九）に作成されたという「竜寿院諸国旦那帳《りゅうじゅいんしょこくだんなちょう》」での記載である。ここには、「長曾《（宗）》我部」「高曾《（香宗）》我部」「一条殿」「角野《ツノ》一門」といった名だたる土佐の勢力のなかに「くはの殿《（桑名）》」として名を連ねている。この帳簿には、安芸《あき》郡を除いた土佐六郡から主要な旦那十一名が取り上げられており、長宗我部家臣のなかでも桑名氏の優位性を示すものといえよう。

桑名氏の中でも武功を挙げたのは桑名丹後守である。元親三十三回忌に編纂された『元親記《もとちかき》』という編纂史料によると、元親の父である国親《くにちか》の代から長宗我部氏を支えた「家老分」として名が挙げられる。

永禄十二年（一五九六）に安芸城（高知県安芸市）城主の安芸国虎《くにとら》を国親の後継者である元親が倒すと、土佐東方へのさらなる進軍を企図して安芸城より東方に位置する奈半利《なはり》乗台寺《じょうだいじ》城（高知県奈半利町）を落城させせると桑名丹後守に預けた。すると、丹後守は新たに奈半利城を築城して移転したとされる。時代は降るが、天正十七年（一五八九）に作成された「奈半利庄地検帳」には「城村」との記載があり、小字として「城中詰」「西二ノ塀」などといった防備施設が記されている。

奈半利城を拠点として、丹後守はさらに東へ兵を進め、天正三年七月に土佐国東端の野根《のね》城（高知県東洋町）を奇襲した。『元親記』によると、野根城主惟宗国長《これむねくになが》は奇襲を受けて、さらに東の甲浦《かんのうら》城（東洋町）へ退却し、さらに阿波国へと落ち延びた。丹後守は、敵兵が去った野根城の城普請を行ったうえで、息子の将監を城に入れ置いたと記されている。そして、甲浦城も拠点としたとされる。しかし、天正十七年に作成された「野根村地検帳」には「フル土居《（古）》」、同年に作成された「甲浦地検帳」には「古城」と記されており、天正十七年の段階では、それぞれの城郭としての機能は終えていたようだ。なお、この時期の桑名将監は城ではなく、甲浦の町屋敷の奥に居住したと伝わる。

丹後守の子息には右の将監の他に太郎左衛門がいる。太郎左衛門は、上京して小笠原《おがさわら》流の武家礼法を学び、帰国後は岡豊《おこう》城（高知県南国市）で教授したという。天正三年に長宗我部元親が土佐を統一すると四国各地に転戦した。しかし、天正十三年に長宗我部氏が豊臣秀吉《とよとみひでよし》に降伏すると、翌年十二月に豊後国戸次川《へつぎがわ》（大分市）へ出陣し、元親の嫡男信親《のぶちか》に従って島津《しまづ》氏の軍勢と奮戦するものの討ち死にした。

太郎左衛門の子息である藤次郎は長宗我部家臣の五百蔵《いおろい》氏の家督を継承して、慶長二十年（元和元・一六一五）の大坂夏の陣で討ち死にした。その遺児は流浪の果てに土佐へ帰国した桑名古庵《こあん》である。彼は、高知城下で医師となっていたが、元キリシタンであることを告発され、長い牢獄生活を送ったことで知られている。

一方、将監は親勝《ちかかつ》を称した（土佐国蠹簡集五〇七号）。前述のように、地検帳では甲浦・野根周辺に多くの給地を保有している。太郎左衛門同様に戸次川の戦いにも従軍し、元親の命令によって戦況を豊臣秀吉に報告する使者を務めたという。天正二十年（文禄元・一五九二）には「唐入り」（いわゆる朝鮮出兵）に従軍し、熊川《ウンチョン》（韓国）において戦死したとされる。

丹後守の弟が藤蔵人である。彼も兄と同様に前述した『元親記』に国親以来の「家老分」として確認できる。よって、桑名氏は兄弟で家老として活躍した重臣であった。兄が土佐東部に進軍する一方で、彼は土佐西部の拠点である中村城《なかむら》（高知県四万十市）の城代を務めた。

土佐中村は京都から下向した土佐一条《いちじょう》氏の本拠で、天正二年に当時の当主である兼定《かねさだ》を排除すると、元親は自身の弟で、吉良《きら》氏の名跡を継いでいた親貞《ちかさだ》を入れ置いた。翌年、一条兼定が中村城周辺を急襲した際には親貞が応戦した。そののち元親の救援を得て、渡川《わたりがわ》（四万十川《しまんとがわ》）において合戦に及んだ。この戦いに勝利したことで、長宗我部氏は土佐統一を果たした。再び中村城には吉良親貞が入城していたが天正五年ごろに死去した。その後任として、長宗我部氏の重臣である谷忠澄《たにただずみ》が入城したという説もあるが、「覚書」によると、中村城において吉良親貞が病死後すぐに桑名藤蔵人（「覚書」では藤蔵）が入城し、さらにその死後は藤蔵人の養子となった吉成が入城したと記されている。

吉成の武勇

桑名藤蔵人と、後継者として中村城に入った吉成とは血のつながりはない。そもそも彼は桑名氏と同様に「三家老」の中内氏に出自を持つ。中内氏は近江国（滋賀県）の中原《なかはら》氏の支流といわれる。早くから土佐国に居住していたようだが、前述のように桑名氏などとともに秦元勝の武者修行に同行して、中世後期には土佐国入りして岡豊城周辺の江村《えむら》郷（南国市）に居住したと伝えられている。

「覚書」によれば、吉成の祖父である中内正甫は「比与」（場所不明）という城を預かったとされる。その子息で、吉成の実父に当たる正則《まさのり》には五人の男子がおり、吉成は次男である。正則は、南森《みなみもり》城（高知県香美市）を預かった。土佐統一後に元親は四国制覇のため軍勢を各地に派遣した後に制圧した讃岐国財田《さいた》城（香川県三豊市）に城番を二名入れ置いたようで、そのうちの一人が正則であった。正則の次男として誕生した吉成は次のエピソードによって主君元親の目にとまった。吉成が十一歳のときに兄である又兵衛が元服するために長宗我部元親のもとを訪れる際に、まだ元服する年齢ではない吉成は自身も参上したいと述べたので、正則は吉成も連れて行った。又兵衛・吉成の兄弟と対面した元親は兄だけでなく、弟も元服したいのだと察して、元服するように正則に命じた。この元親の目利きがあって以来、吉成はますます逞しく成長した。このため元親は、桑名藤蔵人に対して吉成を婿に取るように命じたという。

前述したように、藤蔵人は中村城の城代となったが死去したため、二十四歳の吉成がその跡を継いで中村城に入城した。しかし、長宗我部重臣たちからは、若輩である吉成には務まらないだろうと元親に注進したという。ところが、元親の覚悟は固く、その命令通りになり、吉成は土佐国中に響き渡る名誉を手にした。

元親が讃岐に兵を進めた際にも従軍しており、藤目《ふじめ》城（香川県観音寺市）を攻めた際には、昼間に吉成を含む六名で攻め込んだ。このとき、四人はすぐさま殺されたが、吉成は塀に登ると狭間《さま》から城内に籠もる敵兵を鉄砲で射殺した。この合戦ののちに元親は客将として土佐に来国していた蜷川道標《にながわどうひょう》に対して、京都において兄弟で功名を挙げた有名な人物はいないかと尋ねた。すると、道標は「鑓《やり》又兵衛」と「鑓弥次兵衛」という兄弟が互いに優劣付け難い武功を挙げたと答えた。そこで、当時藤五郎と名乗った吉成の兄を又兵衛、藤次郎と称した吉成を弥次兵

「太平記三十六番相撲」に描かれた桑名吉成
東京都立中央図書館蔵

衛と改めさせた。

また、阿波国一宮城《いちのみや》（徳島市）を手中に収めた元親は吉成を「番頭」に命じた。一宮城に近い早渕《はやぶち》（徳島市）で三好《みよし》氏の軍勢と合戦が起こると、少数の味方の救援に出陣し、吉成自ら鉄砲を用いて戦闘して味方を退却させるなど活躍した。

さらに、阿波国勝瑞《しょうずい》（徳島県藍住町）での三好氏との戦いにおいても活躍した。「覚書」によると、このときに両軍は川の中で互いに槍を合わせたと記す。よって、この戦いは天正十年（一五八二）八月に起こった中富川《なかとみかわ》の戦いを指すとみられる。吉成は、川の中で武者一人を討ち取るが、自身も負傷した。それにもめげずに、さらに一人、二人と敵を討ち取った。ところが、この戦闘中に自身の馬を見失ってしまう。味方に馬のゆくえを尋ねてもわからなかったので、今度は敵陣に潜んで馬を探したところ、敵が乗っているのを発見した。すぐに馬を奪還して帰陣すると、この活躍を耳にした元親は、これまで吉成の手柄は幾度とあったが、今回は最大の活躍であり、特に馬の奪還は比類ない戦功だと大絶賛したという。

他方で、伊予国御庄《みしょう》（愛媛県愛南町）という土佐国西部の国境での合戦にも吉成は従軍した。このとき、城辺《じょうへん》（愛南町）に陣を構えていたところ、敵兵一人が落人《おちうど》のふりをして自陣に潜入して来ており、敵兵を引き入れようと謀略を企てた。この謀略によって敵兵が自陣の門前に集結し、鬨《とき》の声をあげていたのを聞きつけた吉成は一歩も退かずに踏みとどまって、逆に自身の名を名乗ったところ、その名を聞いた敵兵は怯《ひる》んで退却した。

四国制覇の半ばで、天正十三年に豊臣秀吉に降伏すると、長宗我部氏は九州出兵に従軍する。天正十四年の戸次川の戦いで、長宗我部軍の先手を吉成は務め、見事勝利をおさめた。しかし結局、味方は総崩れとなり退却した。この戦いで嫡男信親や多くの家臣を亡くした元親は、吉成やその配下の者が討ち死にしていないかと気にかけてくれたが、吉成は自身の組の者を一人も討ち死にさせなかった。そのうえ、吉成は自身の組に所属する安並玄蕃《やすなみげんば》が負傷したので、吉成自身が馬に乗せて敵中を脱出したという。この軍功に対しても元親は褒賞の言葉を与えたとされる。さらに吉成は、戦場から敗走する元親の側近くを離れず、落ち武者狩りから主君を守った。

これらの戦功を評価してか、慶長四年（一五九九）に死に臨む元親は、こののち長宗我部氏にどのような武辺者が登場したとしても、先手は吉成が務めるようにと遺言を残して、この世を去ったという。

かつての同輩との戦《いくさ》

長宗我部元親の配下として、武功を轟かせた桑名吉成ではあるが、大きな転機が訪れる。慶長五年（一六〇〇）の関ヶ原合戦の敗戦である。これ以降の吉成は、同輩といえる長宗我部家臣と相まみえることになる。それが、浦戸《うらど》一揆との戦いと、大坂冬の陣・夏の陣である。

まず、浦戸一揆との戦いについてみていこう。元親の跡を継いで当主となった盛親は、関ヶ原合戦において、いわゆる西軍として石田三成《いしだみつなり》らに加担した。この合戦で敗戦すると、盛親は土佐に帰国して徹底抗戦を企図した。追討軍の襲来に備えて、国境の防備を固めたものの、結局盛親は上方へと向かった。それにともない、徳川家康《とくがわいえやす》の命令を受けた井伊直政《いいなおまさ》の家臣である鈴木重好《すずきしげよし》が土佐接収のために派遣された。これを聞きつけた長宗我部家臣たちのうち、接収に反対する家臣たちは浦戸（高知市）に集結して一揆を組んで蜂起した。彼らは、盛親の弟である右近大夫を大将に擁立して領国を維持したいと家老たちに談合を持ちかけた。この談合に対して理解を示しつつも家老たちは、盛親に何事もない現在の状況で、そのような企てを行動に起こしては、盛親の身にいかなる難儀が降りかかるかはわからないので同心できないと突っぱねた。この対応に一揆たちは腹を立てて、そうであるならば反対する家老たちを討ち取り、それに加えて接収に来た鈴木重好をも討ち取ろうと、浦戸で重好らの到着を待っていた。

一揆たちの予想通り、重好らの船が浦戸沖に現れると、一揆たちは激しく攻め立てた。そのため、浦戸には接岸することができず、その近くである御畳瀬《みませ》（高知市）に到着した。浦戸城の本丸に一揆が立て籠もり、どうすることもできなかった。このとき吉成は中村城に在城していたが、一揆の大将である竹ノ内又左衛門《たけのうち》と福良《ふくら》介兵衛が吉成を呼び寄せた。そして、吉成に対して家老たちに談合したが同心してもらえなかったという経緯を説明したうえで、吉成でなくては頼みにならないので、一揆の大将になってもらいたいと要請した。吉成の考えは、固辞した家老たちと同様であったが、一揆の様子を見たところ、むげに拒絶したならば、彼らはさらなる狼藉に及ぶだろうと察した。それゆえ、彼らを説得するのは困難であると感じた吉成は、ひとまず一揆と同じ思いだと返答した。こうして一揆たちを欺くと、油断した一揆たちから浦戸城を奪取して彼らを追い出すことに成功した。重好の主君である井伊直政の耳に吉成の行動が耳に入ると、比類ない手柄であると賞賛して褒美を与えたとされる。そのときの感状も残っているという。

一揆鎮圧の功績によって吉成の武勇は日本中に轟いた。無事に土佐は接収されたが、一揆の行動がマイナスに作用して盛親は改易されて浪人となった。そのため、吉成は藤堂高虎に仕官するに至った。

元親の生前より高虎と吉成とは面識があった。これは天正十三年の四国出兵にまで遡る。このとき秀吉の弟である豊臣秀長《ひでなが》が四国に渡海して軍事行動に当たったが、高虎は秀長の家臣として従軍していた。元親が降伏した際に、秀長らへの使者を吉成が果たした。そのときに、高虎は吉成を認識したのだという。これが所縁となり、吉成は高虎に高禄で召し抱えられた。高虎に仕官したのちの吉成の動向は「覚書」にはほとんど記されておらず判然としない。

続いて、大坂冬の陣・夏の陣についてみていこう。ここで吉成は旧主である長宗我部盛親の軍勢と戦闘に至り命を落とす。この戦いにおける吉成の動向については、その子孫の家に伝わった「桑名家文書」などに詳しい。

慶長五年の関ヶ原合戦において徳川家康に味方した戦功によって伊予国で加増を受けた藤堂高虎は、慶長十三年には伊予国今治城《いまばり》（愛媛県今治市）周辺の飛び地とともに、伊賀国・伊勢国（三重県）に加増移封されていた。慶長十九年十一月ごろから大坂冬の陣が勃発すると、高虎に仕官していた長宗我部旧臣で構成された通称「土佐組」を率いて従軍した。「大坂冬御陣之節御人数割之覚」によると、「高知之面々」として「弐千五百石　土佐士　桑名弥次兵衛」が確認できる。長宗我部・藤堂両軍は比較的近くに対陣していた。藤堂軍として従軍していた吉成が十二月九日付で発した書状には、大坂城攻めに苦労しながらも、堀際二、三十間の距離まで接近したことを報告している。ところが、このときの吉成の具体的な活躍についてはよくわからない。ただし「覚書」には、「大坂陣」において徳川秀忠《ひでただ》に仕える土《ど》井利勝《いとしかつ》への使者を果たして呉服を拝領したとある。夏の陣で吉成は討ち死にしているので、右のエピソードは冬の陣のときのものであろうか。

引き続いて、吉成の最期の合戦になる大坂夏の陣における八尾《やお》の戦いについて紹介しよう。大坂冬の陣の和平成立後も、徳川・豊臣両者の緊張関係は維持されたままであった。そして、慶長二十年四月末には徳川軍と豊臣軍との間で戦端が開かれて夏の陣が勃発する。

五月六日には八尾（大阪府八尾市）まで進軍して来た長宗我部盛親の軍勢を藤堂高虎の軍勢が迎撃することで、大規模な戦闘となった。編纂史料によると、常光寺《じょうこうじ》の門塀や周囲の寺町特有の町割りを意識した用兵と、八尾堤の高低差を利用した陣取りが長宗我部勢に有利に作用した結果、藤堂勢は大敗北を喫した。藤堂勢は侍大将級の重臣が討ち死にした。その中に桑名吉成がいた。藤堂高虎の事績を記す『高山公実録《こうざんこうじつろく》』によると、吉成の首級は、五月六日の夜に嫡子である一久《かずひさ》の陣所に届けられたとされる。

しかしながら、時が経つにつれて藤堂勢は優勢となった。「覚書」には記主である吉成の弟一重の戦功として、武者二人を討ち取ったことが記されている。さらに、豊臣側である木村重成《きむらしげなり》の軍勢を撃破した井伊直孝《なおたか》の軍勢が八尾方面に押し寄せてきたので、盛親の軍勢も打撃を受けた。とはいえ、藤堂勢は長宗我部勢の戦いにおいて、吉成を含む侍大将級を六人、その他の家臣が七十一名戦死する予想外の損害を受けた。あまりの被害に翌日に実施された大坂城攻撃の先鋒を免じられたという。なお、翌日の戦いで長宗我部盛親は敗走し徳川方に捕縛された。

八尾の戦場の近くにある常光寺には、吉成ら藤堂勢の戦死者の位牌が安置されており、大切に祀られている。

（石畑匡基）

【主要参考文献】

津野倫明『長宗我部氏の研究』（吉川弘文館、二〇一二年）
野本亮「企画展「長宗我部遺臣それぞれの選択」の構成内容を振り返って」（『高知県立歴史民俗資料館研究紀要』二〇、二〇一六年）
野本亮「「竹心遺書」について」（『高知県立歴史民俗資料館研究紀要』二〇、二〇一六年）
平井上総『長宗我部元親・盛親』（ミネルヴァ書房、二〇一六年）
平井上総「土佐国の地域権力―長宗我部・土佐一条家を中心に―」（戦国史研究会編『戦国時代の大名と国衆』戎光祥出版、二〇一八年）

一条兼定――激動の人生を送った戦う貴族

土佐一条氏の成り立ち

戦国時代の四国の「武将」の列伝である本書に、一条兼定《いちじょうかねさだ》を立項することに異論を持つ向きもあるかもしれない。兼定は日本で最高の貴族の家柄に生まれ、自身も貴族としての官位を与えられた人物であり、生まれも身分も武士とは言いがたいからである。しかし兼定の土佐一条氏は、戦国時代の土佐国の地域権力の一つとして情勢に大きな影響を与えており、本書で取り扱う意義は大きい。また、南北朝時代の南朝側の貴族も武将として扱われることがあるから、兼定も他の「武将」と混ぜて本書で紹介していきたい。

まず、土佐一条氏という家がどのように成立したかを解説しておきたい。朝廷の貴族は藤原《ふじわら》氏・源《みなもと》氏など多数いるが、摂関期から戦国期までの朝廷で摂政・関白になったのは、藤原氏の中でも一条・二《に》条《じょう》・九条《くじょう》・近衛《このえ》・鷹司《たかつかさ》の五つの摂関家（五摂家）の人物だけであった。豊臣《とよとみ》期の豊臣秀吉《ひでよし》・秀次《ひでつぐ》は唯一摂関家以外出身の関白だが、その秀吉もいったん近衛家の人間になってから関白に就任している。土佐一条氏は中世日本でもっとも高貴な貴族の家柄から出たのである。

その一条氏がなぜ土佐国の地域権力になったのだろうか。きっかけは、応仁・文明の乱である。前関白の一条教房《のりふさ》は、応仁・文明の乱の際に奈良に避難して生活していたが、応仁二年（一四六八）、土佐国へと下向した。土佐国西端の幡多《はた》郡にある幡多荘は一条氏の荘園であり、教房は自らそこに居住し拠点とすることで、戦乱からの避難と、財政の改善を図ったのである。なお、幡多荘は一条氏にとって重要な荘園であったという見方に対して、幡多荘にはほとんど実態がなかったとする説もある〔大利二〇一九〕。いずれにせよ、応仁の乱の最中に教房が幡多荘に下向し、その経営にあたっていったことは事実である。

教房は幡多荘の中村《なかむら》（高知県四万十市）に居館を構え、現地の武士加久見宗孝《かぐみむねたか》の娘との間に息子房家《ふさいえ》を儲けた。文明十二年（一四八〇）に教房が中村で死去した後、幼い房家を出家させて興福寺《こうふくじ》に入れることが決まったものの、結局房家は土佐国に留められ続けた。同時期に幡多郡の国人たちが京都から下向していた一条氏の侍を討つ事件が起きていることからみて、どうも一条氏の中村滞在を継続することを望む一派と京都志向を持つ一派がいて、前者によって出家の予定が妨害されてしまったというのが実情らしい〔市村二〇〇一〕。房家は成長した後もそのまま中村への居住を基本路線としていき、その子房冬《ふさふゆ》以後の子孫も中村に住み続けた。こうして土佐一条氏が成立したのである。

一方で、房家はその後も朝廷との繋がりを持ち続け、官位をもらったり自身が上洛したりしており、次男の房通《ふさみち》は房家の叔父冬良《ふゆよし》の養子として京都の本家を継承している。土佐一条氏は、高い官位を持ち

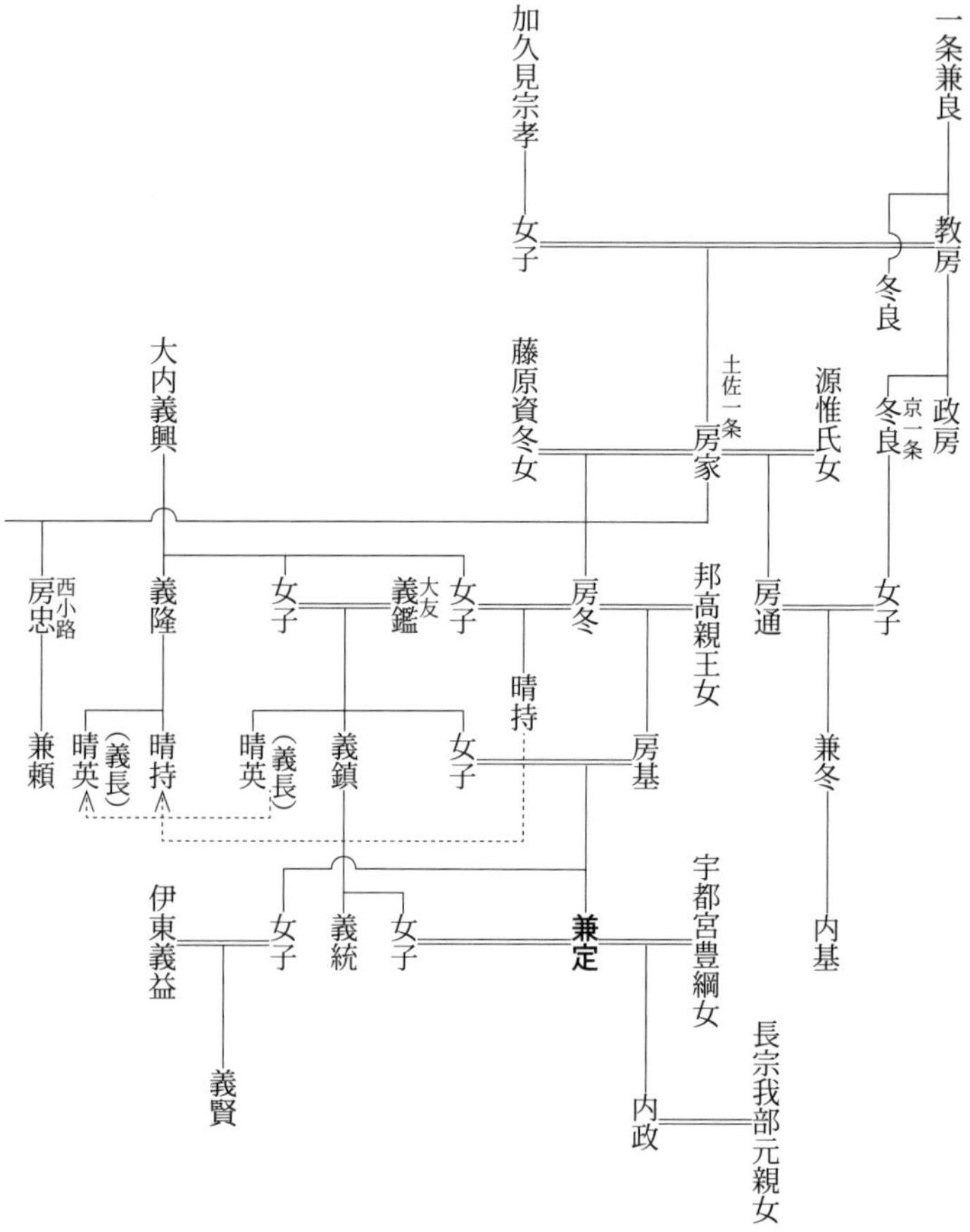

土佐一条氏をめぐる婚姻関係図　市村2010掲載図をもとに作成

ながら、地方出身・地方在住を基本とする珍しい貴族であった。

地域権力としての土佐一条氏

土佐一条氏は、京都から下ってきた貴族や侍の他に、現地の武士たちも従えており、それが成立の経緯に関係していたであろうことはすでに述べた。土佐一

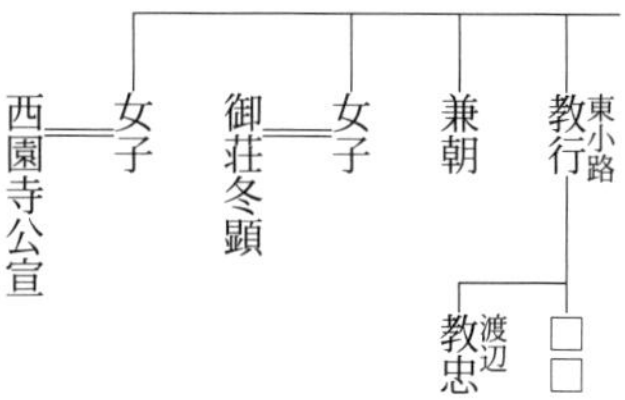

条氏の拠点となった中村城とその周辺の戦国末期の様子をみると、一族の西小路《にしこうじ》氏らのほか、京都から下向してきた中御門《なかみかど》氏ら、そして現地の国人である土居《どい》氏や為松《ためまつ》氏らの居住域があったとみられ、複合的な家臣団となっていたとみられる。軍記では土居氏や為松氏が家老であったとされているが、戦国期の土佐一条氏からの命令は下向貴族・官《かん》人《じん》（の子孫）が発給する文書でなされることがほとんどであり、貴族・官人層は戦国期になっても一条氏権力の中で大きな地位を占めていた。こうしてみると、土佐一条氏成立のきっかけとなった事件も、下向貴族と現地武士の対立といった単純な構図ではなく、貴族の中にも京都派と土佐派がいたとみることができるだろう。

一条房冬は皇族邦高親王《くにたかしんのう》の娘と結婚して房基《ふさもと》を儲ける一方で、中国地方の大名大内義興《おおうちよしおき》の娘との間にも子を儲けている。房基は九州の大名大友義鑑《おおともよしあき》の娘との間に兼定《かねさだ》を儲けており、兼定は伊予国の宇都宮《うつのみや》豊綱《とよつな》の娘や大友義鑑の子義鎮《よししげ》の娘と婚姻関係を結んでいた。また、兼定の妹が九州の伊東義益《いとうよします》の妻となっていたり、房基の従兄弟が伊予国の河原淵《かわはらぶち》氏の養子になったりと、妻を迎える以外にも大名・国人と縁戚関係を結んでいる。こうした婚姻政策からみて、土佐一条氏は時期が下るにつれて、四国・中国・九州の主要領主との婚姻関係を重視するようになっていったこと、また婚姻を結んだ相手が豊後水道・瀬戸内海といった水運に関連することが多く、土佐一条氏が水運をも重視していたことなどが指摘されている〔市村二〇一〇〕。

軍事・支配の側面をみると、一条房基の代に、高岡郡《たかおかぐん》の国人佐竹《さたけ》氏や津野《つの》氏が土佐一条氏の支配下に下っており、さらに大平《おおひら》氏から蓮池城《はすいけじょう》（高知県土佐市）を奪取して支配拠点としている。単なる貴族ではなく、戦国期の地域権力らしい軍事行動を行い、支配地域を広げていたのである。兼定の頃には隣国伊予国との戦争も行っていた。なお、軍記物語をみると、『長元記《ちょうげんき》』は「土佐中の侍は残らず一条殿の配下に属していた」と記しており、『元親記《もとちかき》』は「一条殿は仁淀川《によどがわ》より西の二郡の主である」と記している。前者のように土佐の国人たちがみな一条氏の配下であったと記す軍記は他にもあるが、後者の記す高岡郡・幡多郡二郡の支配者という表現のほうが実態に近いだろう。

以上のような活動をしていた土佐一条氏について、特に高岡郡に侵攻した房基期以後を念頭に、「貴族が戦国大名になった」とか「公家大名」といった表現がなされることが多い。一方で、朝廷との繋がりを継続していることや、当主自らが文書を発給しておらず京都からの下向貴族・官人による奉書によって命令していたこと、家臣団編成が未成熟であったことなどから、大名と呼ぶことはできず貴族としての側面が強かったとみる見解もある〔中脇二〇一五〕。たしかに、同じ土佐国内の勢力である長宗我部《ちょうそかべ》元親《もとちか》や本山茂辰《もとやましげとき》、他国の存在では貴族から大名化した北畠《きたばたけ》氏などが、自ら文書を発給して命令することが多かったことと比べると、土佐一条氏は異質と言えるかもしれない。

ただ、一条氏の領地宛行状に土佐国内の他氏との共通性も見出せる（一条氏側が影響を与えた点もある）ことや、そもそも他の大名・国人も家臣団編成に未成熟な点があることなどを考えると、貴族としての側面や他との違いを強調しすぎることもまた疑問が残る〔平井二〇一八〕。この点は「戦国大名とは何か」という大きな問題にも関わってくるものであり、ひとまず本稿では「地域権力」というやや曖昧な呼び方で表現しておいた。

一条兼定と長宗我部元親の対立

一条兼定は、長宗我部元親より四歳年下の天文十二年（一五四三）生まれで、父房基は同十八年に二十八歳で死去している。それもあって九歳の若さで元服しており、元服翌年の天文二十一年には従三位《じゅさん》《み》・左少将《さしょうしょう》に任じられているから、やはり貴族として早くから高い官位をもらっている。なお、二次史料の中には彼の名を「康政《やすまさ》」と記すものもあるが、これは誤りである。兼定の文書の多くは「康政」名義で発給されているが、これは土佐一条氏の諸大夫《しょだいぶ》である源康政という人物が、主人である兼定の命令を伝達したものである。後世の人が、康政名義の文書を見て、兼定＝康政と誤解したのであろう。

兼定の人物像については、あまり評判がよくない。『元親記』『長元記』は兼定が荒々しい性格であり、家臣が少しの罪を犯しても領地を没収したり切腹させたりしたと記し、土居宗三（宗算とも）という重臣を手討ちにしたことで家中の武士たちの心が離れたと記している。さらに、両書よりも後に成立した軍記では、酒宴や遊興に耽り色を好む典型的な暗君として描かれており、散々な評価となっている（『土佐物語』・『南海治乱記』）。一方、イエズス会宣教師の報告書によると、兼定はキリスト教に対してははなはだ理解力があって洗礼を受け、堕落することなく常に堅く信仰を持したという（『十六・七世紀イエズス会日本報告集』）。こちらの評価も贔屓目が入っているだろう。このように兼定の人物像は測りがたいものがあるが、伊予国の河野《こうの》氏との戦いで自ら出陣していることや、のちの渡川《わたりがわ》の戦いのことを考えると、どちらかといえば激しい性格であったと思われる。

本来、土佐一条氏と長宗我部氏の関係は悪くなかった。軍記物では元親の父国親《くにちか》が岡豊城《おこう》（高知県南国市）に帰還できたのは一条氏のおかげとされており、一次史料で確かめられる点では、元親は兼定から、永禄年間の伊予の勢力との戦いへの協力を求められている。先述したように、軍記の中では土佐の国人たちと土佐一条氏との間に主従関係があったかのように記すものもあるが、そこまではいかないとしても、友好関係にあったことは間違いない。

ところが、永禄十二年（一五六九）十一月には、一条氏が持っていた高岡郡の蓮池城を長宗我部氏が奪う事態になっていた。なぜ両家が断交したのかについて、『元親記』は吉良親貞《きらちかさだ》の策略とし、『長元記』は兼定が親戚関係にある安芸国虎《あきくにとら》を救援したからという、まったく異なる経緯を記している。元親が安芸氏を滅ぼしたのは同年夏～秋にかけての時期とみられ、そこで対立に至って蓮池城奪取に繋がったとみることができるから、この二つの説については『長元記』のほうが実態に近いように思われる。

一条兼定の隠居

長宗我部元親は蓮池城を奪ったのみならず、高岡郡の津野氏を配下に収めるなど、一条氏から高岡郡を奪っていった。こうした中で先述した土居宗三手討ち事件が起こり、兼定に反発した一条家臣たちが元親と協力して兼定を強制的に隠居させ、兼定の子内政《うちまさ》と元親の娘が結婚して一条氏の新当主となった、という経緯が軍記物語では語られてきた〔元親記・長元記〕。

だが、これについては、もう一人重要な人物の関与が指摘されている〔朝倉一九八四〕。その人物とは、京都の一条氏の本家の当主である、一条内基《うちもと》である。内基は一条房通の次男なので、兼定にとっては父の従兄弟にあたるが、内基のほうが五歳年下であった。この内基は、天正元年（一五七三）から天正三年まで、京都から土佐国に下向してきている。その間に、兼定が出家・隠居させられ、内政が土佐一条氏当主になるという事態が起きているのである。内政の元服もこの時期で、彼の名前の「内」は内基からもらったことは明らかであろう。内基は土佐に下って、分家の土佐一条氏を改革したのである。

内基が何の下地もなく突然下向してきて土佐一条氏の改革を行ったとは考えがたい。やはり、兼定に対する家臣団（武士のみならず下向貴族・官人も含む）の反発があり、彼らが内基に連絡したのだろう。そして、元親もやはりこの一件に絡んでいたとみていい。内基が下向してくる際には長宗我部氏の支配する地域の港を利用する必要があるし、次に述べるように改革の結果は完全に長宗我部氏有利になっているのである。

内政と元親の娘が結婚したことはすでに説明した。では、その後、一条内政が土佐一条氏当主として中村を拠点として幡多郡を支配し続けたかというとそうではない。元親は内政を自身の本拠に近い大津《おおつ》（高知市）に移し、中村城を弟の吉良親貞に預けた。そして一条家臣団の武士たちを親貞の与力にしたという〔元親記〕。これは一条内基も関与した、地域権力としての土佐一条氏を元の在国公家に戻す改革であったとされている〔秋澤二〇〇〇〕。

『元親記』には、内政をそのまま土佐一条氏の当主として守り立てようと思っていたのに東に連れて行かれてしまったため、反発する一条家臣がいたと記されている。親長宗我部派の一条家臣でも、こんな事態になるとは思っていなかった者もいただろう。『長元記』には、この時期に一条家臣たちが二つに分かれて戦い、家老の安並《やすなみ》・為松が切腹したと記されている。長宗我部氏による新たな幡多郡支配は、順調とは言いがたい出だしとなっていた。

兼定にとっての渡川の戦い

一条内政が大津に移され、幡多郡が混乱したこの時期、一条兼定はどうしていたであろうか。彼は家臣たちによって土佐国から追放され、舅である豊後国の大友宗麟《そうりん》（義鎮）のもとにいた。『元親記』には宗麟が兼定を拒否したため伊予国に住んだと記されているが、イエズス会の年報によると、彼は大友氏のもとに滞在中に三ヶ月間キリスト教の説教を聞き続けて信者になっている。宗麟は兼定を拒否しなかったとみるべきである〔十六・七世紀イエズス会日本報告集〕。

やがて天正三年（一五七五）七月、兼定は大友勢と伊予国の勢力の協力を得て、土佐国に帰還する戦いを起こす。主な目的は、やはり不本意な形で奪われた土佐一条氏の当主の地位を取り戻し、一条氏の領地を再び支配することだっただろう。ただイエズス会の司祭カブラルの書翰は、「我らの主が彼に勝利を授け給うならば、彼は日本の大国の一つである彼の領国をことごとくキリシタンにするよう尽力する覚悟である」「彼は乗船するや否や、国主やすべての大身の面前で己れの船に十字架の旗を掲げさせ、他の旗を伴うことを望まなかった」と記す〔十六・七世紀イエズス会日本報告集〕。この内容を信じるのであれば、兼定の土佐国帰還は、自領を取り戻した上でのキリスト教布教という目的もあったことになろう。

土佐国に上陸した兼定は、中村城を除く幡多郡の各所を占領することに成功する。大友軍や伊予の勢力の協力だけではなく、内基・元親による土佐一条氏への改革に反発していた元家臣たちも多く参加したのだろう。翌年のカブラルの書翰に、「領国の大身数名が彼を領主に就けるため彼のもとに迎えをよこしたので」とあることからみて、兼定の帰還を望む勢力による要請が、この戦いのきっかけになっていたとも言えるだろう。

兼定は、各地に教会などを建てる準備をするなど、順調に旧一条氏領の支配を取り戻していたかのようにみえたが、九月中旬、長宗我部氏との渡川の戦いで敗れたことで、再び土佐国から撤退せざるをえなくなってしまう。カブラルはこれを「己れの破滅が迫ったことを悟った仏僧の仕業と思われる」と書いている。兼定がキリスト教布教を進めようとしたことに対して危機感を抱いた幡多郡の仏教勢力が長宗我部氏に味方したことで、情勢が長宗我部氏優位になっていった可能性もある〔東近二〇一〇〕。

その後の一条兼定・内政

土佐国を脱した兼定は、その後伊予国に滞在していた。渡川の戦いの二年後である天正五年（一五七七）には近臣入江《いりえ》兵部大輔（左近）により暗殺されかけており、その後遺症で健康が優れなかったという。イエズス会の報告書によれば、これは元親が買収して暗殺を試みたものとされており、『元親記』によれば、元親への忠節のために入江が自発的に行ったかのように記されている。この暗殺失敗後、天正十年初頭までのどこかの段階で、元親は兼定と和睦し、兼定と家臣が暮らせるだけの収入を得られる島（戸島）を与えたらしい。兼定としては不満であったが、やむをえずこの条件を飲んだという〔十六・七世紀イエズス会日本報告集〕。

兼定の子内政については、しばらくは大津にいて暮らしていたが、天正八・九年頃に元親に追放されることになる。長宗我部氏に反乱した波川玄蕃《はかわげんば》と共謀していたことがその理由であった〔元親記〕。一方、ルイス・フロイスは、内政が二十歳に成長したため、父への愛情や現状への不満から反乱を起こそうとするのではないかと危惧し、孫（元親の娘と内政の間の子政親《まさちか》）が生まれたことを契機として国外に追放した、と記している〔日本史〕。『元親記』によると、内政の妻（元親の娘）や子どもたちは元親によって大津に留め置かれており、妻子と引き離された内政は伊予国の法華津《ほけつ》に「送り捨」てられたという。法華津氏は兼定が頼っていた領主であることから、元親は兼定との和睦と関連して、内政をその父のもとに追放した可能性もある。

彼らの最期もみておこう。内政は父に先立ち、天正十三年六月に死去したとされている〔土佐一條家并長曽我部家過去帳〕。ルイス・フロイスは、内政が伊予や大友宗麟と結んで土佐に戻ろうとしていたことを知った元親が毒殺したと記しているから、実際は天正十三年よりも前に暗殺されたのかもしれない〔日本史〕。そして内政の父兼定は、同年七月に伊予国で病死している。これは、豊臣秀吉に長宗我部元親が降伏する直前の時期であった。フロイスの書翰によると、兼定は秀吉の長宗我部攻めを好機として、土佐国を占領しようとして焦っていたが、それを行動に起こすことができずに病死したという〔十六・七世紀イエズス会日本報告集〕。内政の死を元親による毒殺と記したフロイスが、兼定の死については特にそういったことを記していないことを考えると、兼定の死はかつて暗殺されかけて以来の健康不良が元となった病死だったのであろう。

（平井上総）

【主要参考文献】

秋澤繁「織豊期長宗我部氏の一側面」（平井上総編著『シリーズ・織豊大名の研究1　長宗我部元親』戎光祥出版、二〇一四年、初出二〇〇〇年）
朝倉慶景「天正時代初期の土佐一条家（上）」（『土佐史談』一六六、一九八四年）
市村高男「戦国の群雄と土佐国」（荻慎一郎ほか『高知県の歴史』山川出版社、二〇〇一年）
市村高男「海運・流通から見た土佐一条氏」（市村高男編『中世土佐の世界と一条氏』高志書院、二〇一〇年）
大利恵子『摂関家領土佐国幡多荘再考』（清文堂出版、二〇一九年）
東近伸「四万十川（渡川）合戦と一条兼定」（『中世土佐幡多荘の寺院と地域社会』リーブル出版、二〇一四年、初出二〇一〇年）
中脇聖「摂関家の当主自らが土佐国に下向する【土佐一条氏】」（日本史史料研究会監修・神田裕理編『ここまでわかった戦国時代の天皇と公家衆たち』洋泉社、二〇一五年）
平井上総「土佐国の地域権力」（戦国史研究会編『戦国時代の大名と国衆』戎光祥出版、二〇一八年）

本山清茂・茂辰・親茂
——土佐国中央を制した国人

本山清茂の飛躍

本山《もとやま》氏は、長宗我部国親《ちょうそかべくにちか》や初期の元親《もとちか》にとっての主な敵として知られている。本山氏は、土佐国の北部の山間部にある長岡《ながおか》郡本山郷（高知県本山町）を本拠とする国人であったが、戦国期に平野部へと進出していった。まずは本山清茂《きよしげ》から紹介していこう。

本山清茂は、通称を左近大夫《さこんたいふ》・豊前守《ぶぜんのかみ》、法名を梅渓《ばいけい》という（軍記だと名を茂宗《しげむね》、法名は梅慶《ばいけい》等と記される）。大永八年（一五二八）の棟札《むなふだ》で「本山左近将監《さこんしょうげん》」が大檀那《おおだんな》になっているものがあり、この人物も清茂かもしれない（『土佐国蠧簡集木屑』）。天文二十四年（一五五五）に四十八歳で死去したとされているから、永正五年（一五〇八）生まれであろうか（『土佐国蠧簡集』）。この清茂の代に本山氏は飛躍的に発展したとみられ、一気に南下して吉良《きら》氏を滅ぼし、吾川《あがわ》郡・土佐郡両郡に勢力を広げた。『土佐国古城伝承記《とさのくにこじょうでんしょうき》』は、清茂について「器量が傑出しており、近辺の土佐・吾川両郡に発向してことごとく討ち従え、猛威を振るうこと甚だしかった」と評している。

長宗我部国親は、本山氏を先祖の敵として憎んでいた、という記述が『元親記《もとちかき》』『長元記《ちょうげんき》』といった軍記にみられる。『長元記』には、国親の父兼序《かねつぐ》のときに、本山・吉良・大平《おおひら》の三氏に岡豊《おこう》城（高知県南国市）を落とされて戦死し、幼い国親は逃れて土佐一条《いちじょう》氏に保護された、と記されている。この事件については起こった年代も含めて不明な点も多いが、国親と清茂はそれほど年齢が離れていなかったと思われるので、本山氏が関わっていたとすれば清茂の父（養明）の頃であろうか。

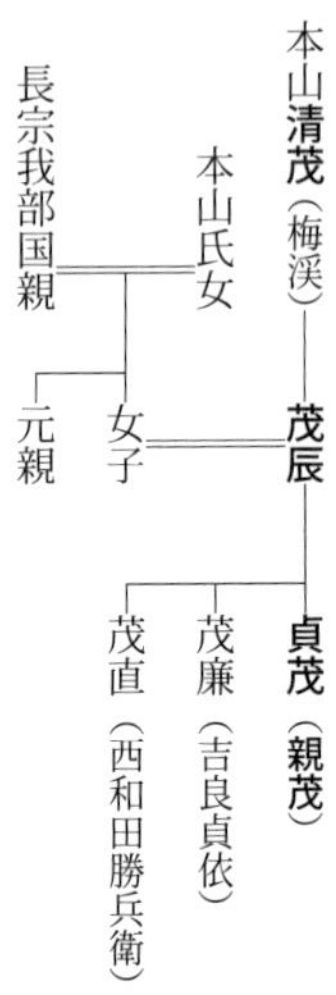

本山氏略系図
（関田1979、朝倉2006を参考に作成）

ただ、本山氏と長宗我部氏はずっと対立していたわけではない。国親の妻は本山氏の出身であり、おそらく清茂の姉妹と結婚したのであろう〔関田一九七九〕。これは、国親が岡豊城に帰還して長宗我部氏を再興したのち、本山氏との和睦の印として結ばれた婚姻とみられる。さらに、国親の娘（元親の姉）が、清茂の子茂辰《しげとき》と結婚している。二重の婚姻関係を結んだことで、本山氏と長宗我部氏の関係はかなり深まっていったかのようにみえる。

ところが、国親はのちに本山氏との戦争を始めることになる。そのきっかけについて、『元親記』は以下のように記している。国親は本山氏を恨んでいたが、長宗我部氏はまだ小さな勢力だったので、両家の縁組みをした上で本山攻めの計画だけを練っていた。そのため両家は直接戦うことはないものの不穏な関係となっていたが、あるとき、国親が大津《おおつ》（高知市）から派遣した兵糧船が、本山領内の潮江から出た船に奪われてしまう。清茂・茂辰父子は「われわれは知らない」と弁明したが、国親は納得せず、両家は手切れとなったという。

一次史料からみると、清茂が死去する天文二十四年頃までに国親が本山領に攻め入っていた様子はみられないから、右のエピソードは疑問が残る。清茂の死後に、茂辰が積極的に活動を始めているから、それに反応して永禄元・二年（一五五八・五九）頃に両家の対立が生じたのだろう。長宗我部氏側は、軍記に記されるように本山氏に長年の恨みを抱いていたということもあったかもしれないが、本山氏から浦戸《うらど》湾の西部を奪って土佐中心部の海運を手中に収めることを狙っていたのだろう。

本山茂辰の戦い

本山茂辰は式部少輔《しきぶのしょう》と名乗っており、先述のように長宗我部国親の娘を妻としていた。また、吉良氏を滅ぼしたことで、「吉良茂辰」と名乗っている。父清茂が死去した翌年から茂辰は活発に文書を発給しており、吾川郡の賀田《かだ》城（高知県いの町）の城番を定めたり、土佐郡で家臣に土地を与えたりしている。積極的に文書を出していることを単純に評価に結びつけることはできないが、茂辰の発給文書数は父よりもかなり多く、彼の積極性をそこにみることはできるだろう。茂辰は土佐一条氏から高岡《たかおか》郡（同土佐市）の蓮池城を奪ったともされている〔土佐国古城伝承記〕。

長宗我部元親の項目で解説したように、茂辰は永禄三年（一五六〇）の長浜《ながはま》（戸ノ本《とのもと》）の戦いで長宗

朝倉城跡　高知市

我部氏に敗れた。茂辰は浦戸城（高知市）に籠もって、翌日の若宮《わかみや》の戦いなど、数日間抵抗していったが、国親が故意に緩めた包囲網を抜けて、朝倉城《あさくら》（高知市）に退却した〔元親記〕。まもなく国親が病死したため、本山氏では反撃が検討されたが、長浜の戦いでの敗北が響き、なかなか議論が進まなかったという。それに対して、元親は父の死後もすぐに積極的な攻勢に出たといい、軍記では茂辰と元親の違いが強調して描かれている〔元親記〕。ただ、一次史料をみていくと、この敗戦ののち七・八月に茂辰は味方の武士に苗字を与えるなど、軍備を続けていた。

『元親記』も、元親は朝倉城に籠もる茂辰と三年間戦い、それによってついに茂辰は朝倉城を放棄して本山に戻ったと記しており、長期の戦いがあったとしている。茂辰の発給した文書からみても、やはり朝倉を失い土佐南部から撤退したのは永禄六年頃だと思われる〔土佐国蠹簡集〕。長浜の戦い以後、両者の戦いは三年にわたって繰り広げられていたのである。

同年三月、本山に戻った茂辰は、味方してくれた桑川久助《くわかわひさすけ》に「辛いだろうが仕方がないことである。あなたの忠節は比類ないことである。（長宗我部氏から平野部の領地を取り戻すことが）思い通りにいったならば、鴨部《かもべ》で一町の土地を与えよう」と約束している〔土佐国蠹簡集〕。茂辰が「思い通りにいったなら」と限定しているように、鴨部（高知市）はかつて本山氏が支配していたが長宗我部氏によって奪われた土地であり、この文書はいわば将来を見越した空手形であった。こうしてみると、本山郷に戻った頃には、茂辰も家臣もかなり疲弊していたのだろうと思われる。

本山貞茂への家督交替

先ほどの永禄六年（一五六三）の文書以後、茂辰の発給文書はみられなくなり、代わりに政貞《まささだ》という人物と、貞茂《さだしげ》という人物の文書が現われてくる。このうち政貞（姓は長《ちょう》あるいは佐伯《さえき》と推測されている）は本山氏の奉行人とみられており、貞茂は茂辰の息子である〔窪内二〇一三〕。貞茂はのちに親茂《ちかしげ》と名乗り、通称を太郎左衛門尉《たろうさえもんのじょう》・将監《しょうげん》といった。

このように、茂辰が本山郷に戻ってほどなくして、本山氏は彼の息子に代替わりした。『元親記』では茂辰が病死したとし、『長元記』では元親に「茂辰は姉婿であり子どもがいるので、その子に家督を渡して隠居したならば命を助けよう」と言われて隠居し、やはりまもなく病死したと記している。このように茂辰は病死したと軍記に記されているが、実は二十数年後に行われた豊臣期の検地帳に、本山茂辰とみられる「本山大夫法師殿《たいふほっしどの》」という人物が記されている。ここからみて、茂辰はこの時期に病死したのではなく、実際は生きていたと指摘されている〔朝倉二〇〇六〕。

おそらく元親よりやや上の世代あるいは同世代であり、働き盛りであったはずの茂辰は、生きているのにもかかわらず、なぜ文書を発給しなくなったのだろうか。その点については、長宗我部氏との敗戦の責任を取って茂辰が引退し、新当主貞茂のもとで本山家臣団の結束を図ろうとしたのではないか、という指摘がなされている〔窪内二〇〇七〕。おそらくそうした指摘が正しいのだろう。それに加え、茂辰自身が疲弊していたことも、影響していたかもしれない。

『土佐国古城伝承記』には、長浜の戦いのあと追い詰められていった父茂辰が消沈していたことをみた貞茂が、自ら兵を率いて長宗我部勢を一泡吹かせた様子が描かれている。また、朝倉城をめぐる攻防戦でも、十六歳の貞茂が「伯父（元親）に一矢参らせん」と言って大弓を用いて勇ましく戦ったとされている。祖父清茂が天文二十四年（一五五五）に四十八歳で死去したとすれば、貞茂が永禄五年で十六歳というのも可能性としてはありうる。ただ、貞茂が文書を発給し始める（＝本山氏当主として活動し始める）のは永禄九年であり、茂辰隠居から貞茂の活動までの永禄六〜九年の時期に奉行人とされる政貞が代わりに文書を出していた理由は、貞茂がまだ元服前だったからだとみられている〔窪内二〇〇七〕。そうなると、『土佐国古城伝承記』に描かれた貞茂の活躍は、同書による文飾であった可能性が高いだろう。

本山氏の降伏

『元親記』によると、本山氏は、瓜生野《うりゅうの》（高知県本山町）の地で七年間持ちこたえたという。これについて、瓜生野で抗戦したとは考えがたいこと、朝倉撤退以後、永禄十一年（一五六八）まで本山氏と長宗我部氏は戦っていないこと、本山氏は元亀元年（一五七〇）に降伏したとみられることが指摘されている（窪内二〇〇七）。五年の休戦があるので七年間継続して戦っていたわけではないが、降伏した年は朝倉城撤退から七年後で符合する、ということになろう。

ただし、戦いの時期については異論の余地がある。永禄九年二月に、政貞が長左近左衛門尉に、「今回その虎口《こぐち》で格別に忠節を尽くしたのは神妙である」として褒美を宛がっている。また、永禄十年四月にも、河村兵庫助《かわむらひょうごのすけ》に「格別に忠節を尽くしたことは比類無いことである」として褒美を与えている（土佐国蠧簡集）。これらは、日常的な警備への褒美ではなく、実際に何らかの戦いが起こり、そこでの働きを認めたために褒美を与えていたものと思われる。この時期に本山氏が戦った相手は、長宗我部氏を想定しておくのが無難であろう。したがって、本山・長宗我部両氏は五年間休戦していたのではなく、断続的に戦いが生じていたものと思われる。

降伏の時期については、確実に証拠となるような一次史料は現状では見当たらない。本山貞茂は初めて文書を出して以後、いくつかの文書発給が確認できるが、永禄十一年四月に長越前守に感状を発給したのを最後に、文書がみられなくなる。したがって、このあたりに転機があったのではないか。ただ、翌永禄十二年正月に、本山蔵人丞茂□（実名の二文字目は不明）が、川村四郎左衛門尉に中松島の名本職を与えており、そこに「太郎左衛門尉殿の御仲介をしたので取り決めた」とある〔土佐国蠹簡集拾遺〕。この太郎左衛門尉が貞茂であれば、その時期はまだ降伏していなかった可能性もあるだろう。この後の時期だと確実に言える文書からは、本山氏が長宗我部氏と戦っている様子をみることはできない。そして永禄十二年の夏～秋頃には、元親は安芸国虎《あきくにとら》との戦いを展開している。よって、降伏時期を、永禄十一年半ばから永禄十二年春にかけてであったと想定しておきたい。先述したように、『元親記』は本山氏が朝倉撤退以後、長宗我部氏と七年間戦っていたと記しているが、実態としては、断続的な戦いが続いた末に五・六年後に本山氏が降伏することになったといったところだろう。

長宗我部家臣としての本山親茂

『元親記』には、「元親はかねてから本山貞茂を滅ぼそうと考えていたが、さすがに貞茂の母は自分の姉で貞茂は甥にあたるため、不憫に思い和睦した」と記されている。安芸氏など他の勢力とも戦うことになる長宗我部氏に、本山氏を徹底的に滅ぼすだけの余裕があったかは微妙であり、このエピソードがどこまで信用できるかはわからないが、元親が茂辰・貞茂父子をはじめとする本山一族の降伏を受け入れたのは事実である。

貞茂は降伏後に親茂と改名した（以後、親茂と記す）。「親」の字は明らかに元親ら長宗我部氏の通字であり、降伏を契機として元親から一文字を与えられたのだろう。通称として「将監」を名乗ったのもこれが契機ではないかと思われる。先述したように祖父清茂が「左近将監」を名乗っていた可能性があるから、それにあやかったのだろう。

降伏後の親茂の活動として、一次史料からわかるものとして、伊予国での戦いがある。元親が伊予国東部の領主馬立《うまたて》氏に送った書状には、「今回そちらの境界に将監殿が軍を進めたことに協力してくださりありがとうございます」とあり、石川《いしかわ》左衛門尉に送った書状には「今回の忠節について、五十貫の土地を与えます。親茂からも同様に連絡があるでしょう」とある〔朝倉一九八八〕。これらの書状からみると、このときに伊予国東部に派遣された長宗我部勢は、親茂が中心となっていたようだ。本山郷が土佐の中でも東予に近い地域にあることが影響しているものと思われる。このように、親茂は元親の甥として、一軍を率いて働くようになっていった。

『元親記』によると、天正十二年（一五八四）の伊予国南部の三間での戦いにも親茂が姿をみせている。こちらでは「（久武親直《ひさたけちかなお》たちや伊予の長宗我部側領主の他に、）元親卿の小姓分を加えた。小姓分の奉行は本山将監と福留隼人佐《ふくどめはやとのすけ》、小姓頭は桑名藤七《くわなとうしち》の合計八千人余」と記されている。書き方からすると、「小姓分」というのは伊予国を担当する軍とは別の、元親の手元から派遣する別働隊のようである。とすれば、親茂は元親のもとで遊撃隊の役割を担っていた可能性もあるだろう。

親茂は、天正十四年正月、元親が豊臣政権に降伏した後の二度目の上洛の御供としても登場する〔元親記〕。大坂に到着した元親は、秀吉に年頭の挨拶をしたのち、御供とともに秀吉からの振舞を受け、大坂城の天守の見物もした上で服や刀を下賜され、面目を施したという。このときの供は、親茂の他に元親の従兄弟比江山掃部介《ひえやまかもんのすけ》と家老の桑名太郎左衛門が勤めたといい、親茂は一族・重臣の一人として扱われていた。

天正十四年十二月、長宗我部氏は豊臣政権によって九州に派遣され、島津《しまづ》氏との戸次川《へつぎがわ》の戦いに敗れて多数の将兵を失った。このとき豊後国で信親《のぶちか》とともに戦死した長宗我部勢の一覧を記した大牌には、最初から二番目（吉良播磨守の次、元親の義兄弟石谷頼辰《いしがいよりとき》や家老桑名太郎左衛門よりも上）という上位に親茂が掲載されている〔土佐国蠹簡集〕。親茂は長宗我部勢の主な将の一人として戸次川の戦いに参加し、戦死したのである。

本山一族の処遇

親茂の父茂辰は、軍記では早くに病死したとされたり、阿波国に逃れて三好《みよし》家臣になったとされたりしているが、実際には生き延びていたことは先に紹介した通りである。茂辰は豊臣期に大夫法師と名乗っているが、これは降伏した際に出家したものとみられている。茂辰の妻（元親の姉）は降伏後に岡豊に移住し、夫に先立ち病死したと考えられている〔朝倉二〇〇六〕。

茂辰の妻の移住と関連して、『土佐国古城伝承記』には、降伏後に親茂が岡豊城下町に移住したと記されている。親茂は移住しただけではなく、領地も与えられたとされているのだが、実は彼の領地は本山郷から平野部へ移転されていた可能性がある。天正十六年（一五八八）の本山郷の検地帳をみると、本山一族の領地も残るものの、他地域の武士に旧本山領が与えられた部分もあった〔市村二〇〇一〕。親茂は長宗我部氏の将として活躍したが、かつて長宗我部氏と拮抗していた国人としての勢力は削られていたとみていいだろう。

親茂の弟二人について、朝倉慶景氏の研究に拠りながら紹介しておく〔朝倉二〇一四〕。上の弟である内記《ないき》は、実名を茂廉《しげかど》といい、吉良親貞《ちかさだ》に預けられたという〔土佐国古城伝承記〕。彼は内記を名乗る前に通称を弥五郎《やごろう》としており、吉良姓を与えられて吉良弥五郎貞依《さだより》と名乗っていたらしい。貞依の「貞」は兄貞茂からではなく、親貞からもらったのだろう。親茂が戸次川の戦いで戦死した後は、貞依が本山氏の当主になり、そのために内記を名乗るようになったとも推測されている。

下の弟又四郎《またしろう》は、実名は茂直《しげなお》とも茂俊《しげとし》とも伝えられており、西和田越後《にしわだえちご》の養子となって西和田勝兵《しょうべ》衛《え》（庄兵衛・少兵衛とも）と名乗り、馬廻《うままわり》として岡豊城下に居住したという〔元親記・土佐国古城伝承記〕。検地帳を見ると、実際に本山又四郎が西和田氏の領地を知行していることが確認できる。

本山氏と長宗我部氏は、かつて長年にわたって対立してきた。だが、茂辰の三人の子の処遇をみると、降伏後の本山一族は、元親の縁者としてそこそこ悪くない扱いを受けていたと言えるだろう。その処遇の代償として、かつての国人としての地位を失ったのだった。

（平井上総）

【主要参考文献】

朝倉慶景『石川氏及び天正期東予・西讃の諸将についての研究』(石川征治、一九八八年)
朝倉慶景「戦国末期の国人本山茂辰とその家族たち」(平井上総編著『シリーズ・織豊大名の研究1　長宗我部元親』戎光祥出版、二〇一四年、初出二〇〇六年)
市村高男「土佐国長岡郡豊永郷と豊楽寺」(『四国中世史研究』六、二〇〇一年)
窪内茂「永禄六年以降の軍記物に記された本山氏の動向についての一考察」(『土佐史談』二三五、二〇〇七年)
窪内茂「戦国末期の長宗我部氏による本山攻めと国人・領主本山氏の最期」(『土佐史談』二五二、二〇一三年)
関田駒吉「仁如集堯と長宗我部国親」(平井上総編著『シリーズ・織豊大名の研究1　長宗我部元親』戎光祥出版、二〇一四年、初出一九七九年)

安芸国虎――元親に立ちはだかった土佐東部の名族

名族安芸氏

戦国時代の土佐における主要な武将に関して、近世前期に編纂された『長元記《ちょうげんき》』には「大名七人・御所一人」、同じく後世の編纂史料である『土佐軍記《とさぐんき》』に「御所壱人・守護七人」とみえる。そして、一条《いちじょう》氏（幡多《はた》郡）・津野《つの》氏（高岡《たかおか》郡）・吉良《きら》氏（吾川《あがわ》郡）・大平《おおひら》氏（土佐郡）・本山《もとやま》氏（長岡《ながおか》郡）・安芸《あき》氏（安芸郡）・香宗我部《こうそかべ》氏（香美《かみ》郡、なお『土佐軍記』では代わりに山田《やまだ》氏が挙げられる）・長宗我部《ちょうそかべ》氏（長岡郡）の諸氏の名が記されている。このうち、「御所」とは京都から下向してきた土佐一条氏を指し、「格別」であると別格視されていた。その他の七人に選定されるほど、安芸氏は戦国期の土佐を代表する勢力として後世に認識されていた。しかしながら、長宗我部氏による土佐統一の過程で、安芸氏は淘汰されたため、その功績に関しては知られていない点も多いといえよう。ここでは、そんな安芸氏について概観しながら、特に長宗我部元親とも相まみえた安芸国虎《くにとら》を主人公に据えて紹介していこう。

安芸氏は、壬辰《じんしん》の乱《らん》で土佐へ流された蘇我赤兄《そがのあかえ》の子孫という説がある。他方で、江戸時代の土佐の学者である奥宮正明《おくのみやまさあき》は安喜八幡宮の棟札《むなふだ》にみえる安芸氏の本姓がすべて橘《たちばな》氏であることや、のちに土佐藩士となった子孫が橘の家紋を用いている点から本姓は橘氏であったことを指摘している。さらに、『続日本紀《しょくにほんぎ》』神護景雲元年（七六七）六月二十二日条に西大寺《さいだいじ》（奈良市）に牛六十頭と稲二万束を献上した「土左《ママ》国安芸郡少領外従六位下凡直伊賀麻呂」の後裔という説もある。このように諸説あるものの、どの説が適当であるかは判然としない。

安芸氏の名前は『平家物語《へいけものがたり》』巻十一に、土佐国安芸郷（安芸市）を知行する安芸の大領《だいりょう》実康《さねやす》の子息として安芸太郎実光《さねみつ》の名が確認できる。そのため、平安時代末期には土佐国安芸郡周辺を知行した有力な御家人であったとみてよかろう。なお、実光は元暦二年（一一八五）三月に源義経《みなもとのよしつね》に従って壇ノ浦《だんのうら》（山口県下関市）の戦いに出陣すると、平家随一の猛将として知られる平教経《たいらののりつね》と組討ち、弟次郎とともに教経の両脇に抱えられたまま海中に沈んだとされる。

鎌倉幕府ができて以降も土佐国安芸を拠点に活動したようで、延慶元年（一三〇八）二月付けで「安芸橘親氏《ちかうじ》」が発した「城普請定書」（安芸文書）では「安芸両川十四名百姓中」に築城のための出役を命じている。ここから、この時期までには安芸氏が橘姓を用いていたことは間違いない。また普請の対象となっているのは、安芸氏の居城である安芸城とみられる。

室町時代に至っても有力な武士であることは変わりなかったとみられる。江戸時代に作成された安芸氏の系図には、永享十一年（一四三九）に当主であった元実《もとざね》が摂津国（大阪府・兵庫県）内で戦死したため、分家である畑山《はたやま》氏から元信《もとのぶ》を養子に迎えたという。ところが、応仁の乱で細川勝元《ほそかわかつもと》の軍勢として戦うが、元信とその嫡男の元康《もとやす》は戦死してしまう。そこで、再度畑山氏から元信の実弟である元盛《もともり》が当主に迎えられた。元盛の活動は文書からも判明する。文明八年（一四七六）六月十一日付で元盛が八多《（畑）》山藤左衛門に「安芸山中」のうちで畑山氏の知行を安堵しており、遅くともこれまでには元盛が当主として活動していたとみられる。土佐国内における国衆（地域権力）が発給した知行宛行状のなかで右のものは、その最初期のものといえる。知行の範囲について四至を示すのみで、知行高を数値化したものではない。とはいえ、土佐国における先進的な勢力として存在感をみせたことは間違いない。

元盛ののちに当主となったのが元親《もとちか》とみられる。「文明十四年壬寅十一月三日」付の奈比賀《なびか》村天満宮《てんまんぐう》の棟札には「大檀那地頭橘鍋若丸《なべわかまる》・大檀那橘氏女」（南路志）とある。鍋若丸は元親の幼名と考えられ、「大檀那橘氏女」はその母に比定される。幼少の元親を母が後見する体制であったのであろう。

成長した元親は、領国経営に積極的に乗り出した。例えば、穴内《あなない》（安芸市）と大井《おおい》との間で紛争があったので家臣である黒岩《くろいわ》主計頭を派遣して解決に当たらせようとした（安芸文書）。これ以降には安芸郡と接する香美郡東部（高知県香美市・香南市周辺）に強い影響力を有していたようで、恒光《つねみつ》新左衛門や宗《むね》武《たけ》源四郎ら夜須《やす》（香南市）の土豪で夜須衆とも称される勢力に対して「奉公」を命じている。

さらに、元親は本拠である安芸城周辺の整備といった内政にも取り組んでいる。大永二年（一五二二）三月七日付の清水寺《せいすいじ》金堂再建立棟札には元親の名が確認される。そして、会下寺《えげじ》という大寺を移して安芸家代々の菩提寺としたと伝わる。これが、中興開基に当たるということで、子息である元泰《もとやす》は父元親の実名と法名から「元親山浄貞寺《じょうていじ》」と改めたとされる。

右の成果に加えて、大永六年八月には香宗《こうそう》城（香南市）に拠る香宗我部氏を攻めた。この戦いで香宗我部家臣に内応者が出るなど、周囲の国衆を脅かす存在へと安芸氏を押し上げていった。

元親から家督を継いだのが元泰《もとやす》である。前述の清水寺の棟札にみえる「武千代丸」が幼名とされる。安芸浜八幡宮棟札に「天文二年癸巳正月廿九日」付で「大檀那地頭橘元泰」とみえるため、このときまでに元親から家督を継承したと推定される。また、奈比賀村天満宮棟札には「天文四乙未霜月廿九日」付で「大檀那橘氏元泰・同氏千鶴丸」とある〔南路志〕。元泰には国虎のほかに長男泰親《やすちか》がいたとされ、千鶴丸がそれに該当しよう。しかしながら、早世したようで次男である国虎が嫡子となった。

安芸国虎の活躍と死

安芸国虎の父である元泰は、天文十三年（一五四四）六月に死去したと伝わる。このときに国虎はわずか四歳であったという。幼少の国虎を支えたのは、安芸氏一門である畑山氏に出自を持つ元盛と土与松女（元泰夫人）であったと指摘されている。これは、畑山村水口大明神棟札にある「天文廿一壬子歳霜月十日」付の「大檀那橘元綱《もとつな》・同上千（土）代松女」などにみえる。その後には元盛の名で頻出する。「弘治元年二月二十六日」付で元盛が「やなせ三郎左衛門」に与えた文書〔土佐国蠹簡集二五九号〕、同じく「弘治元年四月十日」付で寺尾《てらお》内蔵助に対して安芸城防衛の西の拠点となる穴内城（安芸市）の「番手」

を命じている（土佐国蠹簡集拾遺一七七号）。ただし、天文から弘治への改元は十月二十三日であるため、文書に付された年号には疑義が残る。

他方、「天文廿四乙卯年閏十月十八日」付で「大檀那橘元盛」とする清水寺棟札（南路志）や、同年十二月十三日付で「彦兵衛尉」に対して与えた名字状（南路志）が確認できる。弘治元年（一五五五）には、元盛の名で穴内城などの拠点に「番手」を配置しており、幼少の国虎の代わりを充分に果たしていた（安芸国虎関係文書）。「弘治二丙辰年霜月廿五日」付で「大檀那橘元盛・同土与松女」の銘を持つ奈比賀村天満宮棟札（南路志）があり、弘治二年くらいまで両者による国虎の後見が続いていたとみられる。

国虎の名が初めて確認できるのは、安喜浜八幡宮棟札に「弘治三年丁巳十二月十二日」付でみられる「大檀那地頭橘国虎」である。ゆえに、この時期までには元服を果たし、正式に国虎が家督を継承したのであろう。国虎の名が史料上確認できるようになる弘治年間に安芸氏が抱えた課題は、東へと勢力を拡大させる長宗我部氏の存在である。岡豊《おこう》城（高知県南国市）を本拠とする長宗我部国親《くにちか》は、天文年間末には楠目《くずめ》城（香美市）を拠点とする山田氏を滅亡させ、安芸氏と長宗我部氏との緊張関係はさらに高まることになった。そのうえ、香宗城を拠点とする国衆香宗我部氏には攻撃を継続しており、長宗我部国親と香宗我部親秀《ちかひで》の連合軍と安芸元盛とが戦闘に及んでいた〔土佐国蠹簡集二六二号・土佐国古文叢一二〇〇号〕。この圧迫が継続したことにより、一説によると、永禄元年（一五五八）までに香宗我部氏は国親の息子である親泰《ちかやす》を娘婿に迎えて、長宗我部氏と強固な同盟を結んだとされる。他方の国虎は、中村《なかむら》（高知県四万十市）に拠点を置く一条兼定《かねさだ》と婚姻関係を構築した。国虎が土佐一条氏との間に婚姻関係を結んだことから、一条氏に恩義を感じる長宗我部氏と安芸氏との間には小康状態が続いたという。

永禄三年七月七日付で、和食《わじき》郷の土豪である長崎《ながさき》内蔵助に対して和食西分（高知県芸西村）の「使職」を命じて、長宗我部氏と接する西側支配域の防備を固めた。

また、国衆としての地盤強化も粛々と推し進めており、永禄四年十一月一日付で井町楠木丸に与えた知行宛行状では、地高で知行高を記載して知行を付与している（南路志）。宛所にある井町氏は馬ノ上村（芸西村）に拠点を置いたようで、右の宛行状にみえる「う谷《(瓜生)》壱反」などは同地に比定される。「土《と》佐物語《さものがたり》」によると、この馬ノ上村周辺の領有をめぐって、永禄年間前期に長宗我部氏の家督を継承した元親と国虎との敵対関係は継続されたという。安芸氏との知行地の境目に接する同地周辺を守備するために、元親は家臣である吉田重俊《よしだしげとし》を上夜須城（香南市）に入城させた。その後は安芸氏との間に小康状態が続いたが、安芸氏が領有していた馬ノ上城の兵が夜須に侵入し、農作物を荒らした。そこで吉田重俊は狼藉に及んだ兵士を捉えて安芸氏へ送還したところ、国虎はこれを放免したという。この処置に怒った重俊の子息重康《しげやす》は馬ノ上城を奪ったとされる。

永禄六年に元親が本山氏を攻撃するため本山（高知県本山町）に侵攻した隙をついて、国虎は一条兼定からの援軍も率いて、長宗我部氏の本拠である岡豊城を急襲した。しかし、吉田重俊の奮闘で退けられると、一条兼定の仲介によって和睦を結んだという。同時期の永禄六年十二月二十三日付で谷岡《たにおか》源左衛門尉に名字状を与えている〔南路志〕。このように、家臣団の統制を強めてはいたが、本山氏を撃破し、勢いに乗る長宗我部氏に徐々に圧迫されることになる。

永禄十年二月二十八日に川竹《かわたけ》弥八郎に新城定番を命じるなど、国虎は西部の拠点の防備を固めている〔南路志〕。元親は永禄十一年に宿敵であった本山氏を降伏させたため、再び国虎と元親とは緊張関係に陥った。軍記物語である『元親記《もとちかき》』によると、香宗我部親泰を介して国虎が元親に降伏を願ってきたにもかかわらず、その約束を反故にしたため、元親は国虎への攻撃を決断したとされる。

元親は軍勢を山手と浜手の二手に分けて安芸城を目指した。浜手の軍勢は八流の戦いで勝利すると、国虎の拠点である新城・穴内の二城も落城させ、そのまま安芸城を攻囲したという。永禄十二年七月七日付で、長崎内蔵助など家臣へ「不慮之儀籠城」している国虎の救援に対する感状が残っている〔土佐国蠧簡集三四四・三四五・土佐国蠧簡集拾遺一九五〕。したがって、このときまでに国虎は籠城して応戦していたものと判断できる。籠城中の国虎は一条兼定に救援を要請していたようで、それを受けた兼定は援軍を派遣するために周旋していた可能性が指摘されている。兼定に比定される人物が七月十一日付で伊予国の河野通直《こうのみちなお》に宛てた書状によると、「当国忩劇《とうごくそうげき》」について細川京兆家《けいちょうけ》の当主で土佐守護職を有する細川昭元《あきもと》にたびたび「加勢」を懇望していると伝え、さらに河野通直には「舟手」の派遣を要請している。ここから、兼定は国虎救援のための姿勢をみせるが、結局は救援がなされることはなかった。

一説によると、籠城する味方に城内の井戸に毒を入れられるなどしたことにより、これ以上の籠城を断念し、家老である黒岩《くろいわ》越前守に命じて、一条氏から迎えたという妻と娘を実家に送り届けるとともに、子息の千寿丸を家臣に託して阿波国へ逃がしたとされる。そして、八月十一日に国虎は菩提寺の浄貞寺に入って自害したとされる。家老の有沢《ありさわ》石見守は介錯したのちに切腹したといい、妻らを中村に送り届けて役目を終えた黒岩越前守も国虎の墓前に任務を果たしたことを報告して切腹したと伝わり、浄貞寺には国虎だけでなく、有沢・黒岩の両家老の墓が残されている。それに加えて国虎が切腹のときに太刀を清めた太刀洗の池や、のちに国虎の妻が中村から墓参に訪れた際、袂に入れて植えたとされる「袂杉」（現在のものは大正九年（一九二〇）の台風で倒木したため植え替えられた二代目）など往事を忍ぶことができる。

土佐に帰還した子孫

国虎が自害すると、その子息である千寿丸は家臣らとともに阿波国へ落ち延びたという。そこで、阿波三好氏の小頭という矢野《やの》備後の婿に迎えられたとされる〔御家中先祖書系図牒〕。

同時代史料をみてみると、永禄十三年（一五六九）六月吉日付で屋奈瀬《やなせ》修理助に対して「馬路跡目」を、同年八月二十六日付で角田与三左衛門尉に対して角田跡をそれぞれ安堵している〔南路志〕。ただし、「御家」が続いている（「御存分」）場合はとの注記があるため、あくまで没落状態であったことは間違いない。それに加えて、元亀二年（一五七一）十月十七日付で長崎内蔵介に対して、「こちらに退く際の気遣い」

を謝し、「新給五段」を付与している〔南路志〕。これは阿波方面への退却を指すとみられ、実際に土佐を後にしたのは元亀二年に入ってからとみられる。そして、阿波国で堪忍分のような知行地を有していた可能性が高い。

このときに千寿丸に付き従った畑山蔵尉と畑山元康《もとやす》は、元親の許しを得て土佐へと帰国を果たす。しかしながら、蔵尉は長宗我部氏への悪口が絶えず、元親の怒りに触れた。天正十六年（一五八八）九月十三日付で畑山蔵尉が発給した起請文を提出し、自今以後「御当家」に対し「悪心」なきことを誓うことで一度は許されたという〔安芸文書〕。この起請文は宛所を欠くが、長宗我部元親に提出されたものの案文とみられる。しかし、天正十七年八月九日に蔵尉とその子息である右京介は切腹に追い込まれてしまう。一方で、元康は畑山の地を拠点として、断絶した安芸氏の名跡を継ぎ、以後は安喜氏に改称したとされる。なお、右の元康は、国虎の兄泰親の子息や、千寿丸の弟など諸説ある。その後、元康の孫にあたる元経《もとつね》は新たな国主である山内《やまうち》氏に郷士《ごうし》として召し出され、のちには上士《じょうし》として家格を上昇させて幕末を迎えた。

安芸国虎の墓　高知県安芸市・浄貞寺　撮影：筆者

右の系統とは別に、江戸時代の土佐国では安芸国虎次男の子孫とされる一族が活躍した。それが土佐郡成山村（高知県いの町）で「七色紙」を創出した安芸家友《いえとも》である。彼は、国虎の子どもとされ、伊予国の新之丞なる人物から紙の製法を学ぶと七種の色紙を創製したとされる。その後、山内一豊《かつとよ》に七色紙を献上すると大変気に入られて、以後は山内氏だけでなく将軍への奉納紙として厚い保護を受けたという。

（石畑匡基）

【主要参考文献】

磯川いづみ「河野弾正少弼通直最後の受給文書」（『戦国史研究』七七、二〇一九年）
平井上総『長宗我部元親・盛親』（ミネルヴァ書房、二〇一六年）
平井上総「土佐国の地域権力―長宗我部・土佐一条家を中心に―」（戦国史研究会編『戦国時代の大名と国衆』戎光祥出版、二〇一八年）
村上絢「土佐国大忍庄「安芸文書」の成立過程」（『熊野水軍小山家文書の総合的研究』神奈川大学日本常民文化研究所調査報告、二〇二一年）
吉田萬作「安芸氏論考」（山本大編『高知の研究』二、清文堂出版、一九八二年）
吉田萬作「安芸氏について」（山本大編『長宗我部元親のすべて』新人物往来社、一九八九年）

細川氏之（持隆）・真之
――細川氏有力庶流・阿波守護家の終焉

氏之の阿波守護家相続

細川氏之《ほそかわうじゆき》・真之《さねゆき》父子は、室町幕府の下で権勢を誇った細川一門のうち、阿波守護家（讃州家《さんしゅうけ》）末代の当主にあたる。父の氏之は従来「持隆《もちたか》」の名前で知られる人物だが、発給文書で確認できる実名は氏之のみであるため〔讃州寺文書ほか〕、本稿ではこちらを呼称とする〔森脇二〇二二〕。

氏之の誕生は、享禄四年（一五三一）もしくは翌十四年とみられる〔細川高国晴元争闘記〕に「齢僅十五六」とされることから、逆算して永正十三年（一五一六）、この時期の細川一門は、惣領家にあたる京兆家《けいちょうけ》の家督をめぐって争う二人の養子、細川澄元《すみもと》と細川高国《たかくに》を中心とする分裂抗争の最中にあった。両者のうち澄元は、阿波守護家を出自とする。通説では、当時の阿波守護家は澄元実兄の之持《ゆきもち》が当主の座にあり、高国に敗れ四国に逃れていた澄元を庇護していたとされる。そして、氏之の父もこの之持とみられてきた。

ところが近年、馬部隆弘は『尊卑分脈《そんぴぶんみゃく》』所載の細川氏の系図から、之持がこれに先立つ永正九年に死没していたとみられること、それにともない阿波守護家が一時断絶状態となっていたことを指摘した。

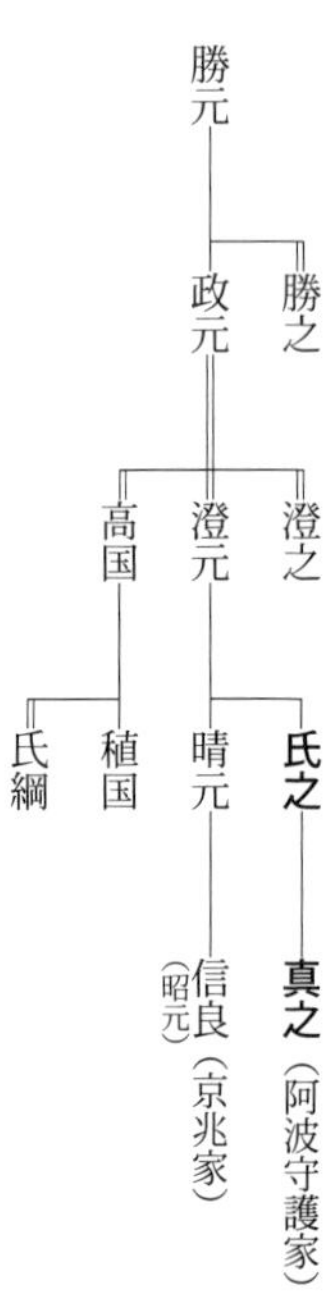

細川氏略系図

さらに馬部は氏之について、『細川高国晴元争闘記』『細川両家記』の記述を元に、之持でなく澄元の実子（次男）と比定し、断絶した阿波守護家の再興を目的に擁立された存在と位置付けている〔馬部二〇一六〕。

馬部が論拠とした両書は、いずれも氏之存命中に執筆されており、信憑性は高いとみてよい。本稿では、ここにもう一つ傍証を示しておく。天文四年（一五三五）四月、京都吉田《よしだ》神社の吉田兼右《かねみぎ》は、細川澄元への神号授与を「讃州」に依頼されている〔兼右卿記〕。讃州（讃岐守）は阿波守護家当主の受領《ずりょう》名であり、先代之持は従来説をとったとしても天文二年には没しているため、依頼主は氏之とみるほかない。もし氏之が之持の子とすれば、彼は遥か昔に家を離れた叔父のため神号授与を望んだことになり、いかにも不自然といえる。この点からも、やはり氏之の実父は澄元と考えるのが妥当だろう。

永正十六年、澄元は満を持して京都上洛を決行する。この軍事行動には多数の阿波勢も参加しているが、子息氏之の阿波守護家相続が決まったことで動員が可能となったとみられる。ただし、幼少の氏之がこの上洛戦に直接関与した痕跡は確認できない。澄元勢は一時的に京都の掌握に成功するも、翌年五月には高国陣営の反撃を受けて敗北、重臣三好之長《みよしゆきなが》らの捕縛・自刃など多大な損害を蒙って再び阿波へと没落した。そして直後の六月、澄元は失意のうちに病没することとなる〔細川両家記〕。

高国との決着

澄元死後、陣営はその嫡子晴元《はるもと》（氏之実兄）に引き継がれた。阿波で雌伏の数年を過ごした後、晴元勢は大永六年（一五二六）に畿内への再進出を開始する。そして翌年二月には、高国と彼を支持する将軍足利義晴《あしかがよしはる》を京都から逐い、阿波で庇護されていた足利義維《よしつな》（義晴兄弟）を擁立して、和泉堺（堺市堺区）に実質的な政権（堺幕府）を樹立するのである。

かくして返り咲きを果たした晴元だが、やがて軍事力の中核である重臣三好元長《もとなが》（之長の孫）との関係に亀裂が生じ、反発した元長は阿波へと下国してしまった。この事態は、畿内を逐われていた高国方に付け入る隙を与えることになる。享禄四年（一五三一）二月、再度攻勢に転じた高国勢が堺と近い摂津四天王寺《してんのうじ》（大阪市天王寺区）まで迫ると、ついに晴元は阿波の元長に懇望し、彼を畿内へと呼び戻した。

こうした状況下の三月二十五日、細川氏之は元長に続く援軍として阿波勢八千余騎を率い、兄晴元が待つ堺へと到着する〔細川高国晴元争闘記、細川両家記〕。史料上、これが氏之の活動初見となる。前に触れたように年齢は十四、五歳とされ、すでに元服済みのため幼名はわからない。軍記物では「讃州（讃岐守）」と呼称されるが、同年六月の公家の日記では「細川彦九郎《ひこくろう》」とされており〔後法成寺関白記〕、厳密にはいまだ受領名を継いでいなかったとみられる。なお、『細川両家記』は彼の実名を「政之」としているが、この実名は他史料では確認できず、錯誤の可能性が高い。

阿波勢の来援で勢力を盛り返した晴元陣営は、六月に入って行われた天王寺の合戦、それに続く摂津大物浦《だいもつうら》（兵庫県尼崎市）での追撃戦において決定的な勝利を得る。敗れた高国は逃亡の末に捕縛されて自刃し、晴元・氏之兄弟が父澄元から受け継いだ打倒高国の宿願は、ここに果たされることとなった。

しかし、高国の打倒を成し遂げた後、晴元と元長の関係は再び悪化に向かう。享禄五年正月に晴元側近の柳本《やなぎもと》甚次郎を元長が殺害する事件が発生すると、激高した晴元は元長の誅伐を企て、主従の対立は深刻なものとなった。このとき、氏之は両者の間に立ち、元長の忠節を兄に訴えて関係修復を取りなそうとしたとされる〔細川両家記〕。しかし、晴元は仲裁を聞き入れず、面目を失った氏之は兄と義絶して三月に阿波へと下国する〔二水記〕。

氏之という後ろ盾を失った元長は、同年六月に晴元の扇動した一向一揆に攻められ、堺の顕本寺《けんぽんじ》（堺市堺区）で自害を遂げた。そして、嫡子千熊丸《せんくままる》（後の長慶《ながよし》）をはじめとする遺族たちは、落ち延びた阿波で氏之の庇護を受けることとなる〔細川両家記〕。

氏之の事績

晴元の扇動で元長を自刃させた一向一揆は、やがて晴元にも牙をむき始め、ついには晴元を淡路へと追い落とすに至る。窮地の晴元を救ったのは、またも阿波からの援助だった。天文二年（一五三三）四月、晴元が淡路から摂津に帰還を果たした際、そこには氏之も同行している〔蓮成院記録〕。前年に義絶していた両者だが、やはり兄の危機は見捨て難かったのだろう。また、このときには元長遺児の千熊丸〔長慶〕も氏之に伴われており〔蓮成院記録〕、以降は晴元の麾下に復帰する。この和解も、氏之の仲介があってのこととみられる。

その後、瀬戸内海を隔てた播磨では、天文七年頃から出雲尼子《あまご》氏の山陽道進出にともない、守護赤松《あかまつ》氏の支配が大きく動揺する。逼迫した赤松氏は阿波の氏之に助力を求め、天文八年四月に播磨へ出兵した阿波勢は明石《あかし》城（兵庫県明石市）など尼子方に通じる国人を攻撃する〔赤松記〕。なお、同月には晴元の京兆家からも三好伊賀守（長慶の老臣）が赤松氏の加勢に派遣されている〔証如上人日記〕。晴元・氏之が赤松氏を支援した理由は、当主晴政《はるまさ》が彼らの妹と婚姻を結んでいたためだろう〔昔阿波物語〕。

さらに同年十月、氏之は阿波の軍勢を率いて備中へと出陣し、出張してきた尼子氏の軍勢と干戈を交えるも、敗退している〔蜷川親俊日記〕。直接の目的は赤松氏の側面支援とみられるが、わざわざ備中まで赴いた背景には、氏之祖父の義春《よしはる》、伯父の之持らが備中守護職に就いていたことを意識した可能性も考えられる。なお、備中への途上、氏之は讃岐の白峯寺《しろみねじ》（香川県坂出市）に禁制《きんぜい》を発給しているが、そこに見える「讃岐守源朝臣」の署判から、すでに受領名を名乗っていたことがわかる〔白峯寺文書〕。また、白峯寺には氏之の禁制と並び、同月付の三好実休《じっきゅう》からの禁制も伝来している〔白峯寺文書〕。長慶の弟である実休は、畿内に復帰した兄とは別家（阿波三好家）を立て、阿波守護家に仕えていた。この禁制に見える彼の実名「之相《ゆきすけ》」、後年に名乗る「之虎《ゆきとら》」は、氏之の偏諱《へんき》を受けたものと思われる。

ところで、同年の畿内では閏六月ごろに晴元と長慶の間に対立が生じ、一時は全面衝突寸前の事態となる。この対立の発生当初、京都では「阿州雑説《あしゅうぞうせつ》」、つまり氏之・実休が長慶に味方して出陣するという憶測が囁かれていた〔大館常興日記〕。結果として阿波勢が関与することはなく、対立自体も短期間で和解に至ったが、氏之（阿波守護家）と三好氏が不可分の関係とみられていたことがうかがい知れる。

天文十二年、細川高国の後継を名乗る細川氏綱《うじつな》が挙兵し、以降、晴元陣営と抗争していく。晴元を支援するため、氏之は天文十五年十月、三好実休とともに四国勢二万余騎を率いて堺へ渡海した〔細川両家記〕。四国勢は畿内勢と合流し、天文十六年二月には摂津原田《はらだ》城（大阪府豊中市）、三月には同三宅《みやけ》城（同茨木市）、六月には同芥川《あくたがわ》城（同高槻市）を攻略し、最終的には河内に在陣する。やがて天文十七年四月、晴元陣営と氏綱陣営の間には和睦が成立し、氏之・実休も一年以上に及ぶ在陣を終えて阿波へと帰還している。

晴元・長慶の対立と「勝瑞事件」

天文十七年（一五四八）秋、畿内では長慶と晴元側近の三好政長《まさなが》との対立が激化し、ついには政長を擁護する晴元も巻き込んだ軍事抗争へと発展した。主君と敵対した長慶は、かつての仇敵氏綱と和睦し、麾下に参じる。そして翌年六月、長慶は摂津江口《えぐち》（大阪市東淀川区）の合戦で政長を討ち取る大勝をおさめる。片腕と言える側近を失った晴元は、足利義晴、その子で将軍位を継いでいた義輝《よしてる》らを伴い、近江へと落ち延びていった。

晴元と長慶の対立に際し、「阿波」は長慶方に付いたとされる〔細川両家記〕。ただし、氏之自身の具体的な行動は確認できない。二年後の天文二十年には、晴元陣営が京都侵攻の動きを見せたため〔馬部二〇二二〕、阿波勢は長慶への加勢のため畿内に渡海するが、軍勢は三好実休が率いており主君氏之は出陣していない。以降、その動向が史料から確認できないまま、氏之は天文二十二年六月の「勝瑞《しょうずい》事件」で落命することとなる。

三好氏旧臣が後年に著した軍記『昔阿波物語』の語るところでは、この事件の発端は、重臣実休の権勢を疎む氏之による粛清の企てとされる。それが氏之側近である四宮《しのみや》与橋兵衛尉の密告により漏洩したため、氏之は先手を打った実休の軍勢に包囲され、守護所勝瑞（徳島県藍住町）にある三好氏菩提寺の見性寺《けんしょうじ》で自刃を遂げたというのである。享年は、正確には不明だが三十代後半だろう。命日は複数説あり、六月九日〔細川両家記〕・同十七日〔東寺光明真言講過去帳〕の二説が有力視される。戒名は「徳雲院殿尖岳常麟大居士」と伝わる〔勝浦郡志所収丈六寺過去帳抄〕。

三好氏の庇護者だった氏之が、なぜ重臣実休との対立による横死という最期を迎えたのかについては、不明な部分が多い。ただし氏之の没後、兄の晴元は一時期出家して永川と号しており、これを氏之への弔意を表すものとする見解が近年提示されている〔馬部二〇二二〕。上記の説に従えば、畿内復帰を目指し長慶と対立する晴元と、阿波の氏之とは、水面下で親交を維持し続けていた可能性が高い。

また、氏之は年未詳ながら天文十二年以降と思われる書状で、もともと京兆家の守護分国である土佐の国衆香宗我部《こうそかべ》氏に対し、同国の騒乱状況を懸念するとともに、「京都」への取り成しを打診したことが知られている〔香宗我部文書抄〕。「京都」は京兆家当主の晴元を指すとみられ、土佐の支配再建に協力する氏之の姿が垣間見える〔森脇二〇二二〕。一時期は義絶にまで至った晴元と氏之だが、和解後は基本的に良好な関係を築いていたとみてよい。その晴元が長慶に排除され、実休もそれを支持したことで三好氏への反感が氏之に芽生え、最終的に晴元方と内通するに至ったという可能性も考えられるのではないだろうか。

なお、氏之正室は周防大内《おおうち》氏の娘とされるが、彼女には子がなく、側室小少将《こしょうしょう》との間に男子を設けていた。事件の後、実休はこの遺児、後の真之を阿波守護家の家督に就かせる。阿波国内では久米《くめ》安芸守ら一部の守護被官が氏之の復仇を掲げて挙兵するが、同調する動きは広がらず、実休によって鎮圧された〔昔阿波物語〕。以降、阿波の主導権は実休が掌握し、阿波守護家はその推戴を受けて存続していくこととなる。

阿波三好家と真之

氏之の跡を継いだ真之については、勝瑞事件を伝える『昔阿波物語』が「若君」とすることから当時幼少であったことが推し量れる程度で、生年は明らかでない。また、近世の編纂物には仮名《けみょう》を「六郎《ろくろう》」、官途名を「掃部頭《かもんのかみ》」とする言説があるが〔阿州足利平島伝来記ほか〕、いずれも同時代史料では確認できない。天正三年（一五七五）正月には三好長治《ながはる》（実休嫡子）の書状の中で「讃岐守」と呼ばれており〔阿波国徴古雑抄所収三好松永文書〕、少なくともこの頃には阿波守護家歴代と同じ受領名を名乗っていたとみられる。

真之の生母小少将は、阿波郡西条《さいじょう》東城（徳島県阿波市）の領主岡本《おかもと》美濃守の娘とされる。彼女は氏之の死後、三好実休室として迎えられ、嫡子三好長治を産んだという〔昔阿波物語〕。軍記出典の逸話だが、初出の『昔阿波物語』は小少将の叔父岡本卜世《ぼくせい》からの直接伝聞を情報源としている。また、近世初頭に成立した土佐系の軍記『元親記《もとちかき》』でも真之・長治を兄弟と記すことから〔高知県立図書館本元親記〕、信用に足るとみてよいだろう。

実休による真之推戴の意図は、阿波守護家の権威を利用した国内諸勢力の統率にあったとみられる。阿波守護家の麾下には、一宮《いちのみや》氏・大西《おおにし》氏・海部《かいふ》氏といった有力領主が多く存在し、三好氏とは本来対等の関係にあった。三好氏は彼らと婚姻などを通じて関係構築を図りつつ、阿波守護家の意向を直接奉じる立場を得ることで、彼らを統率していた〔新見二〇〇六〕。この体制は、永禄五年（一五六二）三月に実休が和泉久米田《くめだ》（大阪府岸和田市）の合戦で戦死した後も、嫡子長治に継承されていく。

真之の活動初見は、父の死から十四年後の永禄十年十一月のことになる。当時、畿内の三好氏は永禄七年の長慶死後に発生した内紛の渦中にあり、阿波三好家は宿老篠原長房《しのはらながふさ》の主導で抗争に介入していた。その阿波勢の中に、三好長治と並んで「細川讃州の御曹子」の存在が確認できる〔細川両家記〕。また翌年十月、足利義昭《よしあき》・織田信長《おだのぶなが》の上洛を前に阿波勢は畿内から没落するが、その際にも真之は長治と行動を共にしている〔細川両家記〕。さらに、長房率いる阿波勢は、後の元亀二年（一五七一）九月に信長との対決のため改めて畿内に出兵するが、このときにも真之は同行しており〔細川両家記〕、協力関係を結ぶ本願寺《ほんがんじ》の宗主顕如《けんにょ》より音信の対象とされている〔顕如上人文案〕。たび重なる真之の帯同は、畿内への軍事行動に阿波勢を動員する旗印の役割を期待されてのことだろう。

元亀四年夏、阿波三好家を主導してきた篠原長房は、主君三好長治と対立し、居城の麻植《おえ》郡上桜《うえざくら》城（徳島県吉野川市）を攻められて自刃する〔昔阿波物語、己行記〕。その最中の五月、麻植郡山間部の土豪木屋平《こやだいら》氏のもとに長治・真之からそれぞれ発給された書状を見ると、真之が長房「成敗」を明言する一方、長治の副状では「御屋形様御供申」と真之への随従姿勢が強調されている〔松家家文書〕。この事例は、真之の意向を押し出すことで長房排除への国内の理解を得ようとする長治の思惑とともに、阿波三好家が真之の推戴によって阿波支配の正当性を担保されていた事実を端的に示すと言えるだろう。

三好長治との決別

天正二年（一五七四）冬、備中の有力国衆三村元親《みむらもとちか》は、それまで麾下に属していた安芸毛利《もうり》氏に突如として反旗をひるがえす。そして三村氏離反の契機となったのは、元親自身が記すところによれば、細川真之からの調略だったという〔由佐家文書〕。当時、勢力を急拡大する毛利氏の周辺では、これに対立する諸勢力が共闘体制を結んでおり、阿波三好家もその一角に加わっていた〔森脇二〇一六〕。先述のように、阿波守護家は過去に備中と所縁を有しており、阿波三好家はそれを名分として真之による調略を試みたのだろう。三村氏の蜂起は毛利氏によって翌年夏までに鎮圧され、備中介入は失敗に終わるものの、この段階でも真之が阿波三好家から推戴され、戦略的に利用されていたことがうかがえる。

しかし天正四年、真之は突如として守護所勝瑞を出奔し、三好長治と決別する。その発生時期は、同年十月上旬に毛利氏重臣の小早川隆景《こばやかわたかかげ》に真之出奔の報がもたらされていることから〔福山志料所収渡辺家文書〕、秋以前に遡ることは間違いない。また、五月には堺妙國寺《みょうこくじ》（堺市堺区）の住持日珖《にちこう》を招いて真之の受法が企画されていたことから、この時点では特段の異状は生じていなかったと思しい〔己行記〕。つまり、破局が生じたのはこの間とみられる。

出奔の理由については、軍記では長治の専横に対する鬱憤が語られるのみだが〔昔阿波物語ほか〕、長年の庇護を脱し出奔に踏み切るには何らかの契機があった可能性が高い。この年には、前年末に阿波三好家の仲介で講和を結んでいた織田政権と大坂本願寺が再び開戦し、さらに京都を没落していた将軍足利義昭を擁する安芸毛利氏が本願寺支援に乗り出すなど、阿波を取り巻く政情に激変が生じている〔森脇二〇二一〕。あるいは、こうした事態への対応をめぐり、真之と長治の間で意見の対立が起きた可能性も考えられよう。

勝瑞を脱した真之は、名東郡飯谷城《みょうどういいたに》（徳島市）の福良氏《ふくら》を頼り、その手引きで阿波南方の山間部に位置する那西郡仁宇《にう》（徳島県那賀町）に身を寄せたとされる〔昔阿波物語〕。十一月には平野部から仁宇への出入り口にあたる那東郡荒田野《あらたの》（同阿南市）の土地を海部郡日和佐城《ひわさ》（同美波町）の土豪日和佐氏に宛行っているが〔浜文書〕、これは来たる阿波三好家との対決に備え、求心力の強化を図ったものだろう。

一方、真之に出奔された長治は、仁宇の真之を討つべく出兵を行った。しかし遠征の途上において、麾下国衆の一宮成相《なりすけ》、重臣の伊沢《いざわ》越前守らの離反に遭ったことで、思わぬ敗北を喫する。そして、最終的に孤立無援の状況に追い込まれた長治は、同年末に阿波北部の板東郡別宮浦《ばんどうべっくうら》（徳島市・徳島県松茂町）で自害を遂げることとなる〔昔阿波物語〕。

長治の死により、大名権力としての阿波三好家は一時断絶する。しかし、阿波一国が再び阿波守護家の統治に復することはなく、翌年に入ると再び内紛が勃発、阿波は動乱の時代へと突入していくのである。

阿波守護家の終焉

天正五年（一五七七）前半、長治亡き後に阿波の主導権を握った一宮・伊沢に対し、阿波三好家旧臣の矢野房村《やのふさむら》らが反旗を翻す事件が発生する。この蜂起で伊沢越前守は殺害され、以降の阿波ではかつての守護所勝瑞に拠る矢野房村らと、それに敵対する一宮成相らの対立が繰り広げられていく〔昔阿波物語〕。

同年七月、畿内出兵の準備を進めていた中国地方の毛利氏は、その経路確保の一環として、瀬戸内海対岸の讃岐に進出する。このとき、毛利氏は讃岐を実質的分国としてきた阿波三好家の後継勢力として、矢野房村らの陣営と交渉を持っていた。そして、その面々の中には「屋形」こと細川真之が含まれている〔弘文荘旧蔵文書〕。前年には一宮成相らと共闘するかたちで阿波三好家を打倒した真之だが、後に成相らは織田政権に接近し、阿波国主の選定をその意向に委ねようとしたとみられることから、阿波守護家の後裔である真之とは利害が相反し、袂を分かったのだろう〔森脇二〇二〇〕。

やがて矢野房村らのグループは、天正六年初頭までに長治の実弟にあたる十河存保《そごうまさやす》を勝瑞に迎え、阿波三好家の再興を実現する。しかし、この新生した阿波三好家の周辺では、細川真之の存在は確認できない。自らが決別した阿波三好家を再び盟主とすることへの反発か。それとも十河存保の側が兄を横死させた真之に遺恨を抱いていたのか。あるいは他の理由か。いずれにせよ、真之は矢野房村らとも短期間で距離を置いたとみられる。

同時代史料から確認できる真之の最後の足跡は、天正八年十二月に比定される香宗我部親泰《ちかやす》書状である〔香宗我部家文書〕。当時、阿波には織田政権の承認を得て隣国土佐の長宗我部元親《ちょうそかべもとちか》が侵攻を進め

丈六寺の阿波守護家墓所　墓石左より氏之・成之・真之　徳島市　撮影：筆者

ており、元親実弟の親泰は阿波南部の経略を担っていた。書状で親泰は、真之の出陣を「御屋形様御進発」と丁重に表現し、仁宇の東に位置する那東郡桑野《くわの》（徳島県阿南市）まで「御供」すると述べるなど、相応の敬意を払っている。阿波掌握を進める長宗我部氏にとって、阿波守護家の金看板はいまだ大きな意味を有していたのだろう〔中平二〇一三、山下二〇一九〕。

　真之の最期については、ひとまず天正十年十月八日に仁宇の茨《いばら》ヶ《が》岡《おか》（徳島県那賀町）にあった在所を江彦治部之大夫ら「山林の逆徒」に襲撃されて自害を遂げたという『三好記』の説を採っておきたい。襲撃者の素性は不明だが、天正十年十月という時期が信頼できるとすれば、同年八月末の中富川《なかとみがわ》合戦の敗北、九月の勝瑞開城を経て、阿波三好家の十河存保が讃岐へと没落した直後にあたる。このことから、同年十一月に名東郡夷山《えびすやま》城（徳島市）で謀殺されたと伝わる一宮成相と同様に、阿波をほぼ手中に置いた長宗我部氏による不穏分子粛清の対象となった可能性も指摘されている〔若松二〇〇〇〕。

　真之の戒名は「宝昌院殿傑叟常英大居士」とされる〔勝浦郡志所収丈六寺過去帳抄〕。室については所伝がない。子については、勝浦郡櫛淵村（徳島県小松島市）の細川家が近世に入って真之の遺児「之《ゆき》照《てる》」の子孫を名乗るが、その家伝を記した『櫛淵村細川家旧記』には時系列などに不審な部分が多く、信憑性には疑問が残る。真之の死をもって、阿波守護家は実質的に断絶したと考えるべきだろう。氏之・真之父子の墓碑は、氏之の曽祖父成之《しげゆき》が再興した勝浦《かつうら》郡丈六寺《じょうろくじ》（徳島市）の境内に、成之の墓碑と並び佇んでいる。

（森脇崇文）

【主要参考文献】

中平景介「天正前期の阿波をめぐる政治情勢」（『戦国史研究』六六、二〇一三年）
新見明生「勝瑞騒動以後の阿波三好氏権力について」（『鳴門史学』二〇、二〇〇六年）
馬部隆弘「細川澄元陣営の再編と上洛戦」（同『戦国期細川権力の研究』吉川弘文館、二〇一八年、初出二〇一六年）
馬部隆弘「江口合戦後の細川晴元」（石井伸夫・重見髙博・長谷川賢二編『戦国期阿波国のいくさ・信仰・都市』戎光祥出版、二〇二二年）
森脇崇文「天正初期の備作地域情勢と毛利・織田氏」（『ヒストリア』二五四、二〇一六年）
森脇崇文「三好長治死後の阿波内紛をめぐる一考察」（『鳴門史学』三三、二〇二〇年）
森脇崇文「天正三・四年の畿内情勢における阿波三好家の動向」（徳島地方史研究会編『阿波・歴史と民衆Ｖ　地域社会と権力・生活文化』和泉書院、二〇二一年）
森脇崇文「戦国期阿波守護細川家関係者「氏之」の素性について」（『史窓』五二、二〇二二年）
山下知之「戦国末期の阿波守護家細川真之の動向と諸勢力」（『戦国史研究』七八、二〇一九年）
若松和三郎「細川真之」（同『阿波細川氏の研究』戎光祥出版、二〇一三年、初出二〇〇〇年）

三好長治――畿内情勢に翻弄され続けた悲運の二代目

長治の生母について

三好長治《みよしながはる》は、三好長慶《ながよし》の弟実休《じっきゅう》を初代とし、阿波を本拠に勢力を誇った「阿波三好家」の二代目当主である。父は実休、母は阿波北部に位置する阿波郡西条東城《さいじょうひがし》（徳島県阿波市）を居城とした領主岡《おか》本《もと》氏の娘とされ、一般には「小少将《こしょうしょう》」の呼び名で知られている。

長治の母とされる小少将に関しては、軍記『昔阿波物語』に次のような逸話が記される。初め小少将は阿波守護細川氏之《ほそかわうじゆき》（持隆《もちたか》）の正室（大内氏《おおうち》）に仕える侍女だったが、氏之の寵を得て子息真之《さねゆき》を設けた。しかし天文二十二年（一五五三）、氏之が重臣三好実休《じっきゅう》との対立で自刃に追い込まれると、小少将は実休の室となり長治を生む。つまり、真之と長治は父親違いの兄弟とするのである。この逸話は後の軍記・地誌等でも取り入れられ、通説として受容されてきたが、同時代史料で実否を確認することはできない。そのため、近年では軍記出典の俗説として、信憑性を疑問視する向きもある〔天野二〇二一ほか〕。長治を語る上で生母の素性は等閑にできない要素であるため、ここで若干の検討を加えておきたい。

まず、この逸話の初出『昔阿波物語』は三好氏旧臣の二鬼嶋道智（本名仁木《にき》又五郎義治《よしはる》）の手で、十七世紀前半ごろ成立した書籍である〔長谷川二〇〇四〕。本書には、道智自身が親交を持ち、情報提供者となった岡本卜世《ぼくせい》なる人物が登場する。彼は西条東城主岡本美作守の弟とされ、小少将の叔父にあたる。彼女をめぐる逸話は、卜世から直接伝聞したものとみてよいだろう。仮に小少将が真之・長治の実母でないとすれば、卜世は意図的に事実を歪曲したと考えるほかない。その場合、動機としては姪が貴人の妻・母であったという名誉を欲したとみるのが自然だが、『昔阿波物語』における小少将は実休死後に重臣篠原自遁《しのはらじとん》と密通し、私怨から功臣篠原長房《ながふさ》を粛清するよう長治に教唆するなど、不行跡を強調して描かれている。つまり、一族の名誉を粉飾する意図は考えがたく、小少将にまつわる逸話を卜世の創作と考えるのは、動機の面で大きな疑問が残るといえる。

もう一つ見逃せないのは、真之と長治を兄弟とする言説が、高知県立図書館が所蔵する森家旧蔵本『元親記《もとちかき》』に記される点である。『元親記』は長宗我部《ちょうそかべ》氏の旧臣高島《たかしま》孫右衛門正重《まさしげ》の手による軍記で、寛永八年（一六三一）の成立とされる。真之・長治についての言及は続群書類従本など他の『元親記』写本では確認できないが、森家旧蔵本は章構成などから成立当初の形態により近い写本とみられ〔岡林一九七二〕、正重自身による記述と考えてよい。当該箇所では、長治の弟にあたる十河存保《そごうまさやす》が一時期名乗る実名「義堅《よしかた》」を、訓

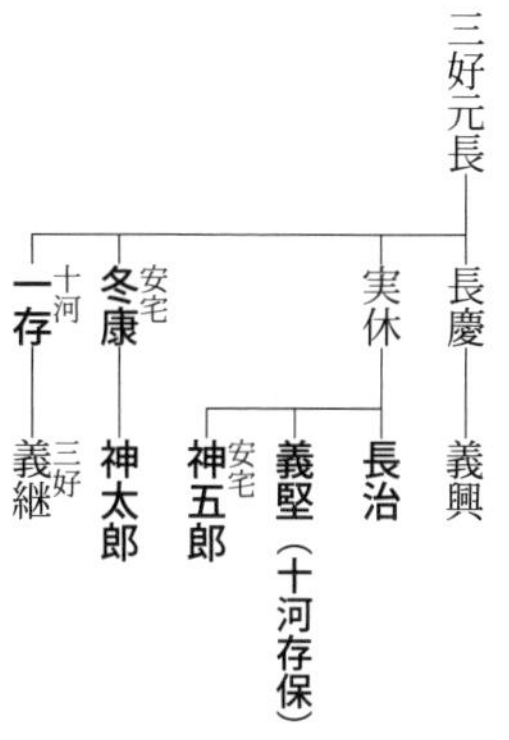

三好氏略系図

が通じる「吉方」と記すなど、阿波系の軍記にはみられない正確な情報も含まれる。おそらく、その情報源は著者が長宗我部家中にあった時代の見聞だろう。とすれば、真之・長治を兄弟とする言説は、同時代に極めて近い時期から人口に膾炙していた可能性が高い。

これらを勘案すると、長治と真之をいずれも小少将の子とする『昔阿波物語』の所説は、基本的に信頼してよいと思われる。なお、『昔阿波物語』は小少将の子を真之と長治以外に女子を加えた三人と記すのみで、存保には言及していない。そして、長治と存保に関しては近年の研究で異母兄弟とみられることが指摘されており〔天野二〇二一〕、この点も同書の信憑性の傍証となるだろう。

若年期の長治

長治の活動初見は永禄二年（一五五九）六月、塩屋《しおや》惣左衛門尉に阿波での徳政《とくせい》を免除した判物《はんもつ》である〔木戸太平氏所蔵文書〕。幼名「千鶴丸」を名乗る長治の当時の年齢は不明だが、実休と小少将の婚姻は天文二十二年（一五五三）の氏之死去以降と考えられるため、その翌年生誕としてもわずか六歳にすぎない。これほどの幼年で文書を発給しているのは、畿内での活動機会が増加しつつあった父実休の代役として、阿波統治の権限が分掌されていたことによるものだろう。なお、この徳政免除の判物には、同日付で三好康長《やすなが》・加地盛時《かじもりとき》・篠原実長（自遁）の三者が連名で副状を発給している〔木戸太平氏所蔵文書〕。分国運営の実務は、幼少の長治に代わり実休から付された彼ら重臣が担っていたと思われる。

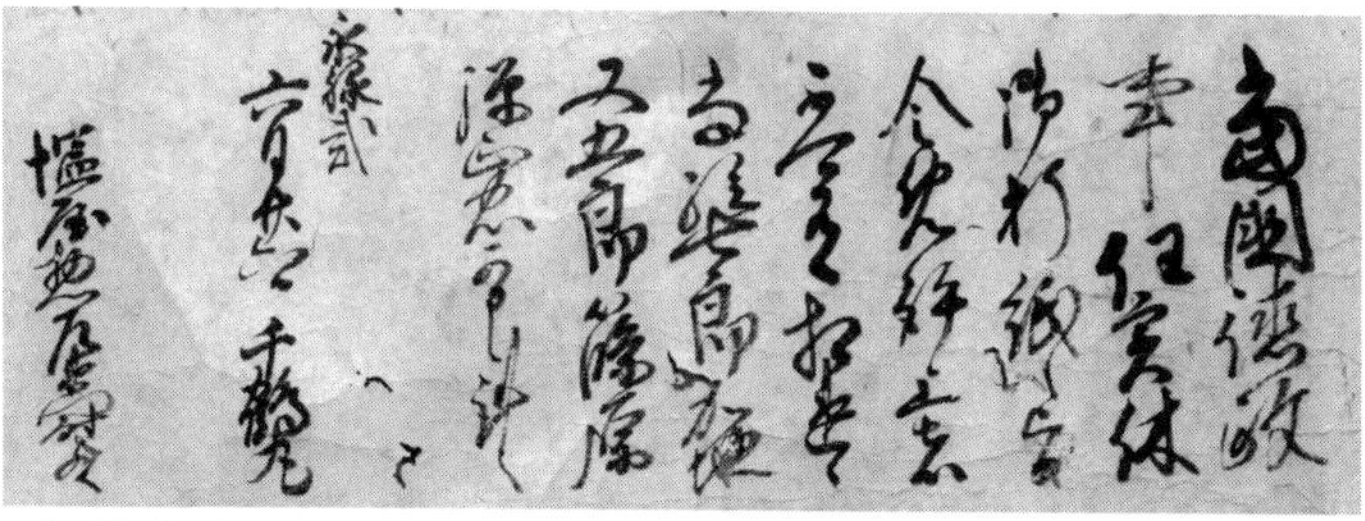

三好千鶴丸（長治）判物　木戸家蔵

永禄五年三月、和泉久米田《くめだ》（大阪府岸和田市）における畠山《はたけやま》・根来寺《ねごろでら》勢との合戦で、父実休は討ち死にを遂げる。同年十一月、阿波三好家の畿内における拠点となっていた河内高屋《たかや》城（大阪府羽曳野市）では、在番する武将九名が連署して諸事を誓約する契状が作成された（森田周作氏所蔵文書）。その中には、「若子様」（長治）が幼少のため、個人間のわだかまりを捨て、阿波三好家を第一に考えることを誓う条文がみられる。長治を結集核として実休死後の難局を乗り切ろうとする思惑とともに、わざわざ誓約が必要とされるほど、年若い長治の指導力が不安視されていたことも垣間見える。こうした家中の不安もあってのことだろう、以降の阿波三好家の実質的主導権は、実休時代からの重臣筆頭格である篠原長房が担うことになる。

永禄七年、畿内の三好本宗家では当主長慶が死去した。家督は養子義継《よしつぐ》に引き継がれるものの、永禄八年五月には三好本宗家の軍勢が将軍足利義輝《あしかがよしてる》の殺害に及ぶ「永禄の変」が発生するなど、畿内情勢は急速に混沌へと向かう。やがて本宗家内でも対立が生じ、同年冬には義継を推戴する三好三人衆陣営と、松永久秀《まつながひさひで》・久通《ひさみち》父子陣営に分かれ抗争が始まる。この分裂に際し、篠原長房は当初から三人衆陣営に加担していくが、彼の影響力拡大は本宗家

勝瑞城跡　徳島県藍住町

当主義継の反発を招き、永禄十年二月に義継が松永陣営に鞍替えするという事態を引き起こすこととなった。その混乱が続く同年三月、長治は初めて畿内へと渡海する（随心院文書）。おそらくは義継出奔による動揺を鎮めるため、阿波三好家と三人衆陣営の新たな推戴対象として招請されたのだろう。これに関し、天野忠幸は長治を当主として本宗家と阿波三好家の統合が模索された可能性を指摘している（天野二〇一三）。

渡海後の長治は、篠原長房が居城としていた摂津越水城《こしみず》（兵庫県西宮市）に滞在した後、同年十一月に和泉堺（堺市堺区）へと居所を移す（細川両家記）。このときには「細川讃州の御曹司」こと真之も一緒に移動しており、兄弟は同時に畿内へ呼ばれていたのだろう。ただし、幕臣大館《おおだち》氏が記した「永禄十一年日記」の正月六日条では、真之・長治が阿波から渡海したため使者を派遣する旨の記述がみられる。年頭を本拠地の阿波勝瑞《しょうずい》（徳島県藍住町）で過ごしたものとみられるが、このとき以外にも畿内と阿波を往還していた可能性も考えられよう。同年三月、長治は父実休の七周忌法要に際し、母小少将と共に堺の妙国寺《みょうこくじ》を訪れている（己行記）。なお、「永禄十一年日記」ではいまだ「千鶴」表記だった長治だが、「己行記」では「三好彦次郎《ひこじろう》」と仮名《けみょう》で記される。いずれも他称のため断定はできないものの、元服はこの頃と考えてよいのではないだろうか。

永禄十一年九月、永禄の変によって兄義輝が殺害された後、京都を脱出していた足利義昭《よしあき》が、織田《おだ》信《のぶ》長《なが》の後援を得て畿内へと帰還する。三好義継・松永久秀が義昭・信長に恭順する一方、対立する三好三人衆・阿波三好家は撤退を余儀なくされ、三好氏による畿内支配は崩壊した。細川真之・三好長治も、篠原長房に伴われ十月初頭に阿波へと帰還している〔細川両家記〕。

元亀の争乱から上桜合戦まで

義昭・信長に対する阿波三好家の本格的な反攻は、元亀元年（一五七〇）に開始される。七月、重臣三好康長を長治の名代として渡海した阿波三好勢は、三好三人衆与党や淡路・紀伊・讃岐の軍勢と共に、摂津野田《のだ》・福島《ふくしま》（大阪市福島区）に陣取った〔細川両家記〕。長治自身の渡海は九月末になってのことで、細川真之と共に五千の軍勢を率い、篠原長房・自遁に伴われて二十七日摂津兵庫津（神戸市兵庫区）に着陣、翌日には尼崎《あまがさき》（兵庫県尼崎市）へ移り、真之は本興寺《ほんこうじ》、長治は如来院《にょらいいん》を宿所とした〔細川両家記〕。十月十日には本興寺に禁制《きんぜい》を発給している〔本興寺文書〕。また、長治渡海の直前、畿内では大坂本願寺も三人衆・阿波三好家に与し義昭・信長と決別していた。本願寺宗主顕如《けんにょ》は、渡海した阿波勢の面々に十月一日付で音信を通じており、三好長治にも太刀・馬が贈られている〔顕如上人文案〕。

摂津における対陣はどちらも決定的な勝利を得られないまま、先立って信長・義昭陣営に属していた松永久秀の仲介により、年末に至って和睦が実現する。その条件は、松永久秀の娘を織田信長の養女とし、三好長治に嫁がせるという内容だった〔尋憲記〕。すなわちこの和睦は、義昭・信長陣営と三好氏陣営との対立終止と同時に、長らく続いた三好氏一門の内訌を融和に導く意味を含むものであった。和睦の成立後、長治ら阿波三好勢は元亀二年正月に四国へと下向し、畿内をめぐる戦争はひとまず終結を迎えることとなる。

下国後、阿波三好家は篠原長房の主導で西へと矛先を変え、同年五月には、かねて対立する安芸毛利氏の勢力圏だった備前児島《こじま》（岡山県倉敷市ほか）へと侵攻する。このとき、篠原勢は義昭・信長との和睦を「御宥免」と喧伝するも、当の義昭・信長側は毛利氏からの照会に対して和睦の事実はないと強弁し、この機に侵攻した阿波勢を撃滅するよう檄すら飛ばしている〔柳沢文書ほか〕。これとほぼ同時期の同年五月、畿内ではそれまで信長に恭順していた三好義継・松永久秀が、前年の和睦で取り込んだ旧三人衆勢力とともに義昭・信長を離反していた。そして篠原長房もまた、これ以降再び畿内へと出陣し、本宗家と協力のもと反幕府運動を繰り広げていくこととなる。和睦は一年を待たずに破綻した。和睦の条件となった長治と信長養女（久秀娘）との婚姻も実現した形跡は確認できず、和睦の破綻と共に立ち消えたとみるべきだろう。

元亀四年夏、阿波では重大な事件が起こる。阿波三好家を主導してきた篠原長房、そして彼の嫡子で長治の義兄とされる長重《ながしげ》が、居城の麻植《おえ》郡上桜《うえざくら》城（徳島県吉野川市）に籠城し、三好長治・細川真之の討伐を受ける「上桜合戦」の勃発である。同年五月十五日付で麻植郡山間部の土豪木屋平《こやだいら》氏に宛てた長治・真之の書状によれば、当時彼らは讃岐引田《ひけた》（香川県東かがわ市）にあり、十八日に上桜に到着するとしている〔松家家文書〕。長房父子との決別後、長治らはいったん淡路で態勢を整えたとみられ〔昔阿波物語〕、そこから海路引田に上陸したのだろう。長治らの着陣後、籠城戦はしばらく続いたとみられるが、翌月中旬までには落城し、長房・長重父子は城を枕に討ち死にを遂げた〔昔阿波物語、己行記〕。

長房粛清の理由については、冒頭で述べたように小少将の私怨とする説が古くから知られるが〔昔阿波物語など〕、信憑性は乏しい。周辺の情勢から照らせば、むしろ同年に生じた畿内政変の影響を想定すべきだろう。同年前半、畿内では足利義昭と織田信長の関係が決裂し、七月に義昭は京都を逐われる。この事態に、三好本宗家の義継・久秀は義昭に与して信長との対立姿勢をとる。一方、長治実弟の十河《そごう》存保《まさやす》は四月段階で織田氏に接触し、義継の居城河内若江《わかえ》城（大阪府東大阪市）の攻略を条件に河内半国付与を約束されている〔山崎文書〕。つまり、当時の三好氏は、信長への対応をめぐり分裂状態となっていた。

阿波の三好長治もまた、弟存保と同様に信長との融和を図っていた可能性は十分に想定されるが、その場合、本宗家と連携し信長との敵対路線を主導してきた篠原長房が強固に反発することは想像に難くない。こうした意見の対立から主従不和が生じ、やがて武力衝突につながったという解釈も成り立つのではないだろうか。

かくして、長治を後見し、阿波三好家の柱石となってきた篠原長房は排除された。また、同年末に織田勢は若江城を攻略し、三好義継の切腹によって三好本宗家も断絶している。結局、信長との和睦も実現に至らずに終わり、以降の阿波三好家は畿内と四国にまたがる版図を維持して生き残る道を模索していくのである。

畿内和平の成立

かつて阿波三好家が畿内の拠点としていた河内高屋城は、信長上洛以降は本来の守護畠山氏に還付されていた。しかし、元亀四年（天正元・一五七三）の畿内騒乱に際し、畠山氏重臣の遊佐信教《ゆざのぶのり》は主君秋高《あきたか》を殺害し、城を奪取する。このとき、阿波三好家の重臣三好康長は信教と結んで高屋城へと復帰し〔吉川家文書〕、以降、畿内における阿波三好家の活動は、信長勢との対峙も含めて康長が担うこととなる。

一方、阿波勝瑞の長治は、関心を再び西へと向ける。天正二年冬、瀬戸内海を隔てた備中では、それまで安芸毛利氏の麾下に属していた有力国衆三村元親《みむらもとちか》が、突如として毛利氏を離反しており、その背後には細川真之の勧誘があった〔由佐家文書〕。こうした行為を真之の独断とはみなし難く、背後には長治の意向を想定すべきだろう。そして長治の思惑は、九州の大友《おおとも》氏、備前の浦上《うらがみ》氏、山陰の尼子《あまご》再興勢力などで形成する包囲網に三村氏を取り込み、毛利氏勢力圏を切り崩すことにあったとみられる〔森脇二〇一六〕。

こうした状況下の天正三年四月、畿内では信長自身の率いる軍勢が河内に出陣し、高屋城を攻撃する。そして四月二十日ごろに至り、三好康長は高屋城を開城した〔信長記〕。従来、この高屋開城は康長の独断とみられてきた〔天野二〇一二ほか〕。しかし、開城後の五月下旬、三好長治は康長とともに籠城していた吉益《よします》氏に書状を送っており、その文面からは長治が信長との「和睦」を了承していたことがうかがえる〔畠山義昭氏所蔵文書〕。つまり、織田氏と和睦したのは康長単独ではなく、阿波三好家総体と解する必要があろう。

高屋城合戦の当時、備中では真之の調略で味方とした三村元親が、毛利氏の攻撃により居城の備中松山城（岡山県高梁市）に追い詰められ、阿波へと加勢を求めていた〔由佐家文書〕。長治は自らが仕掛けた毛利氏との対決に注力するため、信長との和睦を容認したものと思われる。備中松山城は同年五月に落城し、結果として備中出陣は実現しなかったものの、信長との和睦はその後も遵守されていく。

同年十月初頭、三好長治は堺妙国寺《みょうこくじ》の日珖《にちこう》らを阿波勝瑞に招き、浄土宗・真言宗と日蓮宗との宗論を行わせている〔己行記〕。この「勝瑞宗論」に関しては軍記でも取り上げられ、阿波に混乱を引き起こした失政とされることが多いが〔昔阿波物語など〕、それらの叙述には長治の不器量を強調する潤色が含まれるとの指摘もある〔長谷川二〇〇四〕。ここでは宗論の評価には立ち入らないが、畿内から憎を招くような大規模な宗論を挙行しえたのも、信長との和睦により阿波三好家を取り巻く情勢が安定したことと無関係ではないだろう。

他方、十月当時の畿内では三好康長、および高屋開城を信長に取り成した松井友閑《まついゆうかん》の仲介により、織田氏と大坂本願寺との和睦交渉が進められている〔信長記、南行雑録〕。阿波三好家が反信長陣営から離脱した後、大坂本願寺は上桜合戦の際に紀伊雑賀衆のもとへ亡命していた篠原松満丸（長房の遺児）を支持し、阿波・淡路への介入を試みていた〔本願寺史料研究所保管文書〕。阿波三好家としては、分国支配の動揺につながるこうした動きを抑止するため、信長との和睦に本願寺を巻き込む必要があったものと思われる〔森脇二〇二二〕。

なお、ほぼ同時期には淡路洲本《すもと》城（兵庫県洲本市）の安宅神五郎《あたぎじんごろう》も松井友閑に書状を送り、信長との和睦を申し出ている〔萩原文書〕。神五郎は実休の子息で長治・存保の兄弟にあたり、元亀年間ごろに安宅氏の名跡を継いでいた〔天野二〇一三〕。先の阿波三好家と織田氏の和睦に際しては、おそらく本願寺への配慮から表立って同調しなかったとみられるが、織田・本願寺間の和睦の動きを見て早々に追随したのだろう。長治にとって、織田・本願寺和睦の実現は、一門結束のためにも重要な意味を有していた。

天正三年十二月、康長・友閑の連署により、本願寺に対して赦免の起請文が発給される〔龍谷大学図書館所蔵文書〕。ここに、義昭追放以降、初めて畿内から織田氏の敵対勢力が一掃されることとなった。長治がこの畿内和平をどこまで主体的に構想していたかは定かでないが、結果として阿波三好家はその立役者の役割を果たすのである。

和平の破綻と長治の破滅

天正四年（一五七六）夏、畿内和平は半年を経ずして崩れ去る。再び信長に反抗して籠城の構えを見せた本願寺に対し、四月中旬には織田勢の攻撃が開始される〔信長記〕。本願寺の離反は、この直前に足利義昭が亡命先の紀伊から毛利氏分国の備後鞆《とも》（広島県福山市）へと下向し、毛利氏の取り込みを図ろうとしていた動きと連動するものだろう。その後、毛利氏は義昭の推戴を決断し、七月には本願寺への兵糧搬入のため水軍を派遣して、織田勢と摂津木津川口《きづがわぐち》で戦火を交えることとなる。

本願寺の離反に際し、畿内で活動していた三好康長は即座に信長への恭順姿勢を示し、五月三日の本願寺攻撃に参加している〔信長記〕。これに先立ち、康長は信長から知行の宛行・安堵を受けており〔徳川林政史研究所所蔵古案〕、信長直臣に加わったとみられる。その一方、阿波の三好長治は織田陣営、義昭・本願寺陣営のいずれにも加担する動きがみられない。水面下でいずれかの陣営との提携を模索していたのか、あるいは単に対応を逡巡したのかは不明だが、阿波三好家が主導した畿内和平の破綻と、三好康長が畿内の版図とともに家中を離脱したことは、長治の求心力に大きな影響を与えたと思われる。

そうした最中、長治の足元を揺るがす出来事が発生する。長年阿波三好家に推戴されてきた細川真之が、突如として勝瑞を出奔し、阿波南方の那西郡仁宇《にう》（徳島県那賀町）へと立て籠もるのである〔昔阿波物語〕。発生時期は、同年十月時点で毛利氏重臣小早川隆景《こばやかわたかかげ》が真之出奔の情報を入手していることか

三好長治の墓　徳島市・本行寺

ら〔福山志料所収渡辺家文書〕、秋頃とみられる。『昔阿波物語』は出奔理由を長治の専横への不満としているが、発生時期から考えれば背景に畿内和平の破綻と、その後の対応をめぐる対立が存在した可能性は高い。長治は真之の討伐を掲げ、仁宇への入口にあたる那東郡荒田野《あらたの》（徳島県阿南市）まで出陣するが、この決断が彼の身を滅ぼすことになる。出陣の最中、阿波三好家の重臣である伊沢《いざわ》越前守と、以西郡一宮《いちのみや》城（徳島市）を居城とする有力国衆で長治の従兄弟にあたる一宮成相《なりすけ》が、長治を離反し真之に加勢するのである〔昔阿波物語〕。

　敗北を喫した長治は、ひとまず勝瑞へと撤退した後、寵臣篠原長秀《ながひで》が拠る今切《いまぎれ》城（徳島市）に籠城した。しかし、一宮勢の攻囲を受けて長治らは退城を余儀なくされ、長秀は被官の裏切りに遭い横死、長治は紀伊水道に面する板東郡別宮浦《べっくうら》（徳島市、徳島県松茂町）へと落ち延びる。港津都市である別宮から畿内への逃亡を図ったものと思われるが、この地でも一宮勢に包囲され、命運尽きた長治はついに自刃して果てた〔昔阿波物語〕。命日は諸説あるが、『昔阿波物語』が伝える十二月二十七日説が穏当だろう〔田中一九九一〕。長治の死により、阿波三好家は後に十河存保が阿波に下向して再興するまで、一時断絶の時期を迎えることとなる。

（森脇崇文）

【主要参考文献】

天野忠幸「総論　阿波三好氏の系譜と動向」（同編『論集戦国大名と国衆10　阿波三好氏』岩田書院、二〇一二年）
天野忠幸「三好長治・存保・神五郎兄弟小考」（『鳴門史学』二六、二〇一三年）
天野忠幸『三好一族』（中央公論新社、二〇二一年）
岡林清水「解題」（土佐文学研究会編『注釈　元親記』土佐史談会、一九七二年）
田中省造「三好長治の自刃」（『郷土研究発表会紀要』三七、一九九一年）
長谷川賢二「天正の法華騒動と軍記の視線」（高橋啓先生退官記念論集編集委員会編『地域社会史への試み』原田印刷、二〇〇四年）
森脇崇文「天正初期の備作地域情勢と毛利・織田氏」（『ヒストリア』二五四、二〇一六年）
森脇崇文「天正三・四年の畿内情勢における阿波三好家の動向」（徳島地方史研究会編『阿波・歴史と民衆V　地域社会と権力・生活文化』和泉書院、二〇二一年）

十河存保（三好義堅）
——不屈の闘将、阿波三好家最後の当主

十河氏当主として畿内各地を転戦

十河存保《そごうまさやす》（三好義堅《みよしよしかた》）は三好実休《じっきゅう》の次男で、阿波三好家および讃岐十河家の最後の当主である。幼名は千松丸、通称は孫六郎で、官途については系図類で民部少輔《みんぶのしょう》や河内守《かわちのかみ》とあるが、一次史料では確認できない。実名は十河存康《まさやす》、三好存康、三好義堅、十河存保と変遷している。法名は真光院義堅実存《しんこういんぎけんじつぞん》とされる。煩雑になるため最後の名乗りである存保で通したい。

永禄五年（一五六二）に父実休が討ち死にしたとき、存保はまだ九歳であった。史料上の初見は永禄八年で、「十河千松」として、三月に母や家臣と、六月に十河又五郎・窪《くぼ》孫十郎ら家臣と堺妙国寺《みょうこくじ》（堺市堺区）を訪れ、住持の日珖《にっこう》より法を受けている〔己行記〕。永禄六年に従兄弟の十河重存《しげまさ》（のちの三好義継《よしつぐ》）が三好本宗家の家督後継者となった際に、十河氏家督を継承したのであろう。和泉支配を任されていた叔父十河一存《かずまさ》の頃から十河氏は畿内を中心に活動しており、存保の前半生も畿内が舞台となった。

永禄七年の三好長慶《ながよし》死後、三好本宗家は三好義継・三好三人衆と松永久秀《まつながひさひで》とが対立する内訌に突入する。この争乱で存保は、阿波三好家当主の兄長治《ながはる》とともに義継・三人衆方に味方した。永禄九年二月に

河内高屋城《たかや》（大阪府羽曳野市）を出撃した阿波三好勢は、和泉上野芝《うえのしば》（堺市西区）で松永久秀方の畠山《はたけやま》勢に勝利した。この際、「十河千松丸手」が首級四つを挙げている〔細川両家記〕。存保自身の手柄ではないだろうが、一手を率いて戦闘を経験したことは間違いない。時に十三歳である。少年期からの実戦経験は、劣勢に動じない姿勢を培ったことであろう。

永禄十一年三月、父実休の七周忌のため母とともに堺妙国寺を訪れた際には、「十河孫六郎」と記されており元服を果たしている〔己行記〕。この年九月に織田信長《おだのぶなが》が足利義昭《あしかがよしあき》を擁して上洛を遂げ、三好三人衆や阿波三好勢は撤退を余儀なくされた。存保の去就は不明だが、翌年の本圀寺《ほんこくじ》合戦に参加した様子が確認できないことから、本国讃岐に帰国して態勢を調えていたと考えられる。

元亀元年（一五七〇）七月、阿波三好氏は淡路の安宅神太郎《あたぎじんたろう》を味方につけて、三人衆勢とともに和泉へ渡海、摂津中島天満森《なかじまてんまもり》（大阪市北区）に着陣して野田《のだ》・福島《ふくしま》（同福島区）の両城を普請した〔細川両家記〕。これには十河勢も加わっており、存保は東福寺《とうふくじ》に禁制《きんぜい》を出している〔東福寺文書〕。八月には野田・福島に三人衆・阿波三好勢・十河勢・安宅勢などが籠城し、足利義昭勢・織田勢と対峙した〔信長記〕。

翌元亀二年正月には、三好方に与同していた南山城の狛秀綱《こまひでつな》と音信を交わしている。この際、「十河孫六郎存康」を名乗っており〔狛文書〕、十河氏の通字「存」を冠した存康を実名としていたことが判明する。十月中旬、存保は三人衆・阿波三好方に合流した松永久秀や松山氏《まつやま》とともに河内牧（大阪府枚方市）・交野《かたの》（同交野市）に在陣し、淀川《よどがわ》を渡って摂津高槻《たかつき》（同高槻市）から茨木《いばらぎ》（同茨木市）、池田《いけだ》（同池田市）へ侵攻する動きを示している〔福地源一郎氏所蔵文書〕。存保は阿波三好勢の一翼を担い足利義昭・織田信長方に対峙していた。

阿波三好家の一翼として畿内の抗争を戦う

元亀四年（天正元年、一五七三）に入って足利義昭と織田信長が対立すると、阿波三好家の去就にも変化が生じた。四月に存保は従兄弟の松浦《まつら》肥前守（十河一存の子）を通じて織田信長に接近し、足利義昭方となった三好義継が拠る河内若江《わかえ》城（大阪府東大阪市）の攻略を申し出ている。その際、即時の攻略であれば河内半国の義継領と摂津欠郡《かけのこおり》を、長期戦に持ち込んで開城させた場合は河内半国を領知してもらうよう契約を交している〔山崎文書〕。

一方、阿波では五月頃に三好長治が対織田戦を主導してきた重臣の篠原長房《しのはらながふさ》を滅亡させている。阿波三好家は足利義昭との対決姿勢を維持して、織田氏に接近する外交方針に転換したのである。しかし、信長は存保の力を借りることなく三好義継を滅ぼし、阿波三好家と敵対していた毛利《もうり》氏との関係を重視して阿波三好家を許容しない方針を示した。そのため、阿波三好家は足利義昭方に合流することとなる。

翌天正二年八月、存保は武田勝頼《たけだかつより》の重臣で外交を担当していた穴山信君《あなやまのぶただ》に書状を送り、美濃・尾張への軍事行動を要望し、本願寺《ほんがんじ》や足利義昭との連携を伝えている〔於曽根文書〕。この書状で存保は「三好孫六郎存康」を名乗っており、滅亡した三好本宗家を継承しようとしたと評価されている〔天野二〇二一〕。もっとも、穴山信君は「武田玄蕃頭」と称される武田氏一門であるから、存保も三好氏一門として交渉にあたっていたとも考えられよう。存保は兄の方針に合わせて、畿内における阿波三好家の責任者として他家との外交を担当していたのであろう。

しかし、天正三年四月、堺と河内高屋城をつなぐ重要拠点である新堀城《しんぼり》（堺市北区）が織田勢によって攻略され、香西《こうざい》越後・十河因幡・十河越中・十河左馬允・三木《みき》五郎大夫・藤岡《ふじおか》五郎兵衛・東村《ひがしむら》大和・東村備後など十河氏家臣を多く含む「究竟の侍百七十」が討ち死にした〔信長記〕。孤立した高屋城の三好康長《やすなが》は開城し、毛利氏との戦争に注力したい三好長治も信長との和睦に応じた。多くの家臣を失った存保の軍事行動は見えなくなり、天正五年五月末に母が死去して堺妙国寺を訪れたのが、畿内における活動の最後である〔己行記〕。

阿波三好家の再興

天正四年（一五七六）、足利義昭を保護した毛利氏と織田氏との戦争が勃発する中、三好長治は阿波守護家細川真之《ほそかわさねゆき》と対立して十二月に敗死する。翌年の阿波は、長治を死に追いやって織田方に与同した一宮成相《いちのみやなりすけ》らと、毛利方に与する矢野房村《やのふさむら》・篠原自遁《じとん》らの二勢力が対立する内乱に突入する。矢野房村らは雑賀衆《さいかしゅう》の加勢を得て一宮城《いちのみや》（徳島市）を攻略し、一宮成相を山間部の焼山寺《しょうさんじ》（徳島県神山町）に逐った。さらに、閏七月に毛利氏が讃岐元吉《もとよし》合戦で讃岐惣国衆《そうこく》に勝利すると、矢野房村らは十一月に毛利氏と参会を遂げた。阿波・讃岐で毛利方勢力が拡大する情勢において、存保は矢野房村らによって新たな阿波三好家当主として迎えられることとなる。

　天正六年正月、存保は阿波勝瑞《しょうずい》（徳島県藍住町）に入城した〔昔阿波物語〕。入国前後に足利義昭の偏諱《へんき》を得て「義堅」を名乗ったと考えられる。毛利方として阿波三好家を再興することとなった存保であったが、前途は多難であった。毛利方優勢とはいえ国内は分裂したままであり、北部の吉野川《よしのがわ》中・下流域及び南部の那賀川《なかがわ》下流域は阿波三好氏が確保していたものの、山間地域を中心に一宮成相ら反三好方が割拠し、那賀川中流域の仁宇《にう》（同那賀町）には反三好方の求心力となりうる細川真之が存在していた。さらに、阿波南部の海部《かいふ》（同海陽町）を攻略し、西部では大西覚用《おおにしかくよう》を与同させていた長宗我部《ちょうそかべ》元親《もとちか》が阿波三好家の再興により、阿波進出の大義名分を失って、細川真之・一宮成相ら反三好勢力と結び織田方に転じてしまう。

　存保はこのような状況で積極的な攻勢に出た。勝瑞周辺に接近した敵勢を撃退するだけでなく、阿波南部桑野《くわの》（徳島県阿南市）への進軍、西部の岩倉《いわくら》城（同美馬市）攻撃など反三好方を圧迫した。長宗我部氏との戦いでは、重清《しげきよ》城（同美馬市）を奪還して城将の大西頼武《よりたけ》を討ち、讃岐においては讃岐衆を総動員して、長宗我部氏に与同した藤目《ふじめ》城（香川県観音寺市）を攻略した。存保の反攻によって、十月頃には大西覚用が長宗我部氏から離反する動きを見せている〔仏光寺文書・昔阿波物語・元親記〕。

　存保の入国段階で、阿波三好氏には単独で敵対勢力を屈服させる軍事力が残されていなかったが、存保は毛利氏の影響下にある讃岐国衆を動員し、雑賀衆や淡路衆の加勢を最大限に活用することで戦況を優位に導き、入国初年に頻繁に能を催すことができるほど情勢を安定させることに成功した〔昔阿波物語〕。

岩倉合戦と讃岐退転

天正七年（一五七九）に入ると、阿波三好氏をめぐる情勢は不利に傾いていく。大西覚用が長宗我部氏に滅ぼされ、讃岐西部の香川信景《かがわのぶかげ》が長宗我部氏に与同して、讃岐中部に長宗我部氏が侵攻するようになった。さらに十二月下旬には、内応を申し出た岩倉城を接収すべく出陣した矢野房村・三好越後守・森《もり》飛騨守ら重臣が岩倉衆の奇襲攻撃を受けて討ち死にしてしまう。これにより逼塞していた一宮成相が一宮城に復帰し、反三好方の攻勢が強まる。岩倉の敗戦は痛手であったが、存保の戦意は衰えていなかった。翌八年正月一日には敗戦の報を聞いて加勢を申し出た雑賀衆の穂出五郎右衛門尉に対して、「敵が侵攻してくれば決戦に及んで討ち果たす」と旺盛な戦意を示し、加勢を期待している〔藩中古文書穂出五郎左衛門蔵〕。

ところが、同じ日の勝瑞では一宮成相方の夷山《えびすやま》城主（徳島市）庄野《しょうの》和泉守が篠原右京進家臣の庄野右近を調略していた。これを聞いた存保は、三日に勝瑞から讃岐へ出奔した。勝瑞には一宮勢が迫っており、篠原右京進は一宮成相に与同した〔昔阿波物語〕。存保は一宮勢に対して、雑賀衆の加勢を得て撃破するつもりであった。しかし、一宮勢を迎撃中に篠原右京進が裏切れば勝利は見込めなくなる。そのため讃岐に退いて態勢を立て直そうとしたのであろう。畿内での活動が長かったとはいえ、おおよそ二十年家督を継承していた十河氏の本拠がある讃岐のほうが阿波よりも支持基盤が強固であった。地理上は毛利氏の支援も期待できたが、この頃の毛利氏は宇喜多直家《うきたなおいえ》が離反して以来劣勢に追い込まれており、孤立した存保は九月頃には羽柴秀吉《はしばひでよし》の調略に応じる姿勢を見せている〔大阪城天守閣所蔵文書〕。

やがて存保の拠る十河城（高松市）は、国衆羽床《はゆか》氏の羽床城（香川県綾川町）とともに長宗我部勢に包囲される。ここで存保の危機を救う事件が発生した。八月に大坂本願寺を退去していた牢人衆が、雑賀衆・淡路衆と共同して阿波に渡海し勝瑞を占拠したのである。続いて牢人衆らは一宮城を包囲したため、長宗我部勢はこれを救援するべく十河・羽床両城の攻撃を中断して阿波へ転進した。これにより一宮城の包囲は解かれたが、阿波南部牛岐《うしき》（徳島県阿南市）の新開道善《しんがいどうぜん》などが長宗我部氏に敵対する姿勢を顕わにした〔吉田文書〕。長宗我部方優勢となっていた阿波の情勢は一変し、篠原右京進が存保のもとへ帰参して、天正九年正月には存保の阿波帰国が実現する〔昔阿波物語〕。

阿波への帰国と織田氏への服属

態勢を立て直した存保は、雑賀衆・淡路衆の加勢を得て反攻に転じ、一宮城を包囲した。九月初旬、長宗我部氏重臣の久武親直《ひさたけちかなお》率いる三万の軍勢が阿波西部から救援に来たため、雑賀衆は撤退した。一宮勢が中富表《なかとみおもて》（徳島県藍住町・板野町）まで追撃に出たが、存保は雑賀衆・淡路田村《たむら》勢を率いて篠原自遁勢とともにこれを撃破し、黒田原《くろだはら》（徳島市）へ逐った。同所に到着した長宗我部勢は付城《つけじろ》を築いた上で、一宮城へ番手《ばんて》を残して帰国している〔松家家文書、昔阿波物語〕。

これより前のことと思われるが、『昔阿波物語』には次のような逸話も記されている。一宮に在番していた長宗我部勢七千が三好方の轟城《とどろき》（徳島県石井町）を包囲した。存保は後巻《うしろまき》に出ようとしたが手勢は千人に満たなかった。そのため、町人や百姓も動員して二千ほどで出陣し、峰伝いに進軍して長宗我部勢と谷を挟んで鉄炮戦に及んだ。その晩、夜陰に乗じて城兵が敵陣へ夜襲をかけ、長宗我部勢を敗走させた。

存保は、雑賀衆や淡路衆の加勢を得て積極的に攻勢に出るだけでなく、少勢であっても与同勢力の救援を厭わなかった。このような姿勢が与同国衆の信望を得て、粘り強く長宗我部氏に対抗できたのであろう。一方で、勝瑞周辺に横行する盗賊を取り締まろうとしておらず〔昔阿波物語〕、軍事的緊張下にあったとはいえ内政面には課題もあった。

十一月下旬、淡路が織田勢に制圧され、織田氏に服属して阿波・讃岐の調略を担っていた三好康長に両国の攻略が任された。正面の長宗我部氏に加えて、背後を織田氏に脅かされることになった存保に選択の余地はなかった。遅くとも翌年初めまでに康長を通じて織田氏に服属したものと考えられる。存保の服属は織田氏と長宗我部氏の国分問題を本格化させ、両者の対立につながっていく。

中富川の戦いと勝瑞籠城

天正十年（一五八二）五月、三好康長の軍勢が勝瑞に入城すると、長宗我部氏に与同していた国衆たちは織田氏に帰順し、長宗我部勢は土佐に近い牟岐《むぎ》（徳島県牟岐町）まで後退を余儀なくされた。しかし、本能寺の変の勃発により康長らは畿内に撤退し、存保と長宗我部氏との対立構図が復活する。

だが、存保は単独で長宗我部氏に対抗しようとしていたわけではなかった。八月までに存保は、羽柴秀吉に淡路の「阿波家領（阿波三好領）」を進上して服属を申し出ていた〔改撰仙石家譜〕。織田権力で最大勢力となっていた秀吉から加勢を得ようとしたのである。まず、秀吉側近の細井新介《ほそいしんすけ》が存保のもとへ派遣されたが〔篠原文書〕、加勢が本格化する前の八月下旬に長宗我部元親が二万を超える大軍を率いて勝瑞への進攻を開始した。一方、阿波三好勢は千程度であったという。同月二十八日、少勢ながらも迎撃に出陣した阿波三好勢は、中富川を渡り始めた長宗我部勢と戦闘に及んだ。しかし、戦力差はいかんともしがたく、矢野伯耆守をはじめとする家臣団や国衆の多くが戦死した。存保も討ち死にの覚悟を決めたが、重臣の東村政定《まささだ》の意見を聞き入れて、勝瑞に撤退した。存保は広大な堀や土塁を有する区画の築造など勝瑞の要塞化を進めていたが、援軍なくして勝利は見込めなかった。

籠城を余儀なくされた存保を救援すべく秀吉は、淡路から軍勢を渡海させるよう命じた。しかし、羽柴勢の渡海は沿岸部の木津《きづ》や土佐泊《とさどまり》（ともに鳴門市）に留まり、九月上旬に吉野川が大氾濫した際に土佐泊の船が兵糧などを勝瑞に補給したものの、まとまった軍勢が入城するには至らなかった。結局、洪水が収まったところで存保は、長宗我部氏の縁戚となっていた桑野の東条《とうじょう》関兵衛を通じて和睦を申し入れ、九月二十一日に東讃岐の虎丸《とらまる》城（香川県東かがわ市）に退いた〔昔阿波物語、三好記、元親記、長元物語〕。

勝瑞攻略後、岩倉城も開城させた長宗我部勢は讃岐に兵を進め、存保の一族隼人佐が留守を預かっていた十河城を包囲し、城の北東の平木《ひらき》（三木町）に付城を築いて撤退した〔元親記〕。

虎丸城跡　香川県東かがわ市　撮影：筆者

十河氏当主として讃岐で抵抗

讃岐退転後の存保は、東讃岐の有力国衆安富《やすとみ》氏とともに仙石秀久《せんごくひでひさ》の加勢を得ながら長宗我部氏への抵抗を続けた。天正十一年（一五八三）二月、存保は野原《のはら》（高松市）にあった興正寺《こうしょうじ》の十河城近くへの移転・再興の申し出を承認している〔興正寺文書〕。この際に「存保」の名乗りが確認できる。阿波を失った存保は、阿波三好家当主「三好義堅」から「十河存保」に名を改め、讃岐国衆十河家の当主として地域支配の強化を目指したのである。

同月には、十河城と安富氏の雨滝《あめたき》城（香川県さぬき市）をつなぐ位置にある石田《いしだ》城（同さぬき市）が攻撃を受け〔秋山家文書〕、やがて虎丸城も包囲された。これを救援すべく仙石秀久は四月に引田《ひけた》（同東かがわ市）に上陸し、長宗我部勢と戦闘に及び損害を与えたが敗退した〔元親記〕。しかし、十月に秀久は再び引田に着陣し、十河勢・安富勢と合流、十二月初旬には阿波に侵攻して勝瑞北西の川端城《かわばたじょう》（徳島県板野町）を攻撃している〔改撰仙石家譜、篠原文書〕。

一方で、十河城周辺では劣勢が続いていた。十月頃には十河城西の三谷城《みたにじょう》（高松市）が長宗我部方の由佐《ゆさ》氏によって攻略され、十一月中旬には十河城に迫った長宗我部勢を坂本河原《さかもとがわら》（高松市）で迎え撃ったが、十河勢が多く討ち死にしてしまう〔由佐家文書〕。

この間の存保の居所は不明であるが、窮地に陥った本拠十河城へ入城し、天正十二年春に予定されていた秀吉の出馬まで持ちこたえようとしたと思われる。しかし、三月の小牧《こまき》・長久手《ながくて》の開戦によってそれは実現せず、またしても存保は独力で長宗我部氏に対峙することとなった。

五月中頃の十河表での合戦後〔漆原家系譜所収文書〕、十河城は長宗我部勢に包囲された。存保は包囲される前夜に城を脱出しており、六月中旬までに十河城は落城した〔香宗我部家伝証文〕。城代の隼人佐が開城を申し出て、城兵は秀吉の勢力圏である備前へ逃れていった〔元親記〕。秀吉は十河へ兵糧補給のため宇喜多勢や仙石秀久を派遣していたが、間に合わなかった〔竹内文書〕。

再び虎丸城に籠もることとなった存保は、大内郡《おおちぐん》に進攻した長宗我部元親の攻撃を受けたが、これを退けた〔長元記〕。年末には存保が秀吉に書状と蜜柑を送っており、軍事的危機から脱していた様子をうかがうことができる〔個人蔵文書〕。羽柴勢の救援が間に合わないと判断した存保は、堅固な縄張で防御に優れた山城である虎丸城に退去して抗戦を継続する道を選んだのである。

天正十三年六月下旬、待望の秀吉による四国出兵が行われ、八月に長宗我部元親は降伏した。この戦いで存保が果たした役割は定かではないが、戦後処理（四国国分《くにわけ》）において存保は、安富氏とともに讃岐に入部した仙石秀久の与力となった〔毛利家旧蔵文書〕。石高は三万石〔長元物語〕、あるいは二万石で〔系図纂要〕、十河城北方の前田東城《まえだひがし》（高松市）が新たな支配の拠点として築かれたと推定されている。十河城のある山田郡《やまだ》を領知したのであろう。存保は阿波入国以来居所を変転させながら戦い続けた結果、阿波を失ったものの讃岐の小大名として存続することに成功したのである。

戸次川に散る

新たな居城が完成する前に存保は次の戦いに動員された。天正十四年（一八五六）九月、島津氏《しまづ》の侵攻を受けていた大友氏《おおとも》を救援するため、存保は仙石秀久に従って長宗我部勢とともに豊後に渡海した。秀吉からは再三にわたって、阿波・淡路勢の到着まで陣を堅め戦端を開かないよう厳命されていた。しかし、秀久は島津勢に包囲された鶴賀城《つるが》（大分市）を救援すべく、大友勢とともに後巻に戸次川まで陣を進めた。これに対し、島津家久《いえひさ》は城の包囲を解いて戸次川《へつぎがわ》を挟んで仙石勢と対峙した。

『改撰仙石家譜《かいせんせんごくかふ》』によれば、軍議において存保は、もし島津勢が渡河すれば一戦に及び、そうでなけ

戸次川古戦場跡　大分市

れば秀吉の命に従って増援を待つべきと発言し、長宗我部元親もこれに同意した。劣勢での戦いを強いられてきた存保からすれば、加勢が確実な情勢において、あえて少勢で戦う危険を犯す必要はなかった。しかし、仙石秀久は鶴賀城救援を主張した。寄親《よりおや》である秀久に強硬に異を唱えるのは難しく、ましてや存保にとって秀久は数年にわたって加勢を続けてもらった関係があった。

　存保は五百の兵を率いて、他の讃岐国衆の五百とともに先手として出陣した。初戦は羽柴方の勝利であったが、仙石覚右衛門や存保は伏兵の存在を察知して深入りしないよう仙石秀久に進言した。だが、秀久は敵に猶予を与えてはならないと主張して渡河を命じた。全軍が川を渡って敵を追撃したところ、案の定伏兵に襲われ十河勢・長宗我部信親《のぶちか》勢は総崩れとなった。敗戦の責任を感じた存保は、信親とともに反攻に出て討ち死にした。享年三十三。敗戦に及んで存保が選んだのは前線での死であった。中富川の戦いでも同様の覚悟を決めていたが、今度はそれを諫める家臣はいなかった。二十年に及んで戦陣をくぐり抜け生き延びてきた闘将の武運は尽きたのであった。

　存保の死後、幼主を擁する十河家は与力大名として存続を認められなかった。存保と運命を共にした将の中には阿波三好家家臣の矢野氏・川村《かわむら》氏の名が見え、安富氏や羽床氏ら讃岐国衆の多くも討ち死にした。阿波と讃岐の中世は、存保とともに戸次川で終焉を迎えたのである。

（中平景介）

【主要参考文献】

天野忠幸「三好長治・存保・神五郎小考」（『鳴門史学』二六、二〇一三年）
天野忠幸『三好一族』（中央公論新社、二〇二一年）
石井伸夫・仁木宏編『守護所・戦国城下町の構造と社会　阿波国勝瑞』（思文閣出版、二〇一七年）
中平景介「天正前期の阿波をめぐる政治情勢―三好存保の動向を中心に―」（『戦国史研究』六六、二〇一三年）
中平景介「天正前期の阿波・讃岐と織田・長宗我部関係―四国国分論の前提として―」（橋詰茂編『戦国・近世初期　西と東の地域社会』岩田書院、二〇一九年）
森脇崇文「天正七年阿波岩倉城合戦の歴史的意義―三好・長宗我部戦争の転換点をめぐる考察」（石井伸夫・重見高博・長谷川賢二編著『戦国期阿波国のいくさ・信仰・都市』戎光祥出版、二〇二一年）
『香川県中世城館跡分布調査報告』（香川県教育委員会、二〇〇三年）

三好康長
——阿波三好家の顔役から信長の四国経略の責任者へ

康長の登場

三好康長《みよしやすなが》は、三好長慶《ながよし》の弟にあたる三好実休《じっきゅう》の系統を歴代当主とし、四国東部から畿内南部にかけて勢力圏を誇った阿波三好家の重臣である。後には阿波三好家を離れ、織田信長《おだのぶなが》に仕えたことでも知られている。康長の素性については、実のところ不明な部分が多い。若年期を物語る史料は皆無といってよく、美馬《みま》郡岩倉《いわくら》(徳島県美馬市)に知行を有したことが軍記類でわずかに知れる程度だが〔昔阿波物語〕、これさえ本領か否かは定かでない。また、系図上では三好長秀《ながひで》の子(元長《もとなが》の弟、長慶・実休の叔父)とされるが〔阿州三好系図〕、同時代史料では確認できない。永正六年(一五〇九)に没した長秀の子とすると、史料に見える康長の活動時期は不自然に遅く、有力一門で康長と同じ受領《ずりょう》名「山城守《やましろのかみ》」を用いた三好一秀《かずひで》(享禄五年・一五三二没)の子とみる説もある〔天野二〇一二〕。

永禄元年(一五五八)、三好長慶に排斥されていた将軍足利義輝《あしかがよしてる》が、近江六角《ろっかく》氏などの支援を得て畿内に侵攻した争乱に際し、阿波からの援軍に「三好孫七郎《まごしちろう》康長」の名前が見えるのが康長の活動初見である。先陣として千余騎を率いる康長は、八月初旬に摂津兵庫津《ひょうごのつ》(神戸市兵庫区)に上陸した後、尼《あまが》崎《さき》（兵庫県尼崎市）に布陣し、芥川城《あくたがわ》（大阪府高槻市）で長慶と面談するなど、実休到着まで阿波勢の代表を務めている〔細川両家記〕。その後、阿波勢は九月に和泉堺（堺市堺区）へと移り、十一月末の義輝・長慶の和睦を受けて年末に阿波へ下国する〔細川両家記〕。なお、康長は堺滞在中の十二月十日、実休とともに津田宗達《つだそうたつ》の茶会に参加している〔宗達自会記〕。実休の茶の湯への傾倒はよく知られるところだが、康長も深く茶の湯を嗜んでいたとみられ、たびたび茶会記に名前が見受けられる。

永禄二年六月、阿波では実休の嫡子千鶴丸《せんつるまる》（後の長治《ながはる》）が塩屋《しおや》惣左衛門尉に徳政《とくせい》免除の判物《はんもつ》を発給するが、康長はこれに加地盛時《かじもりとき》・篠原実長《しのはらさねなが》（自遁《じとん》）と連署で副状《そえじょう》を発給している〔木戸太平氏所蔵文書〕。幼少の千鶴丸の文書発給は、阿波を離れがちな実休の権限を分掌するものとみられ、康長らは目付役として付されていたのだろう。また、永禄三年三月には摂津難波《なんば》（大阪市）に渡海し、堺で長慶と会談した〔細川両家記〕。その目的は、長慶と実休の関係が険悪となったため、和解を図ったものとされている。こうした事績からは、長慶・実休の信頼を受ける有力一門としての立場がうかがい知れよう。

永禄三年夏、三好実休は兄長慶と連携し、敵対姿勢をとる畠山高政《はたけやまたかまさ》の分国河内へと侵攻を開始する。同年六月、康長は河内富田林《とんだばやし》（大阪府富田林市）の興正寺《こうしょうじ》別院に禁制《きんぜい》を発給しており〔杉山家文書所収興正寺由緒抜〕、河内に在陣していたことは間違いない。なお、この禁制に康長は「山城守」と署判しており、前年六月以降のいずれかの時点で受領名を名乗り始めていたと思われる。河内出兵は同年十月に至って決着し、紀伊へ退去した畠山高政に代わって南河内は阿波三好家が領するところとなる。以降、実休は守護所高屋城《たかや》（同羽曳野市）を自身の居所とするが、康長も実休に従って高屋城に常駐していたと思しい。永禄四年六月には、富田林の興正寺別院に特権承認の文書を発給するなど〔杉山家文書所収河州石川郡富田林御坊御禁制書其外諸証拠書写〕、基本的に実休に近侍した活動を行っていたことが確認される。

高屋衆の統率者

永禄四年（一五六一）秋ごろより、畠山高政は河内奪回のため、紀伊根来寺《ねごろでら》（和歌山県岩出市）勢とともに和泉へと侵攻しはじめる。これに対し、阿波三好勢もまた和泉に出陣するが、そこには康長も加わっていた〔細川両家記〕。翌年三月五日、両勢は和泉久米田《くめだ》（大阪府岸和田市）で激突する。合戦は当初、康長らの活躍で三好勢優位に進んでいたが、本陣の防御が手薄となった隙を畠山勢に突かれ、総大将の実休が討ち取られてしまう。結果、三好勢は総崩れとなり、康長も堺を経て阿波へと撤退した〔細川両家記、昔阿波物語〕。

阿波三好家の反攻は、同年五月に開始される。康長は阿波勢を率いて渡海し、同月二十日には河内教興寺《きょうこうじ》（大阪府八尾市）における合戦で畠山・根来寺勢に大勝した。これにより、畠山氏に取り返されていた高屋城にも再び阿波三好家が入城する〔細川両家記〕。

同年十一月、康長をはじめ高屋城に在番する武将九名は、諸々の取り決めを相互に誓約した契状を作

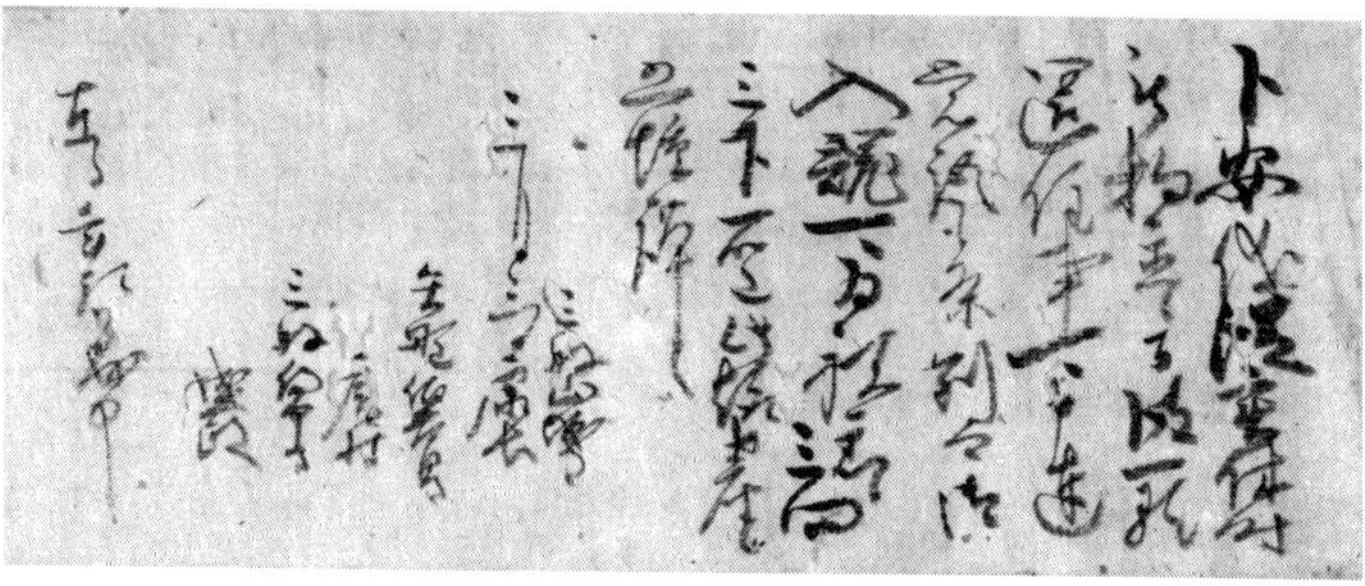

三好康長等連署書状案　「東寺百合文書」　京都府立京都学・歴彩館蔵

成する〔森田周作氏所蔵文書〕。その中には、諸公物の算用を康長が行う旨の条文があり、彼が諸税徴収の責任者だったことがわかる。これは実休没後の南河内において、康長が筆頭的立場にあったことを示していよう。後の永禄十年ごろには、康長に矢野《や の》虎村《とらむら》・三好盛政《もりまさ》を加えた三者が連署で意思表示を行う事例が現れてくるが〔東寺百合文書ほか〕、その後も「三山《(三好康長)》其外高屋衆」との表現が見られるなど〔福地源一郎氏所蔵文書〕、康長の筆頭的立場に変化はなかったとみられる。

　永禄七年に本宗家の長慶が没すると、家督は養子の義継《よしつぐ》が継承する。その義継のもと、三好本宗家は永禄八年五月、将軍義輝を殺害する「永禄の変」を引き起こした。変の発生後、康長は堺で本宗家重臣の三好長《なが》逸《やす》・同宗渭《そうい》らと合議を持っている〔東山御文庫所蔵文書〕。阿波三好家の代表として、変の事後処理を協議していたのだろう。

　同年冬、三好本宗家は家中内部の対立から、当主義継を推戴する三好三人衆（三好長逸・同宗渭・石成友通《いわなりともみち》）陣営と、松永久秀《まつながひさひで》・久通《ひさみち》陣営に分裂した。康長ら阿波三好家は当初から一貫して三人衆陣営に属し、義継の居所は高屋城へと移された〔細川両家記〕。永禄九年二月、松永久秀に呼応した畠山高政が挙兵すると、三好義継は高屋城から出陣し、和泉上芝（堺市西区）でこれを撃破した。合戦には康長ら阿波勢も参陣し、一六七の首級をあげている〔細川両家記〕。また、五月に松永久秀らの軍勢が堺に集結した際にも、康長は義継勢の一翼として堺の包囲に加わり、最終的に松永勢を追い落とすことに貢献した〔細川両家記〕。さらに翌六月には阿波三好家重臣の篠原長房《ながふさ》が四国から渡海し、秋にかけ摂津の諸城を攻略するなど〔細川両家記〕、阿波三好家の支援を得た三人衆陣営は大きく優位に立つこととなる。

ところが永禄十年二月、出陣を装って高屋城を抜け出した三好義継が松永陣営に身を投じたことで、戦況は混迷する。理由は不明だが、三人衆陣営における阿波三好家の発言力拡大と、同家が主導する「阿波公方」（阿波に流寓していた足利将軍家の一流）擁立路線に対する反発とする見解もある〔天野二〇一二〕。同年四月、三人衆勢は大和に出陣し、五月には康長もこれに加わる〔多聞院日記〕。軍事行動は十月まで続くが、康長が帰還した時期は定かでない。十一月には河内にあり、招提寺《しょうだいじ》（大阪府枚方市）に篠原長房と連署で禁制を発給している〔河端昌治氏所蔵文書〕。なお、康長はこの永禄十年十月ごろに出家している。以降、「咲岩斎《しょうがんさい》」を号するようになるものの、発給文書の署判では引き続き実名「康長」を用いており〔法隆寺文書ほか〕、正式な戒名は不明である。

永禄十一年二月、三人衆・阿波三好家が推戴する阿波公方家の足利義栄《よしひで》が将軍位に就く。その祝宴とみられる宴席が同月末に堺で催され、康長も出席している〔宗及自会記〕。その後は再び大和方面をうかがっており、三月には大和国人十市《とおち》氏と連携〔波多野幸彦氏所蔵文書〕、六月には松永陣営の細川藤賢《ほそかわふじかた》が拠る信貴山《しぎさん》城（奈良県平群町）を攻略した〔細川両家記〕。九月初旬には三千の軍勢を率いて奈良（奈良市）へと侵攻するが〔多聞院日記〕、松永陣営と雌雄を決するには至らず撤退している。

そうした状況下、永禄の変後に畿内を逃れていた足利義昭《よしあき》（義輝の弟）が、織田信長の支援を得て上洛を果たす。三好義継・松永久秀らがこれに恭順する一方、三好三人衆・阿波三好家の面々は畿内中枢から没落した。阿波三好家の分国となっていた南河内も守護畠山氏に還付され〔細川両家記〕、康長らは高屋城からの退去を余儀なくされるのである。

義昭・信長との対立

高屋城を失った康長だが、その後も河内奪還の機を狙い続けていく。永禄十一年（一五六八）末から翌年正月にかけ、阿波から渡海した三好三人衆らは、信長下国中の隙を突いて京都に残る義昭を襲撃する〔細川両家記、信長記〕。これには康長も参陣しており、正月六日には義昭救援に駆けつけた三好義継らと桂川《かつらがわ》河畔で合戦を繰り広げた〔細川両家記〕。結局、義昭襲撃は目的を果たせず終わるが、康長は無事に阿波へと引き取ったとみられる。

元亀元年（一五七〇）七月、三好勢は越前の朝倉《あさくら》氏、近江の浅井《あざい》氏・六角氏らと連携し、再び畿内に進出する。康長は主君長治の名代として先陣を任され、子息の徳太郎《とくたろう》や高屋衆の面々を伴って渡海すると、三人衆勢とともに摂津の野田《のだ》・福島《ふくしま》両城（大阪市福島区）に籠城した〔細川両家記〕。幕府勢との対峙は冬まで続くが、大坂本願寺《ほんがんじ》の幕府離反、三好長治・篠原長房ら率いる増援の到来などもあり、三好陣営が優勢を築く中で和睦が模索されていく。なお、この和睦は松永久秀が仲介者となり、義昭・信長のみならず、三好義継・松永久秀も含め、三人衆・阿波三好家との融和を図るものであった〔天野二〇一二ほか〕。和睦は年末に至って成立し、翌年初頭に阿波勢は下国の途につく〔尋憲記〕。

元亀二年三月、三好康長は河内若江《わかえ》城（大阪府東大阪市）に赴き、三好義継と対面している〔二条宴乗記〕。これには三好三人衆の三好長逸・石成友通、久秀子息の松永久通らも同席しており、康長は阿波三好家の代表として何らかの謀議に参加したのだろう。それからまもない五月、三好義継・松永久秀は義昭・信長に反旗を翻す。これに呼応し、同年後半には篠原長房ら阿波勢も畿内に乗り込み、河内・大和で軍事行動を繰り広げた。康長も十月には奈良に在陣〔多聞院日記〕、さらに篠原長房と連署で河内久宝寺《きゅうほうじ》（大阪府八尾市）に禁制を発給するなど〔慈願寺文書〕、畿内戦線で活動を見せている。

同年十一月初頭、三好義継・松永久秀らは畠山秋高・遊佐信教《ゆざのぶのり》主従の拠る河内高屋城を攻める。このとき、康長は同城近くの西浦（大阪府羽曳野市）に布陣し、かつての拠点奪回のため攻城に加わっていた〔二条宴乗記〕。ただし、高屋城は落城に至らず、元亀三年四月の信長勢来援で三好勢は敗退する〔信長記〕。攻城失敗後の足跡は不明瞭だが、八月に堺で津田宗及の茶会に出席〔宗及自会記〕、十二月には山城大《おお》山崎《やまざき》（京都府大山崎町）に禁制を発給するなど〔離宮八幡宮文書〕、同年後半には畿内での活動を再開していた。

信長との和睦をめぐる曲折

元亀四年（天正元・一五七三）、足利義昭と織田信長の関係が決裂する。この事態に、三好義継・松永久秀らは一貫して反信長の姿勢を取り、七月に義昭が京都を没落すると本拠若江城へと迎え入れている。

高屋城跡　大阪府羽曳野市

これに対し、同年七月十日に紀伊雑賀《さいか》（和歌山市）の年寄衆から甲斐武田《たけだ》氏の使者に宛てられた書状によると、当時康長は信長方と一味し、河内の過半を奪取していたという〔本願寺史料研究所保管文書〕。直前の六月下旬、河内高屋城では遊佐信教が主君秋高を殺害しており〔諸寺過去帳〕、ここに記された康長の所行は、信教と連携した高屋城の乗っ取りを指すとみられる。かつての仇敵義昭に与する本宗家の方針に反発し、信長に恭順しての南河内回復を目指したのだろう。

他方、同年五月から六月にかけての阿波では、対信長強硬派として知られる篠原長房が、主君の三好長治により粛清されている〔己行記、昔阿波物語〕。先の雑賀年寄衆の書状では、阿波・淡路は反信長陣営に残留し、康長を許容していないと主張するものの、実態としては康長のみならず阿波三好家全体が信長陣営に鞍替えを図ったとみてよいだろう。結果、反信長陣営は足並みが揃わないまま、足利義昭は年末までに紀伊へと没落、三好義継は十一月に若江城を攻略されて自刃し、三好本宗家は滅亡することとなった。

しかし、信長との融和は結果として実現しなかった。同年冬、安芸毛利《もうり》氏の使僧として上洛した安国《あんこく》寺恵瓊《じえけい》は、帰途にある十二月十二日に本国に宛て、遊佐信教と四国衆が河内高屋城に籠城し、織田勢と交戦している旨を伝えている〔吉川家文書〕。この四国衆は康長とみて間違いないだろう。和睦不調の原因は定かでないが、織田氏と安芸毛利氏はかねて阿波三好氏を共通の敵としており、この上洛でも恵瓊は織田氏から阿波三好家を許容しない約束を取り付けている〔吉川家文書〕。三好本宗家の滅亡で阿波三好家を懐柔する意義が薄れたことに加え、和睦が毛利氏との関係悪化をもたらす可能性が懸念されたとも考えられよう。その後、康長はおよそ一年半にわたり、高屋城に在城して織田勢と対峙し続けていく。

事態が動くのは、天正三年四月である。同月、織田勢は畿内南部へと出陣し、八日に高屋城を攻撃する。さらに十六日には三好氏一門の十河《そごう》氏らが籠もる堺近辺の新堀《にいぼり》城を攻め、十九日に落城させている。ここに至り、康長は織田家中の松井友閑《まついゆうかん》に申し入れ、高屋城を開城する〔信長記〕。従来、この高屋開城は康長の独断であり、この時点で彼は阿波三好家を離反したとみられてきた〔天野二〇一二ほか〕。しかし翌五月、遊佐氏家臣の吉益《よします》氏に三好長治が宛てた書状からは、長治が信長との和睦を了承していたことが読み取れる〔畠山義昭氏所蔵文書〕。つまり、和睦は阿波三好家総体としての選択とみるべきだろう。当時、阿波三好家は西の毛利氏、織田氏は東から侵攻する武田氏にそれぞれ対処を迫られており、和睦は双方が畿内の早期安定を求めた結果と考えられる〔森脇二〇二一〕。信長に恭順して南河内を維持するという康長の構想は、二年遅れで現実のものとなるのである。

織田氏直臣として

開城の後、高屋城は織田氏によって破却される〔信長記〕。ただし、康長はその後も錦部《にしごり》郡の金剛寺（大阪府河内長野市）に徳政を免除するなど〔金剛寺文書〕、引き続き南河内を支配していたことは間違いない。また、天正三年（一五七五）七月には上洛し、三河長篠《ながしの》（愛知県新城市）での武田氏との合戦から帰還した信長に拝謁している〔信長記〕。この段階ではいまだ阿波三好家に属し、畿内領の支配と織田氏への取次を担っていたのだろう。

同年冬、康長は松井友閑とともに、大坂本願寺と織田氏との和睦を仲介する〔信長記、南行雑録〕。和睦は年末までに成立し、ここに織田・阿波三好・本願寺の三者を中心とした畿内和平が実現した。ちなみに、永禄十年（一五六七）に出家していた康長だが、友閑と連署で本願寺に赦免を約した天正三年十二月の起請文では、再び「山城守」に戻っている〔龍谷大学図書館所蔵文書〕。発給文書での「山城入道」

の終見は天正二年十二月二十四日であるため〔叡福寺文書〕、おそらくは高屋開城を機に還俗していたとみられる。

しかし翌天正四年四月、大坂本願寺は信長に反旗を翻し、畿内和平は短期間で破綻する。その背景には、安芸毛利氏を後ろ盾とするべく同年二月に備後に下向していた足利義昭との連携があった可能性が高い。この事態に、康長は早々に織田氏に与同する姿勢を固め、五月三日には先勢として木津砦《きづとりで》（大阪市西成区）の攻撃に参加している〔信長記〕。これに先立つ四月二十三日、信長は康長に摂津榎並《えなみ》（同城東区）などを宛行っており〔徳川林政史研究所所蔵古案〕、織田氏直臣に転じたのはこの時期だろう。康長は五～六月にかけ、三好一門である淡路安宅《あたぎ》氏への取次・調略を担っており〔萩原文書、細川家文書〕、三好氏に連なる勢力を織田氏につなぎとめる役割を期待されている。しかし安宅氏、そして古巣の阿波三好家は織田氏に味方せず、そのまま康長と長治は決別することとなった。

その後、三好長治は実休以来推戴してきた阿波守護家の細川真之《さねゆき》と天正四年後半に決裂し、対陣の最中に有力国衆一宮成相《いちのみやなりすけ》らの離反に遭って敗北、同年末に自害する〔昔阿波物語〕。長治の死後、一宮らは信長への帰属を画策していたとみられ、その背後にはすでに織田氏に属していた康長の存在が影響した可能性も想定される〔森脇二〇二〇〕。しかし、天正五年夏になると一宮成相らに反発する矢野房村《ふさむら》らが蜂起し、阿波は再び混乱する。矢野房村らは、本願寺や義昭・毛利氏といった国外の反信長勢力と連携し、天正六年初頭には畿内から十河存保《まさやす》（長治の弟）を当主に迎え、阿波三好家を再興させるに至った〔森脇二〇一八〕。

こうした状況下の天正六年六月、土佐長宗我部《ちょうそかべ》氏の重臣である香宗我部親泰《こうそかべちかやす》に宛て、織田信長の朱印状と、三好康長の副状が発給される〔香宗我部家伝証文〕。両者は美馬郡岩倉城（徳島県美馬市）の三好式部少輔との協力を是認し、信長は阿波におけるさらなる「馳走」を、康長は式部少輔への「指南」を親泰に求めている。この式部少輔は先出の康長子息徳太郎の後身とみられ、復活した阿波三好家に対しては一宮成相らとともに敵対していた〔森脇二〇二二〕。二通の書状からは、当時阿波への侵攻を進めていた長宗我部氏との連携を築こうとする思惑とともに、康長が織田氏の四国経略で枢要な役割を期待されていたことが読み取れるだろう。

なお、この副状で康長は「康慶」と署名しており、実名を改めていたことが知られる。正確な変更時期は不明だが、「康長」の終見は天正四年四月発給とみられる文書であることから〔金剛寺文書〕、阿波三好家からの離脱が改名の契機となった可能性も考えられよう。

信長の四国出兵と康長

長宗我部氏は天正六年（一五七八）冬に至り、織田政権に帰属する。ただし、取次は康長でなく、同氏と縁戚の石谷頼辰《いしがいよりとき》・斎藤利三《さいとうとしみつ》を麾下に擁する惟任光秀《これとうみつひで》が担うこととなる〔平井二〇一六〕。長宗我部氏との交渉からは外れた康長だが、天正八年十一月には讃岐雨瀧城《あめたき》（香川県さぬき市）の安富《やすとみ》氏のもとに派遣されるとの情報が長宗我部氏に伝わっている〔吉田文書〕。また、天正九年二月には阿波派遣を理由に翌月の馬揃えへの参加を信長から免除されるなど〔板原美代子氏所蔵文書〕、その後も四国経略に継続して関わっていた。

天正九年十一月、羽柴秀吉《はしばひでよし》・池田元助《いけだもとすけ》の出兵で淡路は織田氏勢力圏に加わる。そして直後の十一月二十三日、松井友閑は讃岐安富氏に対し、康長が信長の命で阿波・讃岐の攻略担当となった旨を伝えている〔東京大学史料編纂所所蔵志岐家旧蔵文書〕。これに前後して、長宗我部氏には阿波からの撤退が命じられていたとみられ〔元親記〕、織田氏の四国経略は大きく方針転換することとなった。信長の変心の裏には、長宗我部氏を讒言する「佞人《ねいじん》」の存在があったとされるが〔元親記、石谷家文書〕、詳細には不明な部分が多い。

長宗我部氏はこの信長の命令を黙殺し、織田・長宗我部関係は険悪なものとなる。その結果、康長は天正十年前半、軍勢を率いて阿波に出陣した。出兵準備は二月ごろから進められていたが〔信長記〕、実際の渡海は五月上旬ごろという〔元親記〕。渡海後の康長は、まず勝瑞《しょうずい》（徳島県藍住町）に入っており〔昔阿波物語〕、事前に十河存保とは協力関係を結んでいたのだろう。その後は盗賊の取締りなどに努めつつ、一宮城・夷山城《えびすやま》（ともに徳島市）を長宗我部氏から奪回した〔昔阿波物語〕。また、康長の下向後、美馬郡岩倉城の三好式部少輔をはじめ、長宗我部氏の麾下にあった在地勢力の多くが離反したとされる〔元親記、昔阿波物語〕。

信長による四国介入の構想は、康長の出兵のみに止まらなかった。同年の五月七日、信長は自身の三男信孝《のぶたか》に対し、康長に続いての出兵を指示するとともに、讃岐を信孝、阿波を康長に付与する国分案を開陳している〔寺尾菊子氏所蔵文書〕。その中には、康長を主君とも父母とも思うようにとの文言が見られるが、これは単なる比喩でなく、実際に信孝を康長の養子とする計画が存在したことが別史料で確認できる〔宇野主水日記、神宮文庫所蔵文書〕。信長は、阿波三好家の有力一門にあたる康長を押し立てて四国を円滑に勢力圏へと組み入れ、将来的には自身の子に継承させる算段を抱いていたのである。

しかし、六月二日に発生した本能寺の変によって、信孝の四国渡海は直前で中止となる。そして阿波に渡海していた康長も、畿内への撤退を余儀なくされた〔昔阿波物語〕。阿波三好家は、八月末の中富川《なかとみかわ》（徳島県藍住町）の合戦で長宗我部陣営に大敗を喫し、十河存保は勝瑞への籠城を経て九月下旬に讃岐へと退去している。なお、先に長宗我部氏を離反した三好式部少輔も、この頃に岩倉城を落とされて没落しており、長宗我部氏への人質となっていた式部少輔の子息は河内の康長のもとに送り届けられたという〔元親記〕。

ところで、阿波からの帰還以降とみられるが、康長は羽柴秀吉の甥にあたる信吉《のぶよし》（後の秀次《ひでつぐ》）を養子とする。天正十年十月二十二日に本願寺坊官の下間頼廉《しもつまらいれん》に宛てた秀吉書状では、「三好孫七郎」を名乗る信吉を康長らとともに紀伊根来寺攻撃に派遣する予定が記されており〔浅野家文書〕、養子入りはこれ以前とみられる。直前の九月、秀吉は十河存保の籠城する勝瑞救援のため阿波出兵を企図しており〔尾下二〇〇九、藤井二〇一四〕、信吉の養子入りも四国経略への利用を念頭に置くものであった可能性も考えられよう。

康長の活動終見は天正十三年冬、秀吉への拝謁のため渡海した長宗我部元親と畿内で対面したとする『元親記』の記述である。また、天正十四年ごろ作成とみられる河内安宿部《あすかべ》郡（大阪府柏原市ほか）の検地帳には知行地が記載されており〔永運院文書〕、この頃までは存命だったようだ。しかし、その後の動向、死去の時期などはいずれも不明である。

（森脇崇文）

【主要参考文献】

天野忠幸「総論　阿波三好氏の系譜と動向」（同編『論集戦国大名と国衆10　阿波三好氏』岩田書院、二〇一二年）
尾下成敏「羽柴秀吉勢の淡路・阿波出兵」（『ヒストリア』二一四、二〇〇九年）
平井上総『長宗我部元親・盛親』（ミネルヴァ書房、二〇一六年）
藤井譲治「阿波出兵をめぐる羽柴秀吉書状の年代比定」（『織豊期研究』一六、二〇一四年）
森脇崇文「足利義昭帰洛戦争の展開と四国情勢」（地方史研究協議会編『徳島発展の歴史的基盤』雄山閣、二〇一八年）
森脇崇文「三好長治死後の阿波内紛をめぐる一考察」（『鳴門史学』三三、二〇二〇年）
森脇崇文「天正三・四年の畿内情勢における阿波三好家の動向」（徳島地方史研究会編『阿波・歴史と民衆Ⅴ　地域社会と権力・生活文化』和泉書院、二〇二一年）
森脇崇文「天正七年阿波岩倉城合戦の歴史的意義」（石井伸夫・重見髙博・長谷川賢二編著『戦国期阿波国のいくさ・信仰・都市』戎光祥出版、二〇二二年）

篠原長房――主君に粛清された阿波三好家の重鎮

阿波篠原氏について

篠原長房《しのはらながふさ》は、十六世紀後半の阿波三好《みよし》家で権勢をふるった重臣である。その事績に触れる前に、まず長房を輩出した阿波篠原氏について検討しておきたい。

阿波篠原氏の発祥についいては、近江出身で長房の祖父とされる篠原宗半《そうはん》が、多賀大社《たがたいしゃ》（滋賀県多賀町）の本願に随従して阿波を訪れた際、三好氏に召し抱えられたとする説が知られている〔昔阿波物語〕。宗半の実在を示す同時代史料は現在のところ確認できないが、永正三年（一五〇六）に三好之長《ゆきなが》は讃岐香川《かがわ》氏の知行に関する書状を三好越後守・篠原右京進《うきょうのしん》の両名に宛て発給している〔石清水文書〕。右京進は後代に長房が用いる官途であることから、彼は長房の系譜に連なる存在、すなわち宗半の可能性も考えられる。

他に長房との関連がうかがえる人物としては、之長の主君細川澄元《ほそかわすみもと》が同族の高国《たかくに》と争った「両細川の乱」最中の永正六年、之長嫡子の三好長秀《ながひで》が伊勢で討たれた際、長秀に同行していて捕虜となった篠原孫四郎《まごしろう》がいる〔三好長秀誅伐感状案〕。この孫四郎という仮名《けみょう》も後の長房と共通しており〔昔阿波物語〕、血縁者とみるべきだろう。また、『昔阿波物語』では宗半の子（長房の父）を「大和守《やまとのかみ》」とするが、永正十七年にはこの受領《ずりょう》名を名乗る篠原大和守長政《ながまさ》が、之長嫡孫の三好千熊丸《せんくままる》（後の元長《もとなが》）の副状《そえじょう》を発給している〔安楽寺文書〕。そして篠原大和守を名乗る人物の活動は、天文十六年（一五四七）に禁制《きんぜい》を発給するなど〔妙蓮寺文書ほか〕、長年にわたり史料上で確認できる。

これら断片的な情報から、従来の研究では先出の篠原長政を長房の父と比定し、当初は仮名の孫四郎、後に大和守を名乗って、永正年間から天文末年ごろまで四十年以上にわたり活動を続けたと解釈してきた〔若松一九八九a、天野二〇一二〕。これに対し馬部隆弘は、天文十六年に禁制を発給した大和守を長政とは別人とし、長政と長房との間に実名不詳のもう一代が存在すると想定する〔馬部二〇一七〕。馬部説に従えば、『昔阿波物語』が長房の父とする大和守は馬部の指摘する実名不詳の人物であり、その先代とされる宗半を長政と見なす解釈も成り立ちうる。永正年間に活動する右京進・孫四郎の立ち位置も含め、長房に連なる篠原嫡流家の系譜に関しては、今後さまざまな検討が必要となろう。

ところで、篠原氏は先述のように初代宗半以来の三好氏被官とされてきたが、これにも馬部隆弘から異論が提示されている〔馬部二〇一七〕。馬部は、永正年間ごろ活動がみられる篠原氏一門の篠原之良《ゆきよし》が、三好氏の主君である阿波守護細川家の細川成之《しげゆき》から直接偏諱《へんき》を授与されていると思しいこと〔秋山家文書〕、また天文八年に篠原嫡流家とみられる篠原右京進が、阿波守護家から幕府への使者を務めていること〔証如上人日記〕などに着目。篠原氏一党は本来阿波守護家の直臣（内衆《うちしゅう》）であり、篠原嫡流家は大身の三好家に与力《よりき》として付された存在であったとして、三好氏直臣とする説を否定している。

馬部の指摘は重要かつ説得力あるものだが、本稿で取り上げる篠原長房の活動の多くは、阿波三好家直臣としての性格が色濃い。篠原氏一門を、阿波守護家から付された与力とみるか、三好氏直臣とみるか。その性格が変化するとすれば、画期はどこに求められるのか。これらの点についても、さらなる研究の余地があると思われる。

篠原長房の台頭

篠原長房の活動は、天文二十三年（一五五四）冬の播磨出兵が初見となる。この出兵は、重臣の離反に手を焼く守護赤松《あかまつ》氏の要請により、三好実休《じっきゅう》の指揮で行われたものである。当時実休は、前年に勃発した政変で主君の阿波守護細川氏之《うじゆき》を自刃に追い込み、阿波の主導権を掌握していた。『細川両家記』には、十一月に播磨明石《あかし》（兵庫県明石市）へ布陣した「篠原右京進」が見え、これが長房とみられる。『昔阿波物語』では長房の仮名は「孫四郎」とされるが、すでにこの時点で官途を用いているため確認はできない。なお、先代とみられる大和守は天文二十二年十二月の和泉堺（堺市堺区）在陣が活動終見にあたる〔証如上人日記〕。その死去、もしくは隠居にともなって地位を相続していたのだろう。

続いての活動は永禄元年（一五五八）、先に三好長慶《ながよし》により京都を逐われていた将軍足利義輝《あしかがよしてる》が、復権に向け軍事行動を起こした際に確認される。九月二十八日、長房は山城の嵯峨清涼寺《さがせいりょうじ》（京都市右京区）

に対し、寺内・門前における陣取や寄宿の免除を伝えた〔清凉寺文書〕。また、十月三日に堺商人の津《つ》田宗達《だそうたつ》が摂津尼崎《あまがさき》（兵庫県尼崎市）に在陣する三好氏の面々を見舞った際には、長慶・実休と、彼らの弟である安宅冬康《あたぎふゆやす》、そして長房の名前が特記される〔宗達他会記〕。当時の長房が実休を補佐する存在として、阿波勢の重要人物となっていたことがうかがえよう。

永禄年間初頭、阿波三好家は隣国讃岐への侵攻を開始する。出兵には伊予水軍衆の能島《のしま》・来島《くるしま》両村上《むらかみ》家も協力しており、彼らに宛てた実休の書状が残されているが、そのやりとりはいずれも篠原長房を介して行われている〔屋代島村上文書、東京大学史料編纂所所蔵村上文書〕。このうち能島村上家に宛てた書状からは、当時実休は他国に在陣中であったことがうかがえ、讃岐出兵の指揮は長房に委ねられていたとみられる。その後、阿波三好家は最大の抵抗勢力である西讃の香川氏を永禄五年秋頃までに国外に追い〔八尾市立歴史民俗資料館所蔵文書〕、讃岐の分国化を達成する。以降の讃岐では長房署判の禁制が寺院宛に複数発給されており〔地蔵院文書ほか〕、攻略を主導した長房が、そのまま讃岐支配でも中心的役割を果たしたものと想定される。

この間の永禄二年六月、長房は摂津富田《とんだ》（大阪府高槻市）の浄土真宗寺院住持、教行寺《きょうぎょうじ》兼詮《けんせん》の娘と婚姻を結ぶ〔私心記〕。兼詮は浄土真宗本願寺派《ほんがんじ》八世蓮如《れんにょ》の孫にあたり、長房は本願寺宗主の血族を娶ったことになる。室の法名は寿誓《じゅせい》とされ、元和三年（一六一七）に七十歳で死去している〔大谷一流系図〕。長房は寿誓との間に、永禄九年の誕生とみられる二男松満丸を筆頭として、梅松・吉松・小法師の四子を設ける〔昔阿波物語〕。なお、長房には当時すでに嫡子長重《ながしげ》（孫四郎、後に大和守）がいた。長重は元亀四年（一五七三）の死去時に「廿歳」〔昔阿波物語〕とされることから、逆算すると天文二十三年頃の生誕となる。この頃には先妻がいたと推定されるが、その素性などは不明である。

永禄三年、実休率いる阿波三好家は長慶の三好本宗家と協調し、守護畠山高政《はたけやまたかまさ》を逐って河内を三好氏の勢力圏に組み込む。以降、阿波三好家は高屋城《たかや》（大阪府羽曳野市）を拠点として南河内を版図に加え、領国奪回を図る畠山高政、それに協力する根来寺《ねごろでら》ら紀伊勢と対立を繰り広げていく。当時、讃岐攻略を進めていた篠原長房だが、永禄四年に入り畠山・根来寺勢が三好氏勢力圏の和泉へと進出を開始すると、畿内に渡海して実休の指揮下で和泉の防衛にあたっている〔細川両家記〕。

永禄五年三月五日、阿波三好勢と畠山・根来寺勢は和泉久米田《くめだ》（大阪府岸和田市）で激突する。長房はこの合戦で先陣を務め、一時は根来寺勢を切り崩す活躍をみせたという。しかし、全軍が攻勢に出たことで本陣の守備が手薄となり、そこを突いた畠山勢の急襲により実休が討ち取られてしまう。総大将を失った阿波三好勢は総崩れとなり、長房の実弟にあたる篠原左橘兵衛も討ち死にしたとされる〔細川両家記、昔阿波物語〕。主君と弟を失う悲運に見舞われた長房だが、この敗戦は彼の阿波三好家、そして三好氏権力全体の中での権勢を大きく拡大させていくこととなる。

実休死後の長房

久米田合戦の後、阿波三好勢の大半は堺を経て阿波へと撤退し、態勢を立て直す。そして永禄五年（一五六二）五月には再び畿内へと渡海、同月二十日の河内教興寺《きょうこうじ》（大阪府八尾市）の合戦で畠山・根来寺勢を打ち破った〔細川両家記〕。一時は畠山勢に奪還されていた高屋城も、再び阿波三好家の勢力下に置かれている。

こうした中、篠原長房は幼少の実休嫡子千鶴丸（後の長治《ながはる》）に代わり、阿波三好家を主導する立場となる。実休の死後、阿波三好家では分国法《ぶんこくほう》「新加制式《しんかせいしき》」が制定されており、法典の成立・運用には長房が中心的な役割を果たしたとされる。その内容は、阿波三好家を構成する領主層の経営維持と利害調整が主眼となっており〔若松一九八九b〕、法治制度の整備によって家中の結束と分国の秩序維持を図ったものとみられる。また、時期は不明ながら長房嫡子の長重は実休の娘と婚姻しており、当主長治の義兄弟となっていた〔昔阿波物語〕。この婚姻にも、主家との関係を深めることで篠原嫡流家の地位を補強しようとする意図が想定できるだろう。

実休の死から二年後の永禄七年、畿内の三好本宗家では三好長慶が病死する。当主の座は養嗣子の義継《よしつぐ》に継承されるが、本宗家内部には少なからず混乱が生じたようだ。同年十二月、長房は阿波から上洛すると、三好氏の家中について調整を行った後、再び下国する〔細川両家記〕。阿波三好家の実質的統率者として、長慶死後の本宗家にも影響力を及ぼす長房の姿がうかがえよう。

永禄八年五月、三好本宗家の新当主義継は、将軍足利義輝を襲撃し殺害する「永禄の変」を引き起こす。このとき、京都では変の目的を三好氏による「阿波公方」の擁立とみる風聞が流れた〔言継卿記〕。「阿波公方」とは、かつて室町幕府内の政争に敗れて阿波に没落した足利将軍家の一流だが、擁立を望んでいたのは長房ら阿波三好家であったようだ〔天野二〇一二〕。同年五月、伊予河野《こうの》氏に変の勃発を伝えた梅仙軒霊超《ばいせんけんりょうちょう》は、前年の冬に篠原長房が堺で阿波公方の上洛を謀議していたと語っている〔河野文書〕。結局、この時点では擁立は実現しないが、変の背後で篠原長房が何らかの動きを見せていた可能性は高い。

その後、本宗家では家中の内部対立が深刻となり、永禄八年冬には当主義継を取り込んだ三好三人衆（三好長逸《ながやす》・三好宗渭《そうい》・石成友通《いわなりともみち》）と、それに敵対する松永久秀《まつながひさひで》・久通《ひさみち》父子の間で抗争が始まる。この分裂に際し、篠原長房は一貫して三人衆に与同する。永禄九年六月に阿波勢を率いて兵庫津（神戸市兵庫区）へと渡海すると、九月までに越水城《こしみずじょう》（兵庫県西宮市）・伊丹城《いたみじょう》（兵庫県伊丹市）といった諸城を陥落させている〔細川両家記、永禄九年記〕。同年十二月になると阿波勢の多くは下国するが、篠原長房は越水城へと入り、畿内情勢に継続して関与する姿勢を誇示した〔細川両家記〕。

阿波勢の活躍は、本宗家の内紛を大きく三人衆方有利に傾ける。ただし、それは同時に阿波三好家の政治的影響力を増大させることに帰結する。その最たる例が、阿波公方家を出自とする足利義栄《よしひで》の擁立だろう。義栄は永禄九年の長房渡海に同行して畿内に上陸し、同年末に摂津富田の普門寺《ふもんじ》を居所とすると、ほどなく将軍候補の証となる従五位下左馬頭に任じられた〔細川両家記、公卿補任、歴名土代〕。永禄の変の際に実現しなかった阿波公方擁立が一気に進展した背後には、軍事力としての阿波三好家、篠原長房の存在感増大があると考えられる。

しかし、阿波三好家の影響力拡大と、それにともなう義栄擁立路線への傾斜は、本宗家当主である三好義継の反発を招く〔天野二〇一二〕。永禄十年二月、義継は突如三人衆陣営から松永陣営へと身を転じた。同年五月、長房は三好三人衆らと共に大和へと侵攻し〔言継卿記〕、同年九月には河内に転戦して飯盛城《いいもり》〔大阪府四條畷市・大東市〕を攻略する〔多聞院日記〕。しかし、松永陣営は義継を迎えて勢力を盛り返しており、十月の東大寺《とうだいじ》〔奈良市〕における合戦での敗北によって三人衆方は大和からの撤退を余儀なくされた。

義継離反を機に、本宗家の内訌は再び混迷するが、そうした最中の永禄十一年二月八日、足利義栄は征夷大将軍の宣下を受ける〔言継卿記〕。彼を推戴してきた長房にとっては大きな宿願の成就といえよう。これを受けて同月二十八日には長房を含む三人衆・阿波三好陣営の主要人物が一堂に会する大宴席が堺で催されている〔宗及自会記〕。その後、長房は五月に筒井順慶《つついじゅんけい》との連携のもと再び大和へと侵攻し〔薬師寺文書〕、改めて内紛の決着を図っていく。だが、それからまもなく、畿内政局には大きな転機が訪れる。永禄の変の後に京都を脱出していた義輝の弟足利義昭《よしあき》、そして彼を擁する織田信長《おだのぶなが》が上洛の途に就くのである。

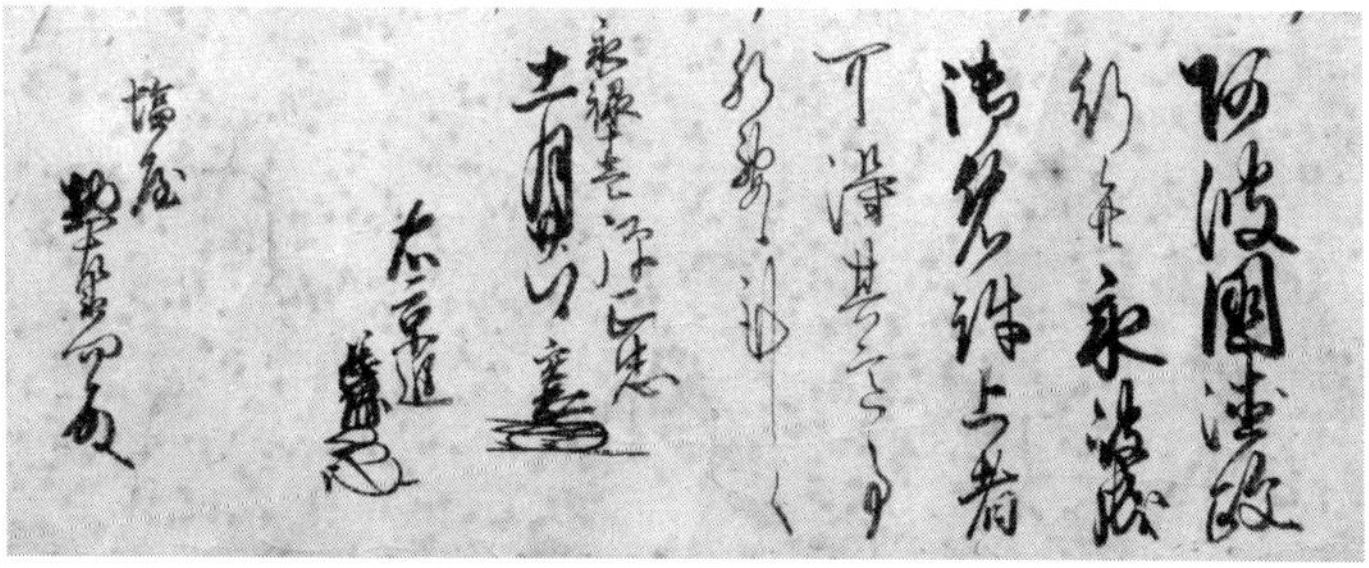

篠原長房・同実長（自遁）連署判物　木戸家蔵

信長との抗争と上桜城合戦

永禄十一年（一五六八）九月、義昭・信長勢は近江を経て畿内へと侵攻した。その背後には、三好義継・松永久秀の手引きがあったとされる。三好三人衆陣営は撤退を余儀なくされ、長慶以来続いてきた三好氏による畿内支配はここに崩壊する。それにともない、篠原長房は将軍義栄、および阿波守護家の細川真之《さねゆき》、阿波三好家の三好長治らの要人とともに阿波へと撤退した〔細川両家記〕。かねて病床にあった将軍義栄は撤退した阿波で病没するが〔公卿補任〕、直後の十一月、長房の弟という「淡路のへき」が、三好義継に通じて長房の暗殺を企てた〔多聞院日記〕。計画は事前に露見し長房は無事だったものの、同月下旬には安宅氏ら淡路衆が長房に「訴訟」と号し、三人衆・阿波三好陣営と決別してしまう〔細川両家記〕。畿内没落と義栄の喪失が、長房の求心力を大きく低下させたことが知れよう。阿波に戻った長房は、同僚の篠原自遁と連署で徳政免除を行うなど〔木戸太平氏所蔵文書〕、当面は分国運営に専念したとみられる。

阿波三好家の再起は元亀元年（一五七〇）に入ってのこととなる。この年、畿内では近江浅井《あざい》氏が義昭・信長陣営を離反、さらに三好三人衆が大坂本願寺を決起させるなど、反義昭・信長の機運が高まっていた。九月末、篠原長房は三好長治・細川真之とともに兵庫に上陸し、摂津の野田《のだ》・福島《ふくしま》（大阪市福島区）に拠る三人衆陣営とともに義昭・織田陣営と対峙する〔細川両家記〕。双方大軍勢を揃えたこの対陣だが、決着はつかないまま、同年末には和睦が結ばれることとなった。なお、和睦に際しては、義昭・信長陣営に与していた三好義継・松永久秀らとの間でも関係修復がはかられ、長きにわたる三好一門の内訌もここに収束を迎えている〔尋憲記〕。

ところで、本願寺宗主の顕如《けんにょ》は阿波勢の畿内出兵に際し、長房と書状のやりとりを行っているが〔顕如上人文案〕、その宛所は九月十九日付書状では「篠原右京進殿」、十月一日付では「篠原右京進入道殿」となっており、長房は義昭・信長との決戦を前に出家したとみられる。戒名は、発給文書から「岫雲斎恕朴」と確認できる〔田代文書〕。

翌元亀二年初頭、下国した長房は西へと出兵し、同年五月には安芸毛利《もうり》氏勢力圏の備前児島《こじま》（岡山県倉敷市ほか）に侵攻する〔小早川家文書ほか〕。阿波三好家は永禄年間途中から毛利氏と対立関係となっており、この出兵は備前の浦上《うらがみ》・宇喜多《うきた》氏ら周辺の反毛利氏勢力と連携し、瀬戸内海対岸への勢力拡大を目指したものだろう。しかし、毛利勢の迅速な対応に攻勢は行き詰まり、長房は六月には宇見津（讃岐宇多津か）へと後退〔乃美家文書〕、児島への軍事行動はそのまま終息したようだ。

一方、同時期の畿内では、前年の和睦で旧三人衆勢力を取り込んだ三好義継・松永久秀が、それまで恭順してきた義昭・信長に反旗を翻す。篠原長房もこれに呼応して再度畿内へと出兵し、同年十月には河内で同じ阿波三好家重臣の三好康長《やすなが》と連署禁制を発給〔慈願寺文書〕、翌十一月には畠山氏が拠る高屋城の攻囲に加わる〔二条宴乗記〕。河内在陣は翌年にかけて続いたようだが、信長勢の来援で義継・松永勢が敗退する元亀三年四月頃にはすでに下国していたとみられる〔信長記〕。同年十二月、長房は淡路の三立崎荘（兵庫県淡路市）に禁制を発給している〔妙勝寺文書〕。この前月、淡路安宅氏は義昭・信長に従属する動きを見せていることから〔古簡雑纂〕、それに対処するための出兵だろう。そして、

この禁制が現在確認できる限り、長房の最後の発給文書となる。

上桜城本丸跡　徳島県吉野川市　撮影：筆者

元亀四年夏、長房は居城の麻植《おえ》郡上桜《うえざくら》城（徳島県吉野川市）を、三好長治・細川真之らの軍勢に攻囲される。五月十五日付で麻植郡山間部の土豪木屋平《こやだいら》氏に対し、長治・真之から送られた書状によると、両人はこの時点で讃岐引田《ひけた》（香川県東かがわ市）にあり、十八日には上桜城に着陣するとしている〔松家家文書〕。その後は籠城戦が続いたとみられるが、『昔阿波物語』では六月十六日落城とされ、堺妙国《みょうこく》寺《じ》の住持日珖《にちこう》が記した「己行記《こぎょうき》」でも五〜六月の記事に「阿州篠原父子打死」と見えることから、一ヶ月ほどで決着を迎えたらしい。長房と嫡子長重は城を枕に討ち死にを遂げ、本願寺宗主の血を引く長房室寿誓と松満丸以下四人の子息は、寄せ手に属す雑賀衆《さいかしゅう》門徒に庇護

され紀伊へと落ち延びた（『昔阿波物語』）。
権勢を極めた長房は、なぜ主君に粛清されたのか。『昔阿波物語』などの軍記では、真之・長治の生母小少将《こしょうしょう》と同族篠原自遁《じとん》との醜聞に絡んで恨みを買ったとするが、信憑性は疑わしい。この年、畿内では足利義昭と織田信長の関係が破綻するが、三好本宗家の義継は義昭に与し、信長への対抗姿勢を取る。一方、長治実弟の十河存保《そごうまさやす》は四月ごろ信長陣営に接触し、義継が拠る河内若江城《わかえ》（大阪府東大阪市）の攻略を条件に河内半国付与の言質を得ている（「山崎文書」）。つまり当時の三好一門は、信長への対応をめぐり分裂状態となっていた。長治についても弟と同じく信長との融和を模索していた可能性は十分に考えられるが、その場合、これまで本宗家との連携のもと畿内出兵を主導してきた長房と意見の対立が生じるであろうことは想像に難くない。こうした畿内情勢への方針の違いが主従間の溝を深め、最終的に上桜城攻撃へと繋がったという可能性が想定できるのではないだろうか。

（森脇崇文）

【主要参考文献】

天野忠幸「総論　阿波三好氏の系譜と動向」（同編『論集戦国大名と国衆10　阿波三好氏』岩田書院、二〇一二年）
馬部隆弘「木沢長政の政治的立場と軍事編成」（同『戦国期細川権力の研究』吉川弘文館、二〇一八年、初出二〇一七年）
若松和三郎「新加制式考」（同『篠原長房』、私家版、一九八九年b）
若松和三郎『戦国三好氏と篠原長房』（戎光祥出版、二〇一三年、初出一九八九年a）

篠原自遁
——落日の阿波三好家を支えたもう一人の「篠原」

天正年間に至るまでの自遁

篠原自遁《しのはらじとん》は、戦国末期の阿波三好《みよし》家を支えた重臣の一人である。同家重臣の篠原氏としては、三好三人衆と共に長慶没後の三好氏権力で重きをなし、後に足利義昭《あしかがよしあき》・織田信長《おだのぶなが》と敵対した篠原長房《ながふさ》が著名だが、自遁との関係についてはよくわかっていない。近世初頭に成立し、長房の親族関係を詳しく記す軍記『昔阿波物語』で特段の言及がないことから、少なくとも親子・兄弟のような肉親ではなかったとみられる。長房を輩出した篠原嫡流家の祖は、戦国期に入って近江から阿波に下向した篠原宗半《そうはん》なる人物とされ〔昔阿波物語〕、それ以降に分かれた庶流同族と見るのが穏当だろう。

自遁の活動は永禄二年（一五五九）六月、いずれも阿波三好家重臣の加地盛時《かじもりとき》・三好康長《やすなが》との連署で三好千鶴丸（後の長治《ながはる》）の副状《そえじょう》を発給し、塩屋《しおや》惣左衛門尉に阿波での徳政《とくせい》免除を伝えたのが初見となる〔木戸太平氏所蔵文書〕。署名には「弾正忠実長《だんじょうのちゅうさねなが》」とあり、後に出家するまでこの官途・実名を用い続けたものと思われる。この徳政は千鶴丸の活動初見でもあり、幼少の彼が次期当主として父三好実《じっ》休《きゅう》から阿波支配の権限を分与されるにともない、自遁ら三人は目付役に任じられていたのだろう。

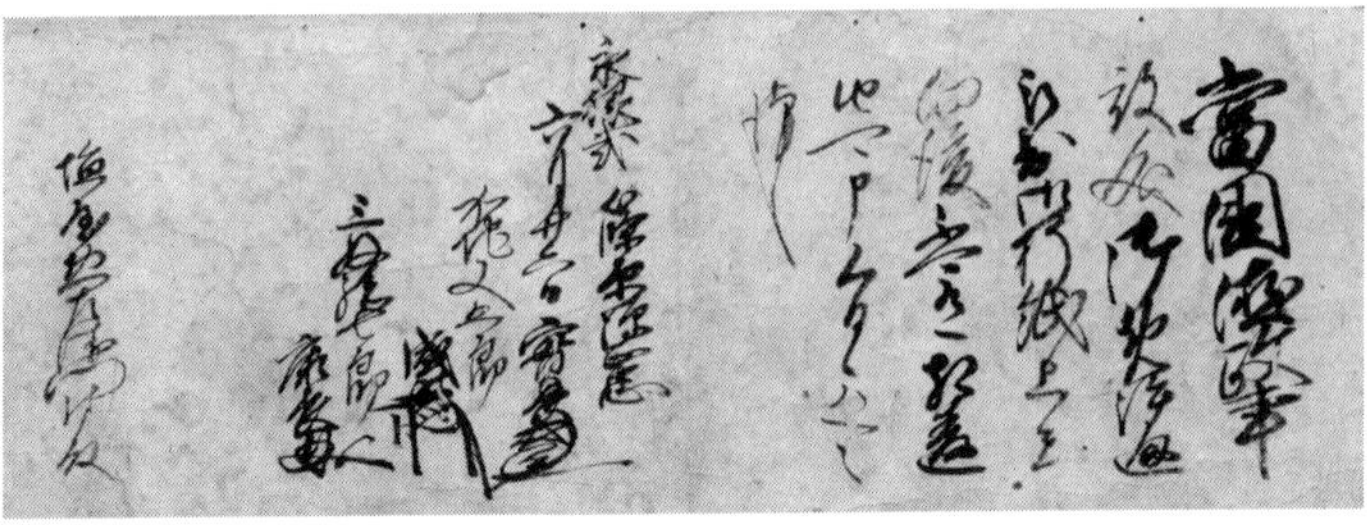

篠原実長（自遁）等連署副状　木戸家蔵

やがて永禄五年に実休が討ち死にすると、いまだ若年の千鶴丸に代わり、阿波三好家の主導権は同族の篠原長房が握る。これ以降の自遁は、長房と行動を共にする事例が多い。永禄十年春、長慶《ながよし》死後の三好本宗家が分裂抗争する中、本宗家当主の三好義継《よしつぐ》が阿波三好家と協調する三好三人衆陣営を離反した際には、長房とともに自遁も阿波三好家代表者の一人として畿内に渡海し活動している〔田中教忠氏所蔵文書〕。また、永禄十一年二月、三好三人衆・阿波三好家が推戴する足利義栄《よしひで》が将軍に就任すると、その祝宴とみられる席にも長房と並んで参加している〔宗及自会記〕。

三好氏の畿内支配は永禄十一年後半の足利義昭・織田信長上洛によって終わりを迎えるが、元亀元年（一五七〇）になると三好三人衆・阿波三好家は再び畿内で義昭・信長と対峙する。同年十月、自遁はここでも長房とともに主君長治、および阿波三好家が推戴する阿波守護細川《ほそかわ》家の真之《さねゆき》を伴って出陣し、同盟する大坂本願寺《ほんがんじ》からの音信対象にもなっている〔細川両家記、顕如上人文案〕。義昭・信長陣営との対立は、途中和睦を挟みながらその後も続き、自遁は元亀三年にも畿内に出陣、十二月に山城大山崎《おおやまざき》（京都府大山崎町）に禁制《きんぜい》を発給する〔離宮八幡宮文書〕。当時は長房が淡路に在陣中であったため、この禁制には長房の嫡子である長重《ながしげ》（大和守）と連署している。これらから見ると、長房生前における自遁の役回りは、有力庶流家として篠原嫡流家を補佐するものだったと想定されよう。

なお、自遁の出家は元亀元年十月の畿内出兵から同三年十二月の大山崎在陣までの間とみられ〔本興寺文書、離宮八幡宮文書〕、戒名は「不干斎《ふかんさい》自遁」である〔古文書纂〕。

長房死後の権勢と暗転

元亀四年（一五七三）夏、篠原長房・長重父子は三好長治・細川真之と対立し、居城の麻植《おえ》郡上桜《うえざくら》城（徳島県吉野川市）を攻囲され横死を遂げる。この事件以降、篠原自遁は三好長治の副状を発給する立場となっており〔阿波徴古雑抄所収三好松永文書、畠山義昭氏所蔵文書〕、阿波における重臣筆頭の地位を継承したとみられる。

上記の上桜合戦をめぐっては、真之・長治生母の小少将《こしょうしょう》（実休後室）と自遁との密通をめぐる醜聞を原因とする記述が軍記にみられ、さらには長房から密通を咎められた自遁がそれを恨んで長房を讒言したという、そこから派生した俗説も存在する〔県史一九六六〕。しかし、醜聞説の初出とみられる『昔阿波物語』では、醜聞が国中に知れ渡ったことによる小少将の逆恨みを粛清の原因として描いており、長房の忠告にも、自遁の讒言にも言及がない。さらに言えば『昔阿波物語』における小少将の言い分自体、噂が広まった責任を執政たる長房の落ち度とする不可解なものであり、自遁をめぐる醜聞を粛清の原因とみなす説そのものが虚構である可能性が高い。長房の地位が自遁に継承されたのも、途絶した嫡流の役割を有力庶流が順当に引き継いだと理解すべきだろう。

当時の阿波三好家における自遁を語る上で重要となる人物が、自遁の嫡子で、三好長治の側近とされる篠原長秀《ながひで》（玄蕃助《げんばのすけ》）である〔昔阿波物語〕。同時代史料では、永禄五年（一五六二）十一月に河内高屋《たかや》城（大阪府羽曳野市）の在番衆に名を連ねるなど〔森田周作氏所蔵文書〕畿内での活動が目立つものの、元亀四年五月の上桜城合戦に際して三好長治が麻植郡の土豪木屋平《こやだいら》氏に宛てた書状では、伊沢《いざわ》右近とともに取次役を務めている〔松家家文書〕。おそらく、永禄十一年の高屋城失陥以降に長治に近侍するようになったのだろう。

『昔阿波物語』の語るところでは、長秀は伊沢越前守（先の右近と同一人物とみられる）と並び長治に重用されていたが、自遁が小少将と関係を持つようになると長治は伊沢を軽んじ、もっぱら長秀を恃《たの》むようになったという。先述のごとく自遁と小少将との密通に関しては疑問とすべきだが、長秀が長治の寵臣であったことは信じてよいだろう。彼ら父子は宿老と当主側近として、阿波三好家の内部に大きな影響力を有していたのである。

ところが天正四年（一五七六）、阿波三好家に名目上の主君として推戴されていた細川真之は、長治と決別し守護所勝瑞《しょうずい》（徳島県藍住町）を出奔する。長治は真之討伐を企てるが、有力国衆の一宮成相《いちのみやなりすけ》、そして先述の伊沢越前守の離反で敗北を喫する。その後、長治は長秀の居城である今切《いまぎれ》城（徳島市）に逃れるがここも攻められ、長秀は被官の裏切りに遭い横死、長治は逃亡するも最終的には同年末に至って自刃したとされる〔昔阿波物語〕。この一連の変事における自遁の動向は明らかでないが、失脚状態となったことは間違いないだろう。かくして自遁父子の権勢は、長治の命運と共に唐突な幕切れを迎えることとなった。

「両篠原」体制の復活

長治自刃からまもない天正五年(一五七七)正月、阿波板東郡《ばんどう》の別宮浦《べっくうら》(徳島市、徳島県松茂町)に紀伊雑賀衆《さいかしゅう》の警固船が入港する。その目的は、先年の上桜城合戦に際して紀伊に亡命していた、篠原長房の遺児松満丸の帰還にあった〔昔阿波物語〕。母寿誓《じゅせい》(長房後室)が本願寺宗主の血族にあたる松満丸は、天正三年に本願寺からの後援を獲得しており〔本願寺史料研究所保管文書〕、三好長治と自遁父子の退場を受けて復権をはかったものとみられる。しかし、当時の阿波で主導的立場にあった一宮成相・伊沢越前守らは彼らを拒絶し、松満丸らは再び紀伊へと引き返した〔昔阿波物語〕。

同年夏、阿波の政情は再び大きく変化する。一宮・伊沢に反発する矢野房村《やのふさむら》ら阿波三好家旧臣の一群が蜂起し、伊沢越前守を殺害して勝瑞に拠るのである。対立の原因は不明だが、長房の偏諱《へんき》を受けたとみられる矢野房村には篠原嫡流家との深い親交がうかがえる。とすれば、松満丸の拒絶をめぐる反感が影響した可能性も考えられよう〔森脇二〇二〇〕。

同年閏七月、矢野房村らは隣国讃岐への進出を図る安芸毛利《もうり》氏と交渉を持つが、そのときの顔ぶれには「両篠原」と呼ばれる存在が加わっていた〔弘文荘旧蔵文書〕。「両篠原」の一方は改めて紀伊から帰還を果たした篠原松満丸、もう一方は篠原自遁であろう〔森脇二〇一八〕。前年の政変で失脚したとみられる自遁だが、矢野房村の蜂起後に淡路の軍勢を率いてこれに合流し、一宮勢との対立に加担していた〔昔阿波物語〕。そして翌天正六年初頭ごろ、矢野房村らは三好長治の実弟にあたる十河存保《そごうまさやす》（入国後に三好義堅《よしかた》と改名）を迎える〔昔阿波物語〕。ここに阿波三好家は再興され、両篠原家が並び立つ体制が復活するのである。

しかし、復活した両篠原体制は短期間のうちに終焉する。天正五年以来、矢野房村らと対立していた一宮成相らは、隣国土佐から阿波に進出する長宗我部《ちょうそかべ》氏と結び、阿波三好家への対抗を続けていく。そして天正七年十二月、阿波三好家勢は美馬《みま》郡岩倉《いわくら》城（徳島県美馬市）をめぐる合戦で大敗を喫し、矢野房村ら多数の有力武将を失った〔森脇二〇二二〕。その直後の天正八年正月、勝瑞では一宮成相方の調略により「篠原右京進」が阿波三好家から離反するという事件が発生する〔昔阿波物語〕。この右京進は、元服して父の官途名を継いだ松満丸とみられている〔天野二〇一二〕。

かくして阿波三好家は再び没落するが、その後右京進は老臣の諫言によって讃岐に逃れた義堅と和解し、翌年初頭に義堅は勝瑞に戻ったとされる〔昔阿波物語〕。義堅の勝瑞復帰は他の史料でも裏付けられるが、それが右京進との和解の結果かは定かでない。また、右京進の活動は以降の史料で確認できなくなり、篠原嫡流家の阿波における足跡はここで途絶えることとなる。

阿波三好家と自遁のその後

一方、篠原自遁は右京進離反に際して居城の板東郡木津《きづ》城（徳島県鳴門市）に籠もったとされ、一時は一宮成相陣営や長宗我部氏に接近した形跡もうかがえるが〔昔阿波物語、土佐国蠹簡集〕、義堅の勝瑞復帰後は再びその麾下に属したとみられる。やがて天正十年（一五八二）、織田政権と長宗我部氏の関係が悪化し、信長三男の神戸《かんべ》信孝《のぶたか》を総大将とした四国出兵が計画されると、阿波三好家はこれに恭順姿勢をとる。その際、自遁は織田政権との交渉役を担っており、六月一日付で信孝から制札が送られた際には宛所となっている〔土佐蠹簡集残編〕。しかし、六月二日に発生した本能寺の変により四国出兵は中止される。来援の希望を失った阿波三好家は態勢を立て直せないまま、八月二十八日に勝瑞近辺の中富《なかとみ》（徳島県藍住町）で行われた合戦において、長宗我部勢に大敗を喫することとなった。

合戦に敗れた三好義堅は、勝瑞に籠城する。この籠城戦において、自遁は義堅とともに勝瑞に籠もらず、木津城にあって羽柴秀吉《はしばひでよし》との交渉を行っている〔黒田家文書ほか〕。当時、秀吉は勝瑞救援のため軍勢派遣を計画しており、自遁は阿波の情勢を逐次報告しつつ、秀吉の来援に備えていたとみられる。しかし、九月下旬に勝瑞が開城し三好義堅が讃岐へと退いたことで、秀吉勢の阿波出兵もまた立ち消えてしまう。その後、木津城はしばらく持ちこたえていたものの、天正十一年五月ごろに長宗我部勢の攻撃で落城、自遁は淡路へと逃れた〔香宗我部家伝証文、昔阿波物語〕。

自遁の活動終見は、秀吉による四国出兵と長宗我部氏の降伏を経た後の天正十三年閏八月、新たに阿波国主となった蜂須賀家政《はちすかいえまさ》に対し、三好氏のもとで活動していた山伏《やまぶし》を紹介する書状である〔古文書纂〕。讃岐で抵抗を続けた旧主義堅は出兵後の国分《くにわけ》で所領を与えられるが、自遁が領主として四国に復帰する機会はついに訪れなかったと思しい。細川・三好氏の下で権勢を振るった篠原氏は、乱世の終焉とともに歴史の表舞台から姿を消すのである。

（森脇崇文）

【主要参考文献】

天野忠幸「総論　阿波三好氏の系譜と動向」（同編『論集戦国大名と国衆10　阿波三好氏』岩田書院、二〇一二年）
徳島県史編さん委員会編『徳島県史　第二巻』（徳島県、一九六六年）
森脇崇文「足利義昭帰洛戦争の展開と四国情勢」（地方史研究協議会編『徳島発展の歴史的基盤』雄山閣、二〇一八年）
森脇崇文「三好長治死後の阿波内紛をめぐる一考察」（『鳴門史学』三三、二〇二〇年）
森脇崇文「天正七年阿波岩倉城合戦の歴史的意義」（石井伸夫・重見髙博・長谷川賢二編著『戦国期阿波国のいくさ・信仰・都市』戎光祥出版、二〇二二年）
若松和三郎『戦国三好氏と篠原長房』（戎光祥出版、二〇一三年、初出一九八九年）

大西覚用・上野介
――乱世に翻弄された四国の境目国衆

阿波大西氏と大西覚用の周辺

阿波大西氏《おおにし》は、阿波三好郡《みよし》西部（徳島県三好市）の田井庄《たい》の庄官近藤氏《こんどう》を出自とする在地領主で、南北朝期に細川氏《ほそかわ》に従い、戦国期には三好氏に従属した。居城は大西城もしくは白地城《はくち》（いずれも三好市）とされる。両城とも吉野川《よしのがわ》平野部や讃岐・伊予・土佐に通じる街道沿いに位置する交通の要衝で、四国の地理上の中心地にあたる。その勢力は土佐長岡郡《ながおか》立川《たじかわ》（高知県大豊町）、伊予宇摩郡《うま》（愛媛県四国中央市）、讃岐豊田郡《とよた》（香川県観音寺市）に及んでいたとされる〔阿波志〕、まさに四国の境目国衆であった。

大西覚用《かくよう》は、大西氏の戦国末期の当主で、発給文書や棟札《むなふだ》など一次史料に比較的恵まれている人物である。にもかかわらず、事績も系譜も混乱を極めており、定説と言えるものが存在しない。以下、一次史料と成立の早い軍記に基づいて、できうる限りその実像に迫りたい。

まず名乗りであるが、後世の史書や系図では「覚養」や「角用」と表記されるが、書状の署名は「覚用」のみである。また、出雲守頼武《よりたけ》と同一人物とされることが多いが、天正三年（一五七五）に「大檀那覚用並藤原頼武」とあるように〔一宮神社棟札銘〕、明らかに別人である。これらのことはすでに戦前の

大西池田城跡　徳島県三好市　撮影：筆者

研究で明らかにされている〔田村一九三七〕。頼武については、覚用の父とされることもあるが、天正三年以前に活動が見えないことから、覚用の子とする『みよしき』の記述に従いたい。

『みよしき』や『昔《むかし》阿《あ》波《わ》物語《ものがたり》』によれば、覚用は吉野川平野部の一宮《いちのみや》長門守・有持道慶《ありもちどうけい》、阿波南部の海《かい》部《ふ》宗寿《そうじゅ》と同じく三好元長《もとなが》の娘を室としており、三好氏にとって関係を強化すべき有力国衆であった（『元親記』でも三好長治《ながはる》の叔父とされている）。三好長慶《ながよし》や実休《じっきゅう》に近い世代と考えられることと、天文九年（一五四〇）から永禄五年（一五六二）にかけて「藤原元武《もとたけ》」の活動が確認でき、同八年から覚用の名が史料にみえるようになることから、元武と覚用が同一人物である可能性があろう。なお、『みよしき』では伊予東部の真鍋《まなべ》氏や石川《いしかわ》氏も覚用の子とされているが傍証を欠く。

三好氏への従属と修験道との関わり

大永七年（一五二六）の足利義晴《あしかがよしはる》・細川高国《ほそかわたかくに》と足利義維《よしつな》・細川晴元《はるもと》・三好元長との対立で、大西元高《もとたか》が細川晴元・三好元長方で戦い討ち死にしたとされる〔白地八幡寺位牌〕。以降も畿内の抗争が続き、阿波の国衆が動員されたと考えられるが、大西氏の従軍は史料にみえない。一方で、天文九年（一五四〇）には雲辺寺《うんぺんじ》（徳島県三好市）に鰐口が、同十六年六月には昼間《ひるま》願成寺《がんじょうじ》（三好市）に薬師如来が「大檀那藤原元武」によって寄進されており、領内の寺社保護が積極的に行われていた。

大西氏は三好長慶が権力を確立させる過程でこれに従ったようで、永禄三年（一五六〇）の三好氏による河内平定戦には、三好実休に従って大西勢も従軍している〔観心寺文書〕。

永禄六年には、阿波三好氏による讃岐香川《かがわ》氏への攻撃が重臣篠原長房《しのはらながふさ》のもとで本格化した。讃岐と領域を接する大西氏も讃岐に出陣し、閏十二月に三好郡との国境付近に位置する財田《さいた》（香川県三豊市）で香川勢と合戦に及んだ〔帰来秋山家文書〕。香川氏は翌年に讃岐を退去させられており、大西氏も新たな知行を獲得したことであろう。

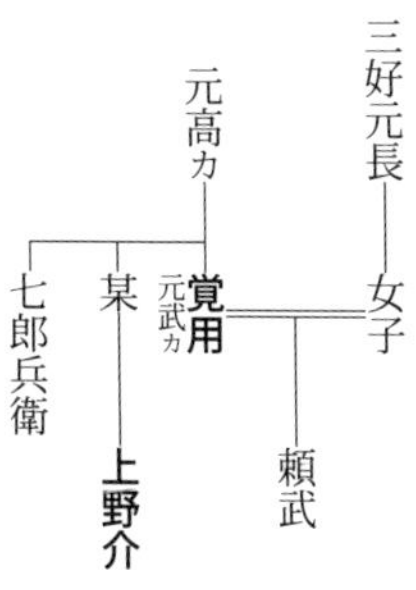

大西氏略系図

永禄七年六月、三好長慶の病状が心配される中、松永久秀《まつながひさひで》が大西氏の高屋城《たかや》（大阪府羽曳野市）への早期入城を求めている〔柳生文書〕。高屋城は阿波三好氏の拠点であり、阿波国衆の大西氏も在番する体制となっていたのであろうか。

永禄八年五月、大西覚用は領内の山伏に対して近年の祈念を理由に負担を免除している〔久保陸市所蔵文書〕。これが覚用という呼称の初見である。永禄五年まで大西元武の活動が確認できることから〔川崎三所神社棟札〕、両者が同一人物であればこの間に出家したことになる。『昔阿波物語』には、永禄五年の三好実休討ち死にの際に阿波三好氏重臣をはじめ阿波・讃岐・伊予・淡路衆が剃髪したとされている。覚用の出家の契機としてふさわしいが、一次史料では篠原長房ら重臣の出家は永禄十年代以降である。

覚用と修験道の関わりを示す史料は他にもあり、永禄十二年三月に覚用は熊野三山（本宮・新宮・那智山）の御師に参詣費用として計四二八貫百文を渡している〔仙光寺文書〕。覚用は吉野川中流域の十川先達（徳島県吉野川市）を媒介として熊野三山の御師との師檀関係を結んでいた。この年の熊野参詣が覚用自身によるものか、十川先達の代参かは定かではないが、当時の畿内は足利義昭《よしあき》・織田信長《おだのぶなが》・三好義継《よしつぐ》と三好三人衆・阿波三好氏との抗争が展開されており、混迷する畿内情勢を把握しようとしていた可能性がある〔長谷川二〇一九〕。なお、三好郡には熊野信仰が浸透しており、大西には山伏の拠点として畑栗寺が存在していた〔米良文書、阿波国徴古雑抄〕。このような修験道とのつながりは、境目の山間地域を領域とする大西氏の情報収集に寄与していたであろう。

元亀争乱と阿波三好氏の動揺

永禄十三年（元亀元年、一五七〇）に阿波三好氏は豊後大友《おおとも》氏・備前浦上《うらがみ》氏・宇喜多《うきた》氏とともに毛利《もうり》氏包囲網を築き、瀬戸内地域での戦闘が激化する。翌元亀二年三月頃、大西氏は伊予宇摩郡に出兵するが、毛利方の川之江《かわのえ》（愛媛県四国中央市）の河上《かわのえ》氏の抵抗にあい敗北している〔乃美文書〕。当時、毛利勢に攻撃されていた備前児島《こじま》の元太城《もとぶと》（岡山県倉敷市）を後巻《うしろまき》すべく阿波三好勢が讃岐に駐留していた。大西氏の軍事行動は宇摩郡での領域の拡大のみならず、阿波三好氏の対毛利戦略とも連動していたのであろう。

元亀四年（天正元年、一五七三）になると、覚用周辺の政治情勢が大きく変化する。三好長治が対織田・毛利戦を主導してきた篠原長房を討伐したのである。長治は筆頭重臣の排除にあたり、阿波守護家の細《ほそ》川真之《かわさねゆき》も擁して国衆を動員しており、大西氏も対象となった可能性がある。長房排除の隙を突いて、八月頃には毛利氏が香川氏を讃岐に帰国させたようである〔吉川家文書〕。

翌天正二年、阿波三好氏は足利義昭・本願寺《ほんがんじ》・甲斐武田《たけだ》氏らに合流して織田氏と敵対することになった。そのため三月には織田信長の庇護下にあった細川京兆家《けいちょうけ》の細川信元《のぶもと》が香川信景《のぶかげ》や奈良《なら》氏ら讃岐国衆に対して阿波・讃岐攻めにおける忠節を求めている。この際、香川氏には東讃岐六郡と「大西跡職」が恩賞とされている〔尊経閣文庫所蔵文書〕。信長と香川氏が連携して阿波三好氏攻撃を画策する中で、大西氏の領域支配が脅かされつつあった。

天正三年、阿波三好氏は毛利氏の攻勢に窮していた備中三村《みむら》氏から加勢を求められた。三好長治は織田氏と和睦して毛利氏との戦いに戦力を集中させようとしたが、加勢は間に合わず、毛利氏によって浦上氏・三村氏・美作三浦《みうら》氏は滅ぼされてしまう。大西氏の存立は、勢力を拡大させる三好氏に従属することで確保されてきた。しかし、四国東部における阿波三好氏の優位が崩れつつあり、覚用は新たな外交を余儀なくされる。
この年、覚用は頼武とともに領内の一宮大明神を再興しており、次代への家督移行期に入っていたようだ。天正元年十一月に覚用とともに三好郡井内谷《いうちだに》の新田《にった》神社（徳島県三好市）を再興した「千松」は頼武の幼名であろうか。

毛利氏・長宗我部氏への与同

天正四年（一五七六）は覚用周辺の環境がさらに激しく変化する。足利義昭を保護する毛利氏と織田氏との戦争が始まり、阿波では細川真之が三好長治と袂を分かち、長治が敗死するという政治的混乱に陥った。このような情勢において、覚用は毛利方陣営に与することを選択する。

年末までに一族の大西越前守が毛利氏に書状を送っており、足利義昭の入洛に向けた軍事行動について協議を進めている〔乃美文書〕。なお、大西氏が軍事行動を直に協議した今村《いまむら》紀伊守は、伊予宇摩郡松尾《まつお》城（愛媛県四国中央市）の今村氏で、毛利氏との接点となっていたとされている〔加藤二〇二〇〕。そうであれば、伊予東部の毛利方とも連携した広範囲にわたる軍事行動が計画されていたことになる。

一方で、南隣する長宗我部《ちょうそかべ》氏との関係も変化を迎えた。もともと覚用と長宗我部氏は、土佐に寺院を持つ覚用の兄の縁から使者の往来のある友好関係にあった。覚用の兄は土佐東端野根《のね》（高知県東洋町）の満徳寺《まんとくじ》の了秀《りょうしゅう》とされる〔阿波志〕。天正初年に長宗我部氏が野根・甲浦《かんのうら》（東洋町）を攻略したことが契機になったのであろう。天正四年に長宗我部元親《もとちか》が調略を試みたところ、覚用は早々に与同し、甥の上野介《こうずけのすけ》を人質に土佐に送った〔元親記〕。この頃の長宗我部氏は、阿波南部の海部を攻略して阿波三好氏と敵対に及んでいた。長宗我部氏と敵対しても阿波から加勢が派遣される状況ではなく、隣接する大名権力に与同する途を選んだのであろう。

翌天正五年二月、前年の大西越前守の書状に対する小早川隆景《こばやかわたかかげ》ら毛利氏重臣からの返書を受けて、大西覚用は一族の大西備前守高森《たかもり》と連名で書状を送った〔乃美文書〕。この際、覚用は「大西安芸入道覚用」を名乗っている。覚用の官途は出雲守や刑部少輔が系図や地誌類で知られるが、一次史料で確認できるのはこの安芸守のみである。大西高森は系図類にはみえない人物であるが、讃岐西端の獅子ケ鼻《ししがはな》城（香川県観音寺市）の大平《おおひら》伊賀守国祐《くにすけ》の母が大西備前守長清《ながきよ》の娘とされている〔大平氏系図〕。高森は讃岐国衆と関係を有する有力な一族だったのであろう。大西氏の外交が当主覚用だけでなく、一族の有力者も参画して行われていたことがうかがえよう。覚用らは、足利義昭の入洛作戦にあたって「隣国表」（讃岐）を最優先としている旨を伝え、毛利氏に対して油断のない才覚を求め、軍事行動の時期については使者の口上に託している。

当時の毛利氏は、「海陸行」と称される織田方に対する大規模な攻勢を計画しており、それに連動した軍事行動を予定していたのであろう。覚用ら大西氏が積極的に毛利方に参画したように見受けられる。阿波三好氏権力の崩壊により、境目を接する他の国衆との軋轢が生まれ、それを毛利方による義昭入洛に向けた軍事行動のもとで解消しようとしていたのではないだろうか。その対象は、後述するように三好安芸守であったと考えられる。

三好安芸守との戦い

覚用らの軍事行動は足利義昭にも重要視されており、天正五年（一五七七）四月には義昭側近の真木《まき》島昭光《しまあきみつ》が毛利氏と同盟していた伊予河野《こうの》氏に対して、海上における村上《むらかみ》衆の警固船派遣とともに陸上での「大西表」への加勢を求めている。

河野氏の加勢が実現したかは定かではないものの、阿波・讃岐の毛利方勢力は苦戦を強いられたようで、毛利氏に出兵を要請し、七月には毛利勢の讃岐派兵が予定された。覚用は閏七月十二日に三好郡雲辺寺の俊崇坊《しゅんそうぼう》に馬の借用を依頼しており、寺院から馬を徴発するほど軍事力を動員していた。同月二十日には羽床《はゆか》氏・長尾《ながお》氏ら讃岐惣国《そうこく》衆と三好安芸守が毛利方に与同した讃岐元吉《もとよし》城（香川県善通寺市）を攻撃したが、後巻の毛利勢に撃退された（元吉合戦）。これにより戦況は一変し、十一月頃に毛利氏は、羽床・長尾両氏から人質を徴収するとともに、一宮成相《なりすけ》らと対立して毛利方となっていた矢野《やの》房村《ふさむら》ら「阿州衆」との参会も遂げ「阿讃平均」を達成した。

同じ頃、大西氏と三好安芸守との和睦調停が長宗我部元親によって進められている〔西野嘉右衛門氏所蔵文書〕。三好安芸守は、三好郡東部から阿讃山脈をまたいで讃岐西部にも勢力を有し、大西氏と領域を接する国衆であったと考えられる。大西氏と三好安芸守との間に発生していた境目をめぐる相論が、覚用の積極的な軍事行動を惹起させていたのであろう。両者の対立は元吉合戦後も継続し、元吉合戦の戦後処理の一環として、大西氏と同じく毛利方となっていた長宗我部元親が仲裁に乗り出したのである。仲裁にあたって元親は、大西の西部の領主で三好郡に一定の影響力を有していたと思しき栗野《くりの》氏に、和睦実現に向けた助言を求めている。元親をもってしても両者の和睦成立は容易ではなく、織田・毛利戦争に収斂されない根深い地域利害の対立が存在していたようだ。

長宗我部氏への従属と離反

天正六年（一五七八）、大西氏をめぐる情勢はまたしても変容する。矢野房村らによって三好義堅《よしかた》（十《そ》河存保《ごうまさやす》）が入国し、毛利方として阿波三好氏が再興された。これによって長宗我部氏は阿波進出の大義名分を失い、毛利方から離脱して織田方に与同することになる。

当時の東瀬戸内地域は毛利方が優勢であったが、覚用は長宗我部氏への与同を選択する。三好義堅が入国したとはいえ、阿波には織田方の反三好勢力が割拠しており、大西氏が長宗我部氏の攻撃を受けても、阿波三好氏から加勢を受けられる保障がないと判断したのであろう。

長宗我部氏に与同した大西氏は、その勢力拡大に寄与する。阿波では覚用の弟大西七郎兵衛が、白鳥《しらとり》城（徳島県美馬市）の久米《くめ》刑馬とともに三好郡と接する美馬郡西端の重要拠点である重清《しげきよ》城（美馬市）の城主父子を謀殺して城を乗っ取り、大西頼武が入城した〔みよしき〕。讃岐では、阿波に接する藤目《ふじめ》城（香川県観音寺市）の斎藤《さいとう》下総守を縁者である大西上野介が調略し、同城には長宗我部勢が在番するようになった〔元親記〕。大西領の周辺が長宗我部方の前線拠点となったことにより、大西氏の存立が確保されたのである。

しかし、三好義堅の反攻によって重清城は落城し、頼武は討ち死にしてしまう。「大西のとし寄竹の末の子を打くたかれてはちをかくよう」と覚用・頼武父子を揶揄した狂歌が残されている〔みよしき、昔阿波物語〕。また、藤目城も阿波・讃岐勢を動員した義堅によって奪還されてしまう〔元親記〕。自領周辺で展開される阿波三好氏の激しい反攻に大西覚用は動揺し、十月頃には長宗我部氏からの離脱を考えるようになる。一方で、大西左馬頭や大西上野介ら長宗我部氏に留まろうとする一族もおり〔仏光寺文書〕、境目国衆大西氏は存立のあり方をめぐって分裂しつつあった。長宗我部氏にとっても、大西氏の離反は本国を脅かす事態につながり看過できるものではなかった。

年末に長宗我部勢が藤目城を再攻略した際には、まだ覚用の離反は決定的ではなかったようだが、天正七年四月頃に長宗我部氏の大西攻めが実施される。覚用は相川口《あいかわぐち》（徳島県三好市）まで出陣していたが、大西上野介の手引きで上名《かみみょう》・下名《しもみょう》・西宇《にしう》・国政《くにまさ》（三好市）といった吉野川沿いの難所の者たちが道案内をしたため、長宗我部勢は容易に大西への侵入を果たした。大西でも上野介に内通する者が多く、覚用は讃岐麻《あさ》城（香川県三豊市）へ落ち延びることとなった。麻城主は縁戚の近藤出羽守国久《くにひさ》とも大西左馬頭とも伝わる。縁戚を頼っただけでなく、香川氏の勢力に接しており、毛利方の支援も期待していたのであろう。その後の覚用の動きは確実な史料にはみえず、天正七年五月十日に三好郡願城寺《がんじょうじ》（三好市）で三十五歳で討ち死にしたともされるが、重清落城時の頼武の討ち死にと混同されている節があり定かではない（善正寺大西系図など）。

「武辺才覚比類無き者」大西上野介

大西を制圧した長宗我部氏は、白地に新城を築き家臣の谷忠澄《たにただずみ》を城代として直轄化した。大西上野介は長宗我部氏から本領の馬路《うまじ》を安堵された。『長元記《ちょうげんき》』では白地城主とされる。以後、覚用に代わって上野介が大西氏の中心となるが、その動向が確認できる一次史料は一点のみである（仏光寺文書）。実名も系図によって頼包《よりかね》、頼澄《よりずみ》、長清《ながきよ》など一様ではない。覚用の弟大西七郎兵衛と同一人物とされることもあるが、現段階では『元親記《もとちかき》』に覚用の甥とあることに従い、覚用の一世代後の人物としておきたい。以下、『元親記』を中心に長宗我部氏従属後の上野介の活動を追っていく。なお、同書では「上野守」と表記されるが、慣例に従い上野介と記述する。

長宗我部氏から近隣の手柄次第の切り取りを認められた上野介は、三好郡東部の足代《あしろ》城（徳島県東みよし町）の攻略を皮切りに、長宗我部氏の四国平定戦で目覚ましい活躍を遂げる。

伊予東部に対しては、宇摩郡の妻鳥《めんどり》采女・馬立《うまたて》氏・新瀬川《しんせかわ》氏といった近隣の領主に加え、金子《かねこ》氏・石

上：白地城跡　徳島県三好市　下：白地城から移された五輪塔　徳島県三好市・八幡寺　ともに撮影：筆者

川氏ら新居郡国衆も服属させて人質を岡豊《おこう》（高知県南国市）まで同道した。金子氏の長宗我部氏与同は天正九年（一五八一）である〔金子文書〕。

讃岐においては、香川信景の弟である観音寺《かんのんじ》領主の家老香川備前守を斎藤下総守とともに調略して、天正七年九月に香川氏が長宗我部氏に与同する契機を作った〔津野田文書〕。ついで、讃岐中部の羽床城（香川県綾川町）攻めでは、財田城の中内《なかのうち》氏や伊予衆とともに先手を務め、羽床勢を敗走させた。

阿波では、天正七年末の岩倉《いわくら》合戦で岩倉衆と共に伏兵となり、阿波三好氏の重臣矢野房村らを敗死させ〔長元記〕、重清城の再攻略戦で長宗我部氏重臣の久武《ひさたけ》内蔵助とともに先陣を務め、迎撃に出た阿波三好勢を敗走させている。

『元親記』は、上野介を「武辺才覚比類無き者」と絶賛している。これは久武内蔵助と同じ評価である。

四国における長宗我部氏の勢力拡大は、境目国衆である大西氏にとっても自領の安全保障上不可欠なことであり、上野介は長宗我部氏への軍事的奉公によって自身の存立を確かなものにしようとしていた。

天正十年の阿波三好氏との決戦では、上野介は香川勢ら讃岐衆や白地城主谷忠澄・伊予衆とともに讃岐十河城（高松市）への攻撃を行った。翌天正十一年には虎丸城《とらまる》（香川県東かがわ市）の攻撃に従軍し、引田《ひけた》（東かがわ市）から上陸した仙石秀久《せんごくひでひさ》勢を香川勢・国吉《くによし》三郎兵衛とともに迎撃し、数人を討ち取る戦功を挙げた。さらに、長宗我部元親から引田城に籠もった仙石勢への追撃を任され、長宗我部一族の蓮池《はすいけ》左京進とともに仙石勢を海上へ敗走させている。

国衆大西氏の終焉

長宗我部氏の阿波・讃岐への軍事行動の多くで先陣を務めていた上野介であるが、これ以降の活動は史書にはみえず、天正十三年（一五八五）の秀吉による四国出兵における去就も不明である。香川氏のように土佐で長宗我部氏に仕官もせず、三好郡井内谷に居住し、阿波に入国した蜂須賀家政《はちすかいえまさ》に招かれて仕官したものの、やがて致仕し讃岐高丸城《たかまる》（香川県観音寺市）の秀吉与力高坂丹波守に寄寓して、天正十八年七月九日に四十三歳で死去したと伝わる〔善正寺大西系図など〕。

四ヶ国にまたがる文字通りの境目国衆として、目まぐるしく変化する動乱の中でさまざまな方策で生き残りをはかった大西氏であったが、領主として存続するには至らなかった。しかし、蜂須賀家臣の姫《ひめ》田氏は覚用の子孫とされ〔姫田《だ》直次郎成立書〕、三好郡では大西氏子孫を称する庄屋が多く存在した。また、三好郡のみならず四国中央部の各地には覚用ら大西氏一族を供養・祭祀する寺社・風習・供養塔等が各地に残っており、大西氏の記憶はその実像以上に地域社会に根付いている。

（中平景介）

【主要参考文献】

加藤弘「阿波大西氏と戦国期宇摩郡に関する一考察―『大西軍記』の史料批判を踏まえて―」（『伊予史談』三九八、二〇二〇年）

川島佳弘「天正五年元吉合戦と香川氏の動向」（橋詰茂編『戦国・近世初期 西と東の地域社会』岩田書院、二〇一九年）

田村左源太『阿波大西氏研究』（私家版、一九三七年）

中平景介「史料紹介 阿波大西氏に関する長宗我部元親書状について」（『四国中世史研究』十二、二〇一三年）

中平景介「長宗我部元親の阿波侵攻と西阿波の国衆」（石井伸夫・重見髙博・長谷川賢二編著『戦国期阿波国のいくさ・信仰・都市』戎光祥出版、二〇二二年）

長谷川賢二「戦国期阿波の国人領主と熊野信仰―大西覚用の周辺―」（橋詰茂編『戦国・近世初期 西と東の地域社会』岩田書院、二〇一九年）

『池田町史 上巻』（池田町、一九八三年）

安宅冬康・神太郎・神五郎
――淡路国衆となった三好一族

淡路安宅氏と冬康の入嗣

安宅《あたぎ》氏は、紀伊国牟婁《むろ》郡安宅庄（和歌山県白浜町）を名字の地とする一族である。阿波にも所領を有しており、南北朝期の紀伊水道を中心とする軍事行動の中で淡路にも進出したと考えられる。安宅氏は淡路の広域に展開し、戦国期には淡路国衆の中心的な存在となった。ただし、近世の地誌によれば、淡路安宅氏は一つの家に統合されていたわけではなく、洲本《すもと》や由良《ゆら》（ともに兵庫県洲本市）などを居城とする「安宅八家衆」が存在していたとされている。

このような安宅氏に入嗣したのが、三好元長《みよしもとなが》の三男冬康《ふゆやす》である。入嗣の契機は、大永八年（一五二八）に元長から離反した安宅次郎三郎の鎮圧とされているが〔徴古雑抄所収島田氏所蔵文書〕、入嗣の事情を物語る史料はない。いずれの安宅氏に入嗣したかも不明であるものの、冬康の居城となったのは洲本であった。

冬康が初めて文献に見えるのは、天文六年（一五三七）である。三好長慶《ながよし》が九月に淡路に渡海した際、弟の「あたき」を同行しており、十一月には畿内に出陣した三好勢に「安宅千々世」が見える〔天文日記〕。

安宅冬康画像　「肖像集」　国立国会図書館蔵

冬康は安宅氏入嗣後に兄長慶のもとにいたが、安宅勢の動員にあたって兄とともに淡路に渡海したのであろう。以降冬康は、淡路衆を率いて各地を転戦し、長慶の勢力拡大を支えていく。

淡路衆を率いて畿内の抗争で活躍

細川京兆家《ほそかわけいちょうけ》における細川晴元《はるもと》と細川氏綱《うじつな》との対立では、三好長慶は晴元方に属した。天文十五年（一五四六）に長慶が氏綱方によって堺からの退去を余儀なくされると、冬康は淡路衆を動員していち早く加勢に駆けつけ、摂津各地を転戦した。この頃には元服して「神太郎《じんたろう》」を名乗っている〔天文日記〕。翌十六年、冬康は淡路衆を率いて四国勢と共に摂津の氏綱方の諸城を攻略しており、摂津舎利寺《しゃりじ》合戦（大阪市生野区）にも参戦した。

その後、長慶は細川氏綱と結び細川晴元・三好政長《まさなが》と対立する。天文十八年二月、淡路衆は摂津尼崎《あまがさき》（兵庫県尼崎市）に在陣して晴元方と対峙した。六月の江口《えぐち》合戦では、冬康は淡路衆を率いて弟の十河一存《そごうかずまさ》の手勢とともに別府《べっぷ》（大阪府摂津市）に陣を構え、江口（大阪市東淀川区）の政長と三宅城《みやけ》（大阪府茨木市）の晴元とを遮断して政長を敗死させる契機を作った〔細川両家記〕。その後も長慶周辺の情勢が緊張状態になると、冬康は淡路からたびたび畿内に渡海している。天文二十年九月には東寺《とうじ》に禁制《きんぜい》を発給しており、この中で冬康は「摂津守鴨冬」を名乗っている〔東寺百合文書〕。

天文二十三年十月、長慶は淡路に渡海し、洲本で実休《じっきゅう》・冬康・一存の四兄弟が参会して「世上の儀」を相談した〔大方保家文書、細川両家記〕。翌十一月の三好氏の播磨攻めでは、冬康は「摂津守橘」として刀田寺〔兵庫県加古川市〕に禁制を発給し〔鶴林寺文書〕、翌二十四年〔弘治元年〕二月には「摂津守冬康」を名乗っている〔顕本寺文書〕。

相次ぐ兄弟の死

永禄元年〔一五五八〕、京都近郊で足利義輝《あしかがよしてる》方との戦闘が再開されると、八月下旬に冬康は兵庫津に渡海し、実休や十河一存も合流して尼崎で四兄弟が会談した〔東寺百合文書、細川両家記〕。九月下旬には淡路衆が堺に渡海して、阿波勢・摂津勢とともに和泉の義輝方を圧迫している〔細川両家記〕。

永禄三年四月には長慶と実休が洲本で参会し〔雑々聞検書〕、三好勢は河内に侵攻する。冬康は七月に「沙弥宗繁」として河内富田林《とんだばやし》の興正寺《こうしょうじ》道場〔大阪府富田林市〕に禁制を発給しており、この頃には出家していたことが確認できる〔杉山家文書〕。兄の実休と同じ時期の出家であろうか。号は「一承《いっしょう》軒《けん》」〔一舟軒とも〕であった〔雑々聞検書〕。

永禄四年四月、和泉の支配を任されていた十河一存が死去すると、一存に代わって冬康が淡路衆とともに岸和田城《きしわだ》（大阪府岸和田市）に在番することとなった〔昔阿波物語、細川両家記〕。しかし、翌五年三月に岸和田城は畠山《はたけやま》・根来《ねごろ》勢に攻撃され、後巻に出陣した三好実休が討ち死にしてしまう（久米田《くめだ》合戦）。三好勢は敗走し高屋城《たかや》（同羽曳野市）も開城したが、冬康は岸和田城に数日籠城した後、和睦して退城した〔細川両家記、昔阿波物語〕。その後、三好勢は態勢を立て直し、冬康も合流して畠山勢に包囲されていた長慶の飯盛城《いいもり》（大阪府大東市・四條畷市）を後巻《うしろまき》して河内教興寺《きょうこうじ》（同八尾市）で合戦に及んで勝利した。高屋城を奪還した三好氏は南河内を支配し、冬康は和泉を平定したという〔長享年後畿内兵乱記〕。兄実休に代わって和泉支配を任されたのであろう。

永禄六年二月、冬康は多武峰《とうのみね》との戦いで苦戦する松永久秀《まつながひさひで》を救援するため、大和安倍《あべ》（奈良県桜井市）まで出陣している。その際、若年で家臣団がまとまっていない十河一存の子重存《しげまさ》の軍勢を冬康のもとに加えるよう三好氏から求められている〔柳生文書〕。唯一残った長慶の弟として、冬康は次の世代の後見も期待されていたようである。

冬康の死とその背景

冬康は淡路衆を率いて、畿内近国で三好氏の主要な戦いに参加していた。冬康は淡路のすべての国衆と主従関係を築いていたわけではなかったが、淡路衆に対する軍事統率権を長慶から委ねられていたのであろう。ただし、冬康の戦場での活躍で海上におけるものは確認できない。四国や淡路からの軍勢渡海に淡路の水運力が果たした役割は大であろうが、意外なことに冬康時代の「淡路水軍」の実像は明らかではない。

永禄六年（一五六三）に長慶の嫡男義興《よしおき》が死去し、翌年正月には十河重存（のちの三好義継《よしつぐ》）が長慶の養子となった。そして五月九日、冬康は長慶の飯盛城に呼び寄せられて殺害される。『細川両家記《ほそかわりょうけき》』では「人の讒言《ざんげん》」、京の公家山科言継《やましなときつぐ》の日記『言継卿記《ときつぐきょうき》』では「逆心悪行」のためとされ、冬康も含め十八人が死に追い込まれたとする。その原因について、近年では病床の長慶と若年の義継という不安定な三好本宗家にあって、冬康が擁立され義継の地位を脅かすことを防ごうとしたものと考えられている〔天野二〇二一〕。菅《かん》若狭守ら冬康期の重臣が子の神太郎期にみえないことを踏まえると、洲本安宅氏家中で三好本宗家に関与しようとする動きが生じた結果、冬康とともに粛正された可能性も考えられよう。

神太郎と三好本宗家の内訌

冬康の子が神太郎（甚太郎）である。実名は信康《のぶやす》と系図類にあるが、一次史料では確認できない。元亀元年（一五七〇）に十五歳とされることから〔阿州将裔記〕、弘治二年（一五五六）生まれ、冬康死去時はまだ九歳であった。

長慶の死後、三好本宗家内では三好義継と三好三人衆が松永久秀を排除し、久秀は足利義昭を擁する畠山秋高《あきたか》や和泉の松浦孫八郎《まつらまごはちろう》と結ぶ。このような三好本宗家の内訌において、神太郎は阿波三好氏と同

図　安宅八家衆と淡路十人衆の拠点

じく義継・三人衆に味方する。永禄九年（一五六六）二月、神太郎は淡路十人衆を率いて松永方の摂津滝山《たきやま》城（神戸市中央区）を攻撃した。これをみるに、神太郎は父冬康と同様に淡路衆の統率権を得ていたようである。その後、淡路十人衆は義継・阿波三好方とともに高屋城に入城し、松永勢を撃破した。その後は播磨衆とともに再び滝山城を攻撃し、八月に退城させている（細川両家記）。

永禄十年になると、三人衆・阿波三好方から三好義継が離脱して義昭・久秀方に合流し、翌十一年九月に織田《おだ》信長《のぶなが》が足利義昭を擁して上洛すると、三人衆・阿波三好方の多くは阿波へ下国した。

義昭・信長方による畿内制圧に対して、三人衆らは反攻を計画する。ところが、安宅氏ら淡路衆が阿波三好家重臣の篠原長房《しのはらながふさ》に訴訟を行ったため、計画は延引されることとなった（細川両家記）。永禄九年以来、打ち続く負担に淡路衆が反発したのであろう。この訴訟を受けたものか、十一月下旬から十二月初めにかけて、阿波三好家による徳政《とくせい》が阿波・淡路において実施されている（木戸太平氏所蔵文書、船越文書〕。

その後、畿内の三人衆方は淡路衆を除いて反攻に及ぶが、翌年正月の本國寺《ほんこくじ》合戦で撃退され、三好勢の出陣拠点となった堺は信長に服属することとなる。

畿内の抗争に変転する去就

織田方の畿内優勢を受けて神太郎は、父冬康とも厚誼のあった堺の豪商今井宗久《いまいそうきゅう》を通じて義昭・信長に服属する。永禄十二年(一五六九)閏五月には淡路での戦闘が噂され〔多聞院日記〕、九月に神太郎は信長方から堺南庄を安堵されている。畿内における権益を確保しようとしたのであろう。

神太郎の離反に対し、阿波三好勢が十一月中旬に淡路に渡海した。若年の神太郎は安宅石見守・菅平右衛門尉ら年寄衆に支えられてこれに対抗する〔今井宗久書札案〕。神太郎の離反により淡路は、義昭・織田方と阿波三好方との境目へと変貌したのである。

翌永禄十三年(元亀元年)二月には、淡路に駐留していた阿波勢が「不慮雑説」により撤退し、神太郎方が追撃を加え、二百ほどの損害を与えている〔今井宗久書札案〕。

ところが、六月に阿波三好勢が淡路に渡海すると、神太郎はその調略に応じることとなる。七月下旬、兵庫に上陸した安宅勢ら淡路衆は池田勢とともに摂津伊丹《いたみ》城(大阪府伊丹市)を攻撃し、三人衆・阿波勢は摂津野田《のだ》・福島《ふくしま》(大阪市福島区)を拠点に河内方面に進出した〔細川両家記〕。八月に義昭・信長が摂津に出陣した際には、阿波勢などとともに神太郎も野田・福島に籠城している〔信長記〕。

九月、神太郎は東福寺《とうふくじ》から禁制《きんぜい》発給を求められ、「神太郎康」と署名して返書を送っている〔新井本東福寺文書〕。「信康」が信長からの偏諱《へんき》であれば、織田方から離反したため「信」を名乗りから外していた可能性もあろう。

神五郎の登場と神太郎の退場

元亀二年（一五七一）五月、三好義継・松永久秀は三人衆と結んで義昭・信長方から離反し、摂津交野《かたの》城（大阪府交野市）や高屋城を攻撃する。神太郎は、十月に篠原長房とともに畿内に渡海し、摂津榎並《えなみ》（大阪市城東区・都島区）に在陣して、三好方として義昭・信長方に対峙した〔福地源一郎氏所蔵文書〕。

元亀三年（一五七二）になると、安宅神五郎《じんごろう》（甚五郎）の活動が見えるようになる。神五郎は三好実休の子であり、兄の三好長治《ながはる》によって淡路に送り込まれたようである。実名は系図類では「冬次《ふゆつぐ》」とされるが一次史料では確認できない。四月に神五郎は、三好義継から渡海して交野城攻撃に協力するよう求められている〔土佐国蠧簡集竹頭〕。

一方、神太郎は足利義昭への忠節を申し出て、十一月には信長からも承認を受けている〔古簡雑載〕。三好本宗家にも阿波三好家にも従属せず、再び義昭・織田方に転身して従兄弟の神五郎との抗争に及んでいたのである。しかし、これを最後に神太郎は史料から姿を消す。十二月には篠原長房が淡路に進駐しており〔妙勝寺文書〕、その攻撃を受けて排除されたのであろう。なお、石田三成《いしだみつなり》家臣の安宅三河守秀安《ひでやす》は、冬康の子とされており神太郎の後身かその弟と推定されている〔天野二〇一二〕。「系図纂要」に冬康子とある三河守康重《やすしげ》も候補となろうか。秀安の子孫は加賀藩士として存続している。

織田・毛利戦争の勃発

洲本安宅氏は阿波三好家出身の神五郎のもとに一元化されたが、天正三年（一五七五）四月末の阿波三好氏と織田氏の和睦に神五郎は同調しなかった。十月に本願寺《ほんがんじ》が織田氏と和睦するに及んでこれに追随しており、神五郎もまた阿波三好家から自立した外交を展開し、織田氏との関係も有する境目の国衆となっていた。

天正四年になると織田・毛利《もうり》の対立が深まり、五月には毛利方警固衆が織田勢に包囲されている本願寺に兵糧を補給するという風聞が立った。これを受けて信長は、神五郎に淡路の「関船」による迎撃を求めている〔萩原文書〕。淡路衆が一定の海上軍事力を有しており、その動員権は神五郎にあったことがうかがえよう。六月中旬に毛利氏は警固衆百艘ほどを淡路岩屋《いわや》（兵庫県淡路市）に着陣させ、銀子を用いて神五郎への調略を試みた。しかし、神五郎は応じなかったため、毛利方警固衆は「ちりぢりに」なった〔佐藤行信氏所蔵文書、釈文書、細川家文書〕。

淡路国衆の要である神五郎を調略することで、大坂湾における制海権の掌握につなげようという毛利氏の戦略は失敗に終わった。そのため、毛利氏は七月に自陣営の警固衆を岩屋に集結させ、雑賀衆《さいかしゅう》とともに摂津木津《きづ》浦で織田方警固を壊滅させた〔毛利家文書、信長記〕。この際の神五郎の動向は定かではないが、圧倒的な毛利方警固衆に対して為す術もなかったであろう。大坂湾の織田方海上軍事力が壊滅したことにより、神五郎は毛利方に転じ、淡路は毛利方が反織田勢力を支援する拠点として機能していく。

毛利方としての活動

天正四年（一五七六）末、阿波では神五郎の兄三好長治が守護家の細川真之《ほそかわさねゆき》方に敗れ自害する事態となっていた。翌年正月に神五郎は、長治死後の阿波・淡路情勢を本願寺に伝え〔顕如上人文案〕、毛利氏からは上洛戦の協力を求められている〔記録御用所本古文書集〕。さらに、阿波では淡路衆が毛利方となった矢野房村《やのふさむら》らを支援し、神五郎は房村らが雑賀衆から加勢を得る仲立ちとなった〔昔阿波物語〕。

加えて神五郎は、淡路国内での勢力拡大も果たしている。天正六年十二月には志知《しち》（兵庫県南あわじ市）の野口長宗《のぐちながむね》（『昔阿波物語』によれば実休の子）を排除することに成功した〔古簡雑纂〕。洲本安宅氏と野口氏は境目をめぐってたびたび合戦に及んでいたが、野口氏家老の野口孫作《まごさく》の離反により志知城は落城したという〔味地草〕。淡路を逐われた野口長宗は、羽柴秀吉《はしばひでよし》のもとへ身を寄せることとなる。

毛利方の優位は天正七年の宇喜多直家《うきたなおいえ》の離反から崩れていき、翌八年正月には岩屋に駐留していた毛利方警固衆が帰国してしまう。このような事態に対して神五郎や岩屋の菅重勝《しげかつ》は、毛利氏に起請文を提出して与同の覚悟を示し、岩屋への軍勢派遣をたびたび要請している〔冷泉家文書〕。神五郎ら淡路衆の存立は、岩屋を拠点に大坂湾沿岸に毛利方の海上軍事力が展開して、本願寺ら反織田勢力を支援する体制が維持されることによって保障されていた。

しかし、毛利方警固衆の派遣は遅延し、閏三月に本願寺は信長との和睦に応じる。これに対し淡路衆は、雑賀衆とともに和睦に反対する教如《きょうにょ》を擁して大坂を維持しようとした。同じ頃、羽柴秀吉は、野口長宗を取次として阿波の反三好勢力に淡路出兵時の馳走を求めている〔古判手鑑〕。実現はしなかったものの、淡路は織田勢に攻撃される脅威に直面しつつあった。

四月下旬にようやく毛利氏から岩屋や洲本への警固衆が派遣されたが、七月には摂津花熊《はなくま》（神戸市中央区）が落城、岩屋在番の毛利方警固衆の一部が交代を待たずに再び下向してしまう〔冷泉家文書〕。このような事態を受け、教如も八月に大坂を退去し、雑賀や淡路から迎えの船が本願寺や周辺諸城の軍勢を収容した。〔信長記〕。この事態を受けて毛利氏は、岩屋の在番衆に神五郎の覚悟を確認している〔冷泉家文書〕。

なお、大坂を退去した牢人衆は、雑賀衆・淡路衆とともに十一月頃に阿波に渡海し、長宗我部《ちょうそかべ》方が確保していた勝瑞《しょうずい》（徳島県藍住町）を占拠して、長宗我部方の優位に進んでいた阿波の軍事情勢を一変させている。神五郎ら淡路衆にとって、阿波における毛利方の勢力維持も存立に不可欠であった。

信長への服属

天正九年（一五八一）九月頃には、淡路郡家《ぐんげ》（兵庫県淡路市）の田村《たむら》氏が三好義堅《よしかた》（十河存保《まさやす》）の一宮《いちのみや》城（徳島市）攻撃に加勢しており〔昔阿波物語〕、淡路衆による阿波三好氏支援は継続していた。しかし、同年十月末には毛利方の警固船が播磨灘で秀吉配下の小西行長《こにしゆきなが》の安宅船《あたけぶね》に撃退され、淡路周辺における毛利氏の海上優位は失われていた〔蜂須賀文書〕。

十一月中旬、羽柴秀吉と池田元助《いけだもとすけ》による淡路攻めが行われた。まず岩屋城が攻撃され、菅重勝は城を池田勢に明け渡した。次いで洲本城が羽柴勢に包囲され、神五郎は抗戦することなく他の国衆とともに人質を提出した。野口長宗が志知に帰城を果たし、岩屋には池田家臣が、洲本には羽柴家臣がそれぞれ配置されたが、「淡路島物主」は定められなかった〔信長記、福屋金吾旧記文書〕。神五郎は野口領を失ったものの、本領は安堵されたようである。

天正十年三月、秀吉は毛利氏に圧迫されている宇喜多氏を救援すべく、淡路・志摩九鬼《くき》氏・播磨諸浦の船を警固船として動員し、備前児島常山《こじまつねやま》城（岡山市南区・岡山県玉野市）攻めを計画した〔岡本文書ほか〕。淡路衆は対毛利戦における織田方の海上軍事力の一端を担ったのである。

秀吉への服属

天正十年（一五八二）六月二日、本能寺《ほんのうじ》の変《へん》が発生する。その混乱は淡路にも波及した。淡路衆が織田氏に従って出陣している留守を突いて、神太郎の年寄衆であった菅平右衛門尉が洲本城を占拠したのである。平右衛門尉は神太郎が排除された後に牢人となっていたのであろう。

六月九日、中国大返しの途中の秀吉は、岩屋の対岸である大明石《おおあかし》(兵庫県明石市)で洲本占拠の報をうけ、岩屋と洲本への派兵を命じた。しかし、すでに神五郎によって海陸から洲本攻撃の手はずが整えられ、晩には菅平右衛門尉が洲本を退去する見通しとなっていた。神五郎も秀吉と同様に早期に備中から帰陣していたのであろう。神五郎の素早い洲本制圧によって秀吉は遅滞なく畿内へ兵を進めることができた。秀吉は岩屋に兵を入れ、洲本の本丸に直臣の高田《たかだ》長左衛門尉を置くよう神五郎に求めており、淡路の掌握も進めようとしている。しかし、神五郎は自身の出陣に際して野口長宗や田村氏を動員しており、依然として淡路衆をまとめる地位にあった。なお、この際秀吉は神五郎を「三神五」と記しており、三好一族としても認識していた。

八月上旬、秀吉によって仙石秀久《せんごくひでひさ》が淡路の「阿波家分」(阿波三好家領)の代官に任じられた。ついで九月になると秀吉は、長宗我部氏に包囲されている阿波勝瑞の三好義堅を救援するため、淡路から軍勢を渡海させる。この阿波出兵を機に淡路衆の知行が再編された。神五郎の知行は「阿波家分」と秀久の居城となる郡家の田村氏知行分が除外され、神五郎麾下であった船越《ふなこし》氏ら七人が秀久の与力とされた。さらに残存する神五郎家臣の「阿波家分」も除外された(萩原文書、森家譜)。

神五郎の勢力は大幅に削減され、淡路衆の統率者は仙石秀久に変更されたのである。秀久は淡路衆を率いて勝瑞入城を計画したが果たせず、その後も反長宗我部勢力を支援するため、たびたび讃岐へ渡海して長宗我部方と交戦に及んでいる。史料に明らかではないが、神五郎ら淡路衆も動員されたことであろう。

淡路からの退去とその後

天正十二年（一五八四）七月、神五郎は秀吉によって播磨明石郡押部谷《おしべだに》（神戸市西区）二五〇一石七斗への知行替えを命じられた。なぜ神五郎はこの時期に淡路から転封することになったのか。同年は小《こ》牧《まき》・長久手《ながくて》の戦いが始まり、織田信雄《のぶかつ》・徳川家康《とくがわいえやす》が長宗我部氏に淡路攻撃を求めていた〔香宗我部家伝証文〕。『元親記《もとちかき》』には、香宗我部親泰《こうそかべちかやす》の軍勢が菅平右衛門尉とともに洲本を占領したものの加勢が遅延し、淡路一国の動員により奪還されたとの記事がある。本能寺の変直後の洲本占拠と混同されているが、内容から別事件と判断できる。天正十二年六月に長宗我部氏は雑賀衆と淡路出兵について協議しており〔山田家蔵文書〕、同月中旬には仙石秀久が讃岐十河城（高松市）の救援に出陣している。淡路衆も従軍していたと思われ、その隙をついて平右衛門尉が再び洲本を奪取したのではないだろうか。

淡路が失陥すれば大坂城が脅かされる。洲本の再占領は、神五郎ら国衆が割拠している淡路の掌握を秀吉に決断させたのであろう。転封は神五郎だけでなく、秀吉と直接関係を築いていた船越景直《かげなお》も対象となったが、織田・毛利戦争の頃から秀吉に従っていた野口長宗は淡路に留まった。

播磨転封後の神五郎の動向は、京相国寺《しょうこくじ》の塔頭鹿苑院《ろくおんいん》の記録『鹿苑日録《ろくおんにちろく》』に散見される。天正十七年四月に「三好実休息甚五郎」が鹿苑院を来訪し、七月には鹿苑院主が神五郎宅を訪れている。慶長四年（一五九九）十一月には、上洛して鹿苑院を宿坊とし院主の説法を片桐貞隆《かたぎりさだたか》らとともに警固している。国衆時代の争乱から解放された姿であるが、翌年の関ヶ原《せきがはら》の戦いにおける動向は定かではない。

（中平景介）

【主要参考文献】

天野忠幸『三好長慶』（ミネルヴァ書房、二〇一四年）
天野忠幸「三好長治・存保・神五郎小考」（『鳴門史学』二六、二〇一三年）
天野忠幸『三好一族』（中央公論新社、二〇二一年）
小川雄『水軍と海賊の戦国史』（平凡社、二〇二〇年）
中平景介「織田・毛利戦争と淡路」（『駒沢史学』九四、二〇二〇年）
『日置川町史　第一巻中世編』（日置川町、二〇〇五年）

十河一存——後世に脚色された〝鬼十河〟の実像

三好一族としての十河一存

歴代讃岐十河《そごう》氏のなかで、一般に認知された人物といえば、戦国末期の十河一存《かずまさ》と存保《まさやす》であろう。このうち、本稿では阿波の三好《みよし》氏から十河氏の養子となった一存を取り上げる。一存は、主に畿内での活動が知られているが、本稿では一存の讃岐の領主としての側面に迫ることとしたい。

これまで、十河一存について言及したもののほとんどは、三好氏研究からの視点で、とりわけ畿内周辺を支配した兄の三好長慶《ながよし》との関係から語られることが多かった。一方で、一存を讃岐の在地領主として論じたものは驚くほど少ない。わずかに『香川県史』などの自治体史が、地域の情勢を述べるなかで、一領主として触れる程度である。しかも、一存の讃岐における活動は、手がかりとなる一次史料が乏しく、後世の編纂史料の記述に依らざるをえない状況にあり、依然として不明な点が多い。

十河一存と讃岐の関係をみることは、地域の様相を明らかにするだけでなく、一族を養子として他家に送り込んだ三好氏の外交政策のねらいを読み解くことにもつながる。家格でみれば、東讃岐の守護代を務めた安富《やすとみ》氏のほうがふさわしいようにも思えるし、勢力規模でみれば香西《こうざい》氏や寒川《さんがわ》氏など十河氏と並ぶ者は他にも存在する。ではなぜ、三好氏は十河氏を選んだのであろうか。本稿では、讃岐における一存、さらには十河氏そのものの動向に注目し、三好氏の意図についても考えてみたい。

まずは、すでに明らかにされている十河一存の概略をみておく。

十河一存は、三好元長《もとなが》の四男で、長慶からみれば三弟にあたる。時期や経緯は不明であるが、十河城（高松市）の城主十河景滋《かげしげ》の養子となったという。一存は、天文十八年（一五四九）六月の江口《えぐち》の戦いで活躍し、天文十年代頃より永禄四年（一五六一）四月に死去するまで、三好権力の一翼を担う存在として畿内方面、特に和泉を中心に活動した。また、一存やその家臣は、京都近郊・淀《よど》・天王寺《てんのうじ》・堺《さかい》といった畿内の都市部やその周辺に経済的な基盤を有したことが指摘されている。その他、四国方面での活動としては、天文二十二年に兄の三好実休《じっきゅう》とともに阿波勝瑞《しょうずい》の見性寺《けんしょうじ》（徳島県藍住町）で阿波守護の細《ほそ》川氏之《かわうじゆき》を殺害している。

勇猛な武将として知られ、「鬼十河《おにそごう》」と恐れられたという。妻には、前関白の九条稙通《くじょうたねみち》の養女を迎えている。結婚の時期は、子義継《よしつぐ》の年齢から逆算して天文十八年の江口の戦いの直後に推定される。息子は、のちに三好家を継承する義継のほかに、和泉の松浦《まつら》氏の養子となった孫八郎《まごはちろう》が確認できる。一存没後の十河家は、兄実休の子存保が継いだ。家臣団は、十河氏の一族や本拠十河郷がある山田《やまだ》郡周辺の小領主を家臣化して「家中《かちゅう》」を形成したが、安富氏や香西氏といった讃岐の国人たちを編成した形跡はなく、実質的な讃岐国内の統率は実休が担っている。

以上のように、十河一存の活動の舞台は、畿内が中心であったといえる。一存が三好権力で果たした役割をふまえると、讃岐に在国する機会は少なかったと推測される。

「鬼十河」の実像――軍記物に描かれた一存

次に、軍記物に描かれた十河一存をみていくこととする。一存の人物像や讃岐における活動は、後世の編纂史料の内容がそのまま通説となっているところがある。軍記物の記述には、脚色や創作された逸話が盛り込まれ、史実とは異なる要素が含まれるため注意が必要となる。以下、讃岐戦国史を描いた代表的な軍記物である『南海通記《なんかいつうき》』から、一存が登場する記事をいくつか抽出してみたい。

『南海通記』の「讃州十河一存戦寒川太郎記」の項に、次のようにある。天文元年（一五三二）秋、一存は寒川氏との戦いに勝利した際、鴨部《かべ》神内左衛門の槍をうけ、左腕を貫かれる大怪我を負った。ここで一存は、槍傷に塩を押し込み、藤のつるを巻いて止血した。その後、その傷あとを見た者はなく、一存が入浴時に手ぬぐいを腕に巻いていたのを見ただけであった。これ以降、世間の人びとは一存のことを「鬼十河」と呼んだという。

また、同書「三好長慶立創業記」の項では、一存について「大剛ニシテ大力也、故ニ鬼十河ト云、又容貌猛ナル故ニ世人コレヲ真似テ面ヲ作ル、是ヲ十河額ト云」とし、三好四兄弟のなかでも特に勇猛な人物として紹介している。

その他、『南海通記』にみられる十河一存の讃岐での活動は、寒川氏や安富氏など近隣の領主との関係のなかで語られることが多い。先ほどふれたように、天文元年秋には長尾《ながお》表（香川県さぬき市）で寒川氏と合戦に及んでいる（「讃州十河一存戦寒川太郎記」の項）。同記事では、十河氏と寒川氏は前代以来、たびたび争ったとする。同九年正月に安富氏と寒川氏が争った際には、阿波守護細川氏の命をうけた一存が、城を囲まれ飢えに苦しむ寒川氏に兵糧を届け、窮地を救っている（「讃州安富与寒川氏合戦記」の項）。阿波守護細川氏殺害後、一存は讃岐国内の旧細川方の国人を味方につけようと画策し、安富氏・寒川氏を三好方に誘引して、さらに香西氏も説得して付き従わせた（「阿州三好実休発向讃州記」の項）。同じく、西讃岐の香川氏にも誘いの手をのばしたが、香川氏は伊予の河野《こうの》氏や安芸の毛利《もうり》氏との関係から求めには応じなかったため、永禄元年（一五五八）に三好実休は一存とともに西讃岐に出兵したという。

以上、『南海通記』の十河一存の人物像や讃岐に関する記述に注目してみた。一存の代名詞となっている「鬼十河」の呼称は、伝承的な色合いが強く、真偽のほどを確かめるのは難しい。同書のような軍記物によって広く流布したエピソードといえよう。また、同書では一存を「讃州ノ目代」などと記すこともあるが（「阿波三好家繁栄記」の項）、讃岐国内で一存の影響力が直接及ぶ範囲は、抽出した記事内容からみると、おおよそ本拠がある山田郡を中心とした東讃岐の一地域に限られている。年代や人名など記事の扱いには注意が必要であるが、寒川氏や安富氏といった近隣の国人とのつながりのなかで一存を描いている点は、讃岐における十河氏の立場を考えるうえで参考になる。

十河城主十河氏の来歴

つづいて、讃岐における十河一存の前提として、十河氏の来歴についてみていきたい。

十河氏は、古代讃岐で在庁官人《ざいちょうかんじん》として活動した凡直《おおしのあたい》氏に起源をもつ、山田郡植田郷《うえた》（高松市）の植田氏の一族とされる。『全讃史《ぜんさんし》』には、永長年間（一〇九六〜九七）に植田氏の四子が本拠植田のほか神内《じんない》、三谷《みたに》、十河に封ぜられ、それぞれ地名を姓として分家したという挿話を載せる。後世の編纂史料の記述をそのまま信じるわけにはいかないが、同じ山田郡内を支配する一族として、同族意識をもって展開していた様子がうかがえる。同書によると、その後十河氏は、南北朝期には南朝方の細川清氏《きようじ》に味方し、「首領」（一族の惣領《そうりょう》の意味か）となったという。清氏が敗れたあとは細川頼之《よりゆき》に従って、十河郷を拠点に東讃岐の有力国人に成長していく。

十河氏の本拠十河城は、新川《しんかわ》と春日川《かすががわ》に挟まれた平野部に位置し、城のすぐ北側を古代南海道《なんかいどう》が東西に走っている。北には、源平合戦で平氏が拠点とした屋島《やしま》(高松市)や地域の主要な港である方本《かたもと》(潟元)(高松市)があり、南に向かうと阿波との国境の四国山地に接する。現在の城跡を縄張図で確認すると、微高地に築かれた方形居館を中心に、北側には堀切を土橋でつないだ曲輪が付属しているのがわかる。『南海通記』では、戦国末期の頃には三方は深田で囲まれ、南方を大手口とし、土塁と堀をめぐらした堅固な城であったと伝えている。立地や構造からみると、十河城はいわゆる詰城《つめじろ》というよりは、十河郷をおさえ、東西南北の交通の掌握を意識した、地域支配の拠点となる政庁としての要素が強い城といえよう。

十河氏の確かな動向がわかるようになるのは、鎌倉後期～南北朝期になってからである。古くは、文永八年（一二七一）に源千午王丸なる人物が、父左衛門尉資光《すけみつ》（法名光念《こうねん》）の跡を継ぎ、十河郷公文職《くもんしき》を安堵されている〔服部玄三氏所蔵文書〕。十河氏は、この資光・千午王丸父子の家系につながると推定される。至徳三年（一三八六）二月三十日付の南禅寺《なんぜんじ》僧曇周《どんしゅう》の十河郷半済所務職《はんぜいしょむしき》請文《うけぶみ》〔鎌田共済会郷土博物館所蔵乾板写真〕をみると、応安四年（一三七一）から康暦元年（一三七九）にかけて、地頭の十河千光《せんこう》が十河郷の年貢を請け負っていたことがわかる。その後、十河千光は所務の沙汰を怠り、本《ほん》所《じょ》の命令に背いて独自の支配を志向した模様である。同時期には、細川氏一門やそれに付き従う東国の武士たちが讃岐に移り住んでくるが、十河氏は地元生え抜きの領主として地域社会に深く浸透し、支配基盤を確保していた様子がわかる。

その他、讃岐国外に目を向けると、永仁元年（一二九三）には阿波守護小笠原《おがさわら》氏の代官として十河甚内元清《もときよ》の存在が確認できる〔阿波国社寺文書〕。また、延文元年（一三五六）には細川頼之の目代《もくだい》として十河左衛門尉遠久《とおひさ》が伊予国分寺《こくぶんじ》（愛媛県今治市）に祈祷料の寄進を伝達している〔伊予国分寺文書〕。いずれも、讃岐の十河氏との具体的な関係は明らかではないが、十河氏はいくつかの系統に分かれ、本国讃岐以外にも活動の場を広げていたと考えられる。先の『全讃史』の記述にあるように、南朝方の細川清氏に呼応しながら、のちに討ち滅ぼされることなく北朝方の頼之に属しているのは、各地に分出した十河氏の一族としてのつながりが少なからず影響していると思われる。その後、明徳三年（一三九二）八月の相国寺供養《しょうこくじくよう》に参列した管領細川頼元《よりもと》の随兵のなかに十河又四郎兼重《かねしげ》の名がみえ〔相国寺供養記〕、応永三十二年（一四二五）十一月には摂津守護代として十河宗善《むねよし》が確認できる〔大徳寺文書〕。

以上のように、在庁官人に由緒をもつ十河氏は地元生え抜きの領主として、古くからの基盤である十河郷を継承し、南北朝期以降は管領細川氏に従って畿内で活動するまでに成長している。

十河氏の支配領域の特性

十河氏の讃岐の支配領域及びその周辺の地域には、どのような特性があるのだろうか。地域の視点から十河氏の存在をとらえてみたい。

十河氏の讃岐支配で特筆すべき点は、経済拠点を掌握していたことである。十五世紀中頃の『兵庫《ひょうご》北関入船納帳《きたせきいりふねのうちょう》』（以下、『入船納帳』）によると、管領細川氏支配のもと、十河氏は方本と庵治《あじ》（高松市）の国料船《こくりょうせん》（年貢などの輸送にかかる特権をもつ船）の管理をしている。先学の指摘があるように、この管理権は単に国料船の運航にかかる職務に限定されるものでなく、港津やそれに付随する港町にも及ぶ権限と考えられる。『入船納帳』のなかで、ほかに讃岐で国料船の船籍地を管理しているのは、宇多津《うたづ》（香川県宇多津町）の安富氏と多度津《たどつ》（同多度津町）の香川氏だけである。支配の度合いには差があったと思われるが、十河氏が讃岐の東西両守護代の安富氏・香川氏と並んで国料船や港津の管理を任されていた事実は注目に値する。彼らは、代官としての港津支配の特権を活かし、船頭や問丸《といまる》などと結びついて利益を得ていたと推測される。十河氏が管理した方本は、塩の生産地でもあり、方本・庵治の船の積載物は塩に特化していた。塩の生産や流通などを通して、経済活動に関与しやすい環境にあったといえる。管領細川氏衰退後は、安富氏や香川氏と同じように、十河氏も独自に港津支配を進めていったと考えられる。

十河氏の支配領域でもうひとつ、注目したいのは阿波との接点である。『元親記《もとちかき》』には、天正十年（一五八二）に長宗我部《ちょうそかべ》氏が東讃岐へ侵攻した際、「岩倉よりそよ越と云山を越、十川表へ打出給ふ」とあって、阿波の岩倉《いわくら》（徳島県美馬市）から「そよ越」（曾江《そえ》か）を越えて十河表に進軍した様子が描かれている。『南海通記』では、「阿州大西本道ヨリ讃州へ越ル山路」のなかで「曾江谷越」や「大瀧寺越」など阿波の美馬《みま》郡方面から東讃岐に抜ける山越えの道がいくつか示されている。十河氏の本拠周辺は、山越えのルートで阿波とつながっていた。

ところで、十河一存の家臣に、三谷喜介と岡《おか》七郎兵衛という人物が確認できる（鹿王院文書）。この三谷氏と岡氏は、それぞれ山田郡の三谷城（高松市）、香川郡の岡城（高松市）を本拠とする讃岐の在地領主の出身とみられる。十河氏は、彼らを家臣に取り込むことで、十河郷から西側の四国山地寄りの地域を一体的に治めたと考えられる。特に岡の地は、南北朝期に設置された「岡屋形」と呼ばれる阿波守護細川氏の守護所の比定地にあたる（讃州細川記）。先学の指摘によると、正長元年（一四二八）から文安四年（一四四七）にかけて、阿波守護細川氏が讃岐の国衙《こくが》領の年貢徴収において守護請をおこなっていたことが、『建内記《けんないき》』などの記録にみえる。阿波守護細川氏の讃岐での権限は、部分的であったと推測されるが、岡屋形は阿波守護の讃岐におけるいわば出張所のような役割を果たした。

また、少し時代が下るが天正三年三月、毛利氏と抗争中の備中松山《まつやま》城（岡山県高梁市）の三村元親《みむらもとちか》が、讃岐の由佐《ゆさ》氏を通じて三好氏に援軍を求め窮状を訴えている〔由佐家文書〕。由佐氏の本拠は、岡屋形比定地の至近にあり、岡周辺の地域がその後も阿波との窓口として機能した様子がうかがえる。ちなみに、由佐氏は一存の跡を継いだ存保から知行宛行をうけており〔由佐家文書〕、天正年間前半頃までは三好方に属していた。

以上みてきたように十河氏は、方本や庵治といった瀬戸内海の流通にかかる港津、岡のような阿波との結節点となる地域をおさえていた。このふたつを結び付けることで、阿波から山越えのルートで瀬戸内海に抜け、対岸の中国地方や九州、畿内と結びつくことができる。十河氏の支配領域は、阿讃国境の出入り口、瀬戸内海につながる中継地としての特性をもっていたといえる。

十河一存と讃岐

これまで述べてきた十河一存の讃岐にかかる事柄は、軍記物の記述や一存が養子入りするまでの十河氏の状況をもとに推測したにすぎない。最後に、わずかに残る当該期の史料から讃岐における一存の実像に触れてみたい。

年未詳八月二十七日付の殖田次郎左衛門尉宛て細川晴元《はるもと》書状から、讃岐での十河一存の動きがみてとれる〔服部玄三氏所蔵文書〕。本史料には、「去月廿七日砥河城事、十河孫六郎令乱入、当番者共討捕之、即令在城由、注進到来、言語道断次第候」とあり、一存が「砥河城（十河城）」に乱入し、晴元配下の在番していた者どもを討ち捕え、城を占拠した模様である。このとき十河城は、晴元方におさえられていたことがわかる。書状のなかで一存は、「孫六郎《まごろくろう》」と呼ばれていることから、「民部大夫」となる前の天文十六年（一五四七）以前の出来事といえる。晴元はつづけて、「十河儀者、依有背下知子細、以前成敗儀申出候処、剰如此動不及是非候」と述べているように、一存は過去にも晴元の命令に背いて「成敗」されていた。それに加えて、一存が十河城を奪還したことに晴元は激怒し、植田氏に東方守護代の安富氏と協力して一存を「退治」するよう命じている。

その後の経緯はわからないが、天文十七年には細川晴元が、今度は本領安堵をもって十河一存に味方につくよう誘っている〔大東急記念文庫所蔵文書〕。このとき一存は、晴元陣営に加わった模様で、一時的ではあるが兄長慶と異なる立場をとったという〔細川両家記〕。

先行研究では、これら一連の十河城をめぐる動向から、十河一存の讃岐における基盤の弱さを指摘している。一存の畿内での事績をみると、讃岐を不在にすることが多かったと推測され、基盤に不安定な要素があったというのは事実といえるかもしれない。しかし、一存は晴元に処罰されながらも、滅ぼされることなく、その後も十河城を維持しているのである。安富氏や寒川氏、香西氏などの勢力が乱立する東讃岐の情勢をふまえれば、上位権力にあたる晴元に、一時的に従うことはあるとしても、最終的には三好一族としての立場を保っている。晴元に背きながらも十河城を奪還したことに注目するならば、一存にとっては、戦略拠点として十河城を確保することに重要な意味があったのではないか。

十河一存の墓　向かって左が一存の墓。一番右が養子の存保、正面が存保の子千松丸の墓　高松市・称念寺

以上、本稿では十河一存の讃岐の領主としての側面について言及してきた。十河氏の支配地域の特性を勘案するに、十河城及びその周辺は阿波の三好氏にとって、讃岐進出の拠点、瀬戸内海につながる窓口といった戦略のうえで重要な場所であった。一存が、三好氏から十河氏に養子として送り込まれた背景には、こうした地域の特性が大きく影響していると考えられる。

（川島佳弘）

【主要参考文献】

阿部匡伯「十河一存の畿内活動と三好権力」（『龍谷大学大学院文学研究科紀要』第四一、二〇一九年）

天野忠幸『戦国期三好政権の研究』（清文堂出版、二〇一〇年、増補版二〇一五年）
天野忠幸『三好長慶』（ミネルヴァ書房、二〇一四年）
天野忠幸『三好一族―戦国最初の「天下人」』（中央公論新社、二〇二一年）
今谷明『戦国三好一族』（新人物往来社、一九八五年、二〇〇七年に洋泉社より再版）
小川信『中世都市「府中」の展開』（吉川弘文館、二〇〇一年）
香川県『香川県史』二　中世（一九八九年）
香川県教育委員会『香川県中世城館詳細分布調査報告』（二〇〇三年）
唐木裕志「中世讃岐国の守護所について―宇多津守護所と岡「要害」から岡「屋形」へ―」（香川県教育委員会『香川県中世城館跡詳細分布調査概報（平成十二年度）』、二〇〇一年）
唐木裕志・橋詰茂編『中世の讃岐』（美巧社、二〇〇五年）
渋谷啓一「古・高松湾と瀬戸内世界」（市村高男ほか編『中世讃岐と瀬戸内世界　港町の原像　上』岩田書院、二〇〇九年）
長江正一『三好長慶』（吉川弘文館、一九六八年）

香川之景・信景
——讃岐における反三好勢力の旗頭

天霧城主香川氏

香川《かがわ》氏は、相模国香川郷（神奈川県茅ケ崎市）の出身で、鎌倉期〜南北朝期頃に讃岐に移り住んだとされる。『全讃史《ぜんさんし》』によれば、細川頼之《ほそかわよりゆき》に付き従って讃岐に入り、高屋の役の功により多度《たど》郡に封ぜられ、多度津《たどつ》（香川県多度津町）に居城を構えて天霧山《あまぎりやま》（同善通寺市・三豊市・多度津町）に要城（天霧城）を築いたという。

室町期には守護細川氏のもと、香川氏は安富《やすとみ》氏とともに讃岐守護代として活動し、安富氏は東方、香川氏は西方の半国を支配した。『蔭凉軒日録《いんりょうけんにちろく》』明応二年（一四九三）六月十八日条には、「讃岐国者十三郡也、六郡香川領之、寄子衆亦皆小分限也、雖然興香川能相従者也、七郡者安富領之、国衆大分限者惟多、雖然香西党為首皆各々三昧、不相従安富者惟多也」とあって、大分限の領主が多く、管轄地域の統制が困難であった安富氏に比べ、香川氏の領域は皆小分限の者で、安定的な支配がなされた様子が伝わっている。

十五世紀中頃の『兵庫北関入船納帳《ひょうごきたせきいりふねのうちょう》』をみると、多度津の国料船《こくりょうせん》・過書船《かしょせん》を香川氏が管理している。

香川氏は、西讃岐の要港多度津を掌握することで経済的な基盤を確保した。

また、香川氏は細川氏の内衆《うちしゅう》として在京し、中央政治にも関与した。しかし、細川政元《まさもと》の後継者をめぐる京兆家《けいちょうけ》の内訌が激化すると、次第に畿内での活動はみられなくなり、讃岐における独自の活動が目立つようになっていく。

戦国末期の当主香川之景《ゆきかげ》の活動は、永禄元年（一五五八）六月の豊田《とよた》郡室本《むろもと》（香川県観音寺市）の麹商売を保証した文書が初見である〔観音寺市麹組合文書〕。ここに「元景御折紙明鏡上」とあり、香川元《もと》景《かげ》の保証内容を再確認していることから、この頃までに元景から之景に家督が継承されたことがわかる。その後、道隆寺《どうりゅうじ》（多度津町）への田地の寄進や家臣に対する知行宛行など、之景の香川家当主としての活動がうかがえる。現在確認されている之景の発給文書は、いずれも永禄年間に比定される。現存文書の宛所や権利関係を勘案すると、戦国末期の香川氏の支配領域は、本拠天霧城がある多度郡以西の三郡（多度・三野《みの》・豊田）が中心であったと考えられる。

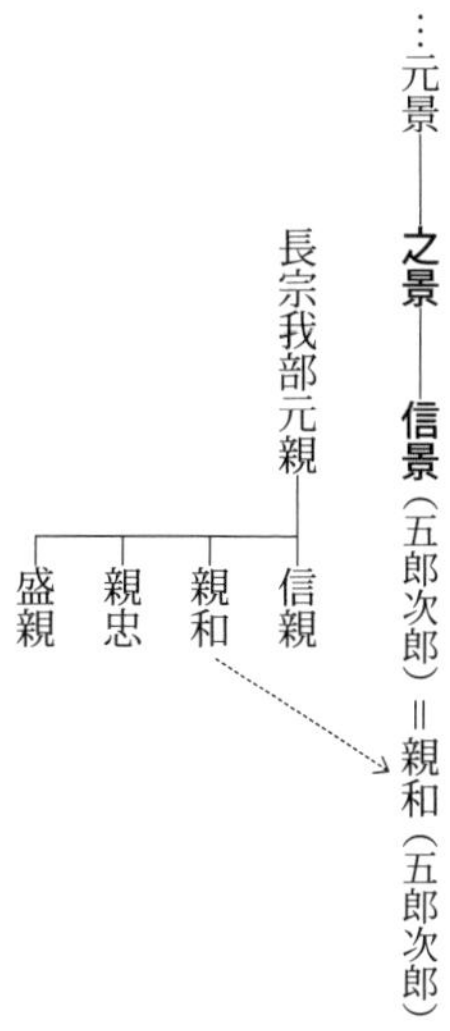

香川氏略系図

三好氏の西讃岐侵攻

香川之景の時代は、西讃岐への侵攻を開始した阿波三好《みよし》氏との抗争が繰り広げられた時期にあたる。永禄二年（一五五九）には、三好実休《じっきゅう》の命を受けた伊予の能島村上氏《のしまむらかみ》、来島村上氏《くるしま》がそれぞれ「讃岐表」、「天霧表」に出兵している〔屋代島村上文書・東京大学史料編纂所所蔵村上文書〕。三好氏には、領域拡大を図るだけでなく、対立していた毛利氏を牽制するねらいもあった。香川氏への攻撃に、瀬戸内海を代表する海上勢力であった能島・来島の両村上氏が動員されたという事実は、香川氏が海上支配に関わる存在であることの傍証となる。

永禄三年十月には、三野郡において三好勢との間で「麻口合戦」が起こっている〔秋山家文書〕。この合戦では、香川氏家臣の秋山《あきやま》兵庫助が敵方の山路《やまじ》甚五郎を討ち捕らえるはたらきをしている。しかし、その後も三好氏の西讃岐侵攻は繰り返し行われ、香川氏は次第に追い込まれていく。永禄六年、香川之景は天霧城に籠城する事態となり、八月には三野氏や秋山氏などの家臣らとともに退城している。当時の史料をみると、「人数阿また討死」とあり、多くの犠牲者を出す激しい攻防戦が行われた模様である〔秋山家文書〕。

この天霧城籠城を境に、香川之景と五郎次郎の連署状がみられるようになる。五郎次郎は、香川氏歴代の家督継承者が名乗った名前である。これは後継者への権力移行を想定した措置と考えられ、敵方に本拠を攻め落とされた香川氏の危機的な状況がみてとれる。天霧城退去後も閏十二月から翌七年三月にかけて、三野郡財田《さいた》（香川県三豊市）で阿波の大西《おおにし》氏との合戦が続いている。同時期、永禄七年三月付で三好氏家臣の篠原長房《しのはらながふさ》の禁制《きんぜい》が豊田郡の地蔵院《じぞういん》（同観音寺市）に出されていることから、三好氏の支配は西讃岐一帯に及んだものと推測される。

讃岐退去、毛利領国滞在

天霧城を退去した香川氏は、その後どうなったのであろうか。『南海通記《なんかいつうき》』には、引き続き香川氏が讃岐で活動した様子が描かれているが、永禄八年（一五六五）六月の家臣への知行安堵を最後に〔秋山家文書〕、香川之景の発給文書はみられなくなる。

永禄十一年九月、篠原長房ら阿波・讃岐の軍勢が備前児島《こじま》（岡山県倉敷市）に攻め入り、毛利《もうり》氏と合戦に及んだ（第一次本太《もとぶと》合戦）。この合戦において、将軍足利義昭《あしかがよしあき》側近の細川藤賢《ほそかわふじかた》が、備中浅口《あさくち》郡の細川通董《みちただ》に香川氏への伝達を依頼している。これ以降、義昭が毛利氏に讃岐への対応を指示する際に香川氏の存在が話題にあがるようになる。

香川氏の動向を振り返ってみると、天霧城退去直前の永禄六年六月に、香川之景は家臣の帰来秋山氏を「神島」へ派遣している〔秋山家文書〕。また、退城後の永禄七年頃に比定される二月三日付の秋山藤五郎宛ての香川五郎次郎書状には「無事其島へ御退、我々茂無難退候」とあって、秋山藤五郎は「其島」に退き、香川五郎次郎らも退去した様子がわかる〔秋山家文書〕。先の「神島」との関連性がうかがえる。この「神島」は、西讃岐の対岸にある備中小田《おだ》郡の神島《こうのしま》（岡山県笠岡市）に比定される。神島は、備中笠岡《かさおか》の外港としての機能を果たす位置にあり、近隣には細川通董の永禄年間前半の居城とされる青佐山《あおさやま》城（同浅口市・笠岡市）がある。三好氏の攻撃によって讃岐を追われた香川之景・五郎次郎らは、島伝いに海を渡り、毛利方の細川通董のそば近くに身を寄せたと考えられる。

毛利領国滞在中の香川氏は、讃岐における反三好勢力として毛利氏のみならず、中央権力からも期待を寄せられている。元亀二年（一五七一）に第二次本太合戦が起こり、篠原長房ら三好勢が再び児島に兵を進めると、足利義昭は小早川隆景《こばやかわたかかげ》に香川氏と相談して讃岐に渡海するよう求めている。翌三年閏正月にも義昭は、「香川其外讃州牢人事、度々如申遣急度彼国端迄成共乱入」と香川氏とその他讃岐の牢人を讃岐に帰国させるよう毛利氏に指示している〔『萩藩譜録』羽仁七郎右衛門〕。しかし、「度々如申」とあるように、義昭の再三にわたる要求を毛利氏は果たせずにいた。

また、天正二年（一五七四）三月に京兆家の細川信良《のぶよし》は、香川中務大輔に対して、大西氏の跡職や讃岐東六郡の統治を任せることを約束している〔尊経閣文庫所蔵文書〕。同時に讃岐の奈良《なら》氏に対しては、香川氏と相談して対応するよう指示している〔服部玄三氏所蔵文書〕。この副状《そえじょう》にあたる波々伯部広政《ほうかべひろまさ》書状のなかで、香川氏を「信景」と表記している箇所があり、香川中務大輔は信景であったことがわかる（「佐藤行信氏所蔵文書」）。その他、同年閏十一月には細川信良と小早川隆景のやりとりを、香川信景が仲介していた様子がうかがえる。香川氏は、天正年間初頭においても毛利領国に滞在していたと考えられる。

毛利領国滞在中の香川氏は、細川氏一門の通董や藤賢を通じて将軍足利義昭とつながり、京兆家の信良を介して織田信長とも接点をもっている。香川氏は、国を追われた身でありながらも、依然として讃岐方面での反三好勢力の旗頭となり得る存在であったといえる。

之景から信景へ

ところで、香川之景と信景は同一人物であるとする説が流布している。これは『南海通記』の記述を根拠にしたものと考えられる。同書「讃州兵将服従信長記」の項には、「同四年ニ讃州香川兵部大輔元景、香西伊賀守佳清使者ヲ以テ信長ノ幕下ニ候セン事ヲ乞フ、〔中略〕香川元景ニ一字ヲ賜テ信景ト称ス」とあって、天正四年（一五七六）に香川元景は香西《こうざい》氏とともに織田信長に従属し、「信」の一字を拝領して「信景」と名乗ったとする。先学の指摘があるように、『南海通記』では当該人物を「元景」と記しているだけでなく、前年の天正三年の段階ですでに「香川兵部大夫信景」と表記し、同じ史料のなかで整合性のない記述がみられる。記述内容の信憑性に問題がある『南海通記』を根拠に、「之景＝信景」と判断することはできない。

『南海通記』の記述は、織田信長の四国地域への勢力拡大を叙述するなかで香川氏・香西氏の服従の様子を描いている。その前提には、香川氏が讃岐の領主として国内に健在であることが要件となるが、実際には当時香川氏は讃岐を離れている。たしかに、香川氏は織田方に通じる細川信良とつながりをもっていたが、毛利氏や足利義昭との関係からみて、この時期に香川氏が信長と殊更に関係を深めようとしたとは考えにくい。

先述したように、永禄八年（一五六五）六月を最後に香川之景の発給文書はみられなくなり、香川氏の毛利領国滞在中の天正二年の細川信良書状で信景の存在を確認することができる。一次史料上、之景と信景の活動期間に重複はないが、両者を同一人物とすると、之景と連署状を発給し、ともに讃岐から落ち延びた五郎次郎の存在がどうなったのかという問題が出てくる。無理に『南海通記』の記述に従って五郎次郎を除外するよりも、五郎次郎が信景と名乗ったとするのが自然であり、之景と信景は別人物とみるのが妥当といえよう。香川氏の家督は、毛利領国滞在中に之景から信景へと継承されたと考えられる。

元吉合戦と香川氏の讃岐帰国

天正五年（一五七七）閏七月二十日、毛利氏は讃岐に軍勢を派遣し元吉《もとよし》城をめぐって長尾《ながお》氏・羽床《はゆか》氏を中心とする讃岐惣国衆と合戦に及ぶ、これを元吉合戦という。毛利氏は、合戦に勝利して味方の元吉城をおさえた。同年閏七月九日付の小早川隆景書状に「讃州之儀茂一城執付、香川ニ人数相副差籠候」とあり、この合戦に際して、香川信景は毛利氏の支援のもと讃岐帰国を果たしたことがわかる〔弘文荘古文書目録所収文書〕。

元吉合戦に先立って、香川信景の発給文書が確認できるようになる。天正五年二月には、信景が家臣の帰来秋山氏に知行宛行を行っている。ここに「数年之牢々」との記述があり、帰来秋山氏も香川氏と同様に一時期讃岐を離れ流浪していた模様である〔帰来秋山家文書〕。同じく、同年七月にも家臣の秋山氏の所領を確認しており、信景は讃岐帰国にあたり家臣団を再編成していた様子がうかがえる。

元吉合戦の背景には、瀬戸内海の制海権をめぐる毛利氏と織田氏の抗争があった。当時、毛利氏は足利義昭とともに大規模な上洛戦を画策しており、織田氏への対抗策の一環として、四国の陸地寄りの航路を確保しようと模索していたとみられる。

元吉合戦の舞台となった元吉城は、那珂《なか》郡と多度郡の境目に位置する櫛梨山《くしなしやま》城（香川県琴平町・善通寺市）に比定される。元吉城は陸路交通の要衝にあるだけでなく、香川氏の本拠天霧城の防衛の観点からみても重要な場所にある。先にふれたように、香川氏は多度津を掌握し、海上支配にも関わる存在であった。毛利氏は、元吉合戦により讃岐の反勢力をおさえ込み、香川氏を帰国させることで、西讃岐沿岸部の拠点の確保を図ったと考えられる。

元吉合戦後、毛利氏・足利義昭は、対立した讃岐勢・三好氏と和睦交渉を進める。毛利氏は、長尾氏・羽床氏から人質をとり、毛利氏の了承のもと、新たに十河存保《そごうまさやす》が三好家当主に迎えられた。交渉の結果、毛利氏は長らく対立していた三好氏と和睦し、讃岐・阿波は毛利・義昭陣営に組み込まれることとなる。

その一方で、これまで讃岐方面での反三好勢力として期待された香川信景は、一連の和睦交渉に関与した形跡はない。合戦後、翌天正六年初頭までは毛利勢が讃岐に滞在したが、その後の讃岐の統率は、新たに毛利陣営についた三好氏に委ねられたと考えられる。特に新当主の三好存保は、讃岐の有力国人十河氏を継承する立場にもあり、三好氏の西讃岐侵攻を主導して香川之景と対立した三好実休の実子でもあった。念願の讃岐帰国を果たした信景であったが、その後の状況は思わしくない方向へと推移していった。

長宗我部氏との同盟

阿波侵攻を目論む長宗我部《ちょうそかべ》氏は、天正五年（一五七七）六月、毛利氏とともに上洛戦の支援をすることを足利義昭に約束した〔香宗我部家伝証文〕。ところが、元吉合戦後に三好家を継承した三好存保が、同じ毛利・義昭陣営に加入したことで、長宗我部氏の阿波侵攻の大義名分に矛盾を生じさせるかたちとなった。そこで、長宗我部氏は織田氏との結びつきを強めていく。天正六年十月に元親《もとちか》嫡男の弥三郎は、織田信長から「信」の一字を受け「信親《のぶちか》」と名乗っている〔土佐国蠧簡集〕。

天正六年十一月には、長宗我部氏は讃岐の情勢について、毛利勢におさえられ讃岐の諸勢力と敵対することになったが、三好氏との抗争が決着すれば、容易に掌握できるとの認識を織田方に示している〔石谷家文書〕。毛利氏や三好氏と讃岐の諸勢力の結びつきは、強固なものではなかったようである。特に香川氏と三好氏の関係は、『元親記《もとちかき》』に「香川・三好間不通ほとにはなけれとも、互に心を不宥様に成行たり」とあるように、互いに心を許さない不安定な関係にあったと推測される。

天正六年頃より讃岐侵攻を開始した長宗我部氏は、反三好氏という点で利害関係が一致する香川氏に接近する。香川信景は、長宗我部元親の次男を養嗣子とすることで同盟を結んだ。『元親記』には、天正七年春に信景が長宗我部氏の本拠岡豊城《おこう》（高知県南国市）を訪れ、元親の歓待を受けた様子が描かれている。さらに同年九月には、香川信景宛てに比定される長宗我部元親の起請文が出され、有事の際の軍事的支援を誓約している〔津野田文書〕。その後、翌天正八年十二月には信景から証人が土佐へ送られた模様である〔香宗我部（谿）家文書〕。香川氏は細川信良、長宗我部氏は明智光秀《あけちみつひで》を通じて織田信長との接点をもっていた。香川氏は、長宗我部氏とともに織田方に属することで、毛利・義昭陣営の三好氏に対抗しようとしたと考えられる。

香川信景との同盟が成立したことで、長宗我部氏の勢力は西讃岐から東方に向けて拡大していく。天正十一年の石田城《いしだ》（香川県さぬき市）攻めの際、長宗我部元親は現地軍に対して「御勝利尤珍重候、天霧へも申入候」として、香川氏の本拠天霧城にも戦勝の報告がもたらされている〔秋山家文書〕。信景は、長宗我部氏支配のもと讃岐国内の軍勢を統括するなど一定の権限を有していたとみられる。

諸勢力とのつながり

香川信景は、長宗我部氏とともに織田方に与したが、天正九年（一五八一）以降、阿波・讃岐の支配をめぐって織田信長との関係が次第に悪化していく。本能寺の変直前の天正十年五月の段階で、長宗我部元親は一部を除く阿波の城々を明け渡す動きをみせ、信長に恭順の意を示していた〔石谷家文書〕。

讃岐の処分は明らかではないが、香川氏はこれまで通りの立場を維持できなくなるおそれがあった。信長の横死でいったんは危機を脱することができたが、今度は明智光秀を討って織田家中の主導権を握った羽柴秀吉《はしばひでよし》が立ちはだかる。秀吉は、四国政策においては三好氏を支援し、長宗我部氏と対立した。

秀吉の圧力が強まるなか、周辺地域の諸勢力は、それぞれの思惑から提携しようとする動きをみせる。天正十一年二月、毛利氏の申し入れにより、伊予をめぐり対立していた河野《こうの》氏と長宗我部氏の和睦（「予土和睦」）が画策され、足利義昭がこれを仲介している。義昭は、天正五年のときのように、毛利氏と長宗我部氏を中心に中四国の勢力の統合を図った。天正十一年七月には、義昭側近と毛利方の使者が天霧城を訪れ、香川信景を窓口に長宗我部方と交渉した様子がうかがえる。ここで信景は、先に長宗我部元親への口添えをおこない、義昭が元親に贈った馬の対応を指示するなど取次としての役割を果たしている〔石谷家文書〕。この一連の交渉では、最終的に予土和睦は実現しなかったが、長宗我部氏と毛利氏の協調的な関係が保たれ、一定期間地域の安定につながった。

信景が、足利義昭や毛利氏との交渉の窓口となり得たのは、先述したように永禄年間に毛利氏領国に落ち延びた経験が大きく影響している。また、使者との面会場所が、天霧城であった点も重要である。天霧城の眼下には西讃岐の要港多度津があり、対岸には、備中笠岡、その西には備後鞆《とも》（広島県福山市）がある。天霧城から南下し四国山地を越えると、阿波白地《はくち》（徳島県三好市）を経て土佐へとつながる。こうした地理的要件も加味しなければならない。香川氏の本拠天霧城は、長宗我部氏の瀬戸内側の窓口の機能を果たしたと考えられる。

天正十一年十二月に香川信景は、同じく長宗我部氏と同盟関係あった東伊予の金子元宅《かねこもといえ》に音信し、養嗣子五郎次郎（長宗我部元親の次男親和《ちかかず》）の天霧城入城の祝詞のお礼を述べ、毛利氏と長宗我部氏の親密な関係（「芸土入魂」）や周辺勢力の動静を確認している〔金子文書〕。香川親和の天霧城への入城は、長宗我部氏と香川氏の結びつきを強く印象付け、西讃岐をはじめその周辺の領主たちを掌握するねらいがあったといえる。秀吉の脅威が迫るなか、長宗我部家中における香川氏の重要度は高まり、天霧城は外交・軍事の拠点として使者が往来し、周辺地域のさまざまな情報がもたらされた。

土佐への移住

天正十三年（一五八五）の羽柴秀吉の四国出兵により、長宗我部元親は降伏し、阿波・讃岐・伊予における領地は没収され、本国の土佐一国のみを安堵された。長宗我部氏の土佐引き上げにともない、元親との姻戚関係から、香川信景は親和とともに土佐に移り住んだ。信景の讃岐退去には、家臣も同道した模様で、香川氏の讃岐の領主としての活動は、事実上ここに終わりを迎える。

土佐に移住した信景・親和親子について、『元親記』には「元親卿太閤様へ降参以後は、親父香川殿も、五郎次郎も供に浪人して当国へ被越、東小野と云所に屋形を立居給也」とある。長宗我部氏の本拠である岡豊城の西北の東小野《ひがしおの》（高知県南国市）の地に屋敷を宛がわれ暮らしたとされている。実際に、長宗

香川氏代々の墓　香川県三豊市・弥谷寺

我部氏の土地台帳である『長宗我部地検帳《ちょうそかべちけんちょう》』の天正十六年の「長岡郡江村郷御地検帳」をみると、東小野村に「東小野御土居」を確認することができる。

また、同じく『地検帳』の天正十八年の「幡多郡山田郷地検帳」には、「香川殿様御分」「香五様御分」などと注記された土地が記されている。先学の指摘があるように、「香川殿様」は香川信景、「香五様」は香川五郎次郎（親和）に比定される。西土佐の幡多《はた》郡山田《やまだ》郷（高知県宿毛市）を中心とする地域に、香川父子が知行地を与えられたことがわかる。幡多郡のほか、高岡《たかおか》郡や長岡《ながおか》郡には、三野氏や河田《かわた》氏など香川氏の旧臣たちの知行地も検出できる。

その後の香川信景の動向は不明である。天正十七、十八年を境に、香川親和を指すと考えられる「東小野様」と注記された知行地が、『地検帳』で幡多郡内に多数確認できるようになることから、親和が家督相続をしたか、もしくはまもなく信景が死去したと推測される。また、「東小野様」という呼称が用いられていたとすると、幡多郡に知行地を得た後も、香川氏は「東小野御土居」を維持していたとみられる。

（川島佳弘）

【主要参考文献】

浅利尚民・内池英樹編『石谷家文書　将軍側近のみた戦国乱世』（吉川弘文館、二〇一五年）
岩田修「永禄年間の三好勢の西讃侵攻と香川之景」（『四国中世史研究』四、一九九七年）
唐木裕志「戦国末期『長宗我部地検帳』から見える讃岐天霧城主香川氏について―元親次男「香五様」御分と「東小野様」御分―」（『香川史学』三九、二〇一二年）
唐木裕志・橋詰茂編『中世の讃岐』（美巧社、二〇〇五年）
川島佳弘「元吉合戦再考―城の所在と合戦の意図―」（四国地域史研究連絡協議会編『四国の中世城館』岩田書院、二〇一八年）
川島佳弘「天正五年元吉合戦と香川氏の動向」（橋詰茂編『戦国・近世初期西と東の地域社会』岩田書院、二〇一九年）
多田真弓「戦国末期讃岐国元吉城をめぐる動向」（天野忠幸編『論集戦国大名と国衆10　阿波三好氏』岩田書院、二〇一二年、初出二〇〇四年）
橋詰茂『瀬戸内海地域社会と織田権力』（思文閣出版、二〇〇七年）
橋詰茂「戦国期香川氏の新出文書について」（『四国中世史研究』一五、二〇一九年）
平井上総『長宗我部元親・盛親』（ミネルヴァ書房、二〇一六年）

安富元家・元保

——細川氏を支える東讃岐の大将

東讃岐守護代家安富氏

室町時代中期より、讃岐国は細川《ほそかわ》氏の嫡流・細川京兆家《けいちょうけ》の守護分国として定着した。讃岐守護の下の守護代は東西で分割され、東の大内《おおうち》・寒川《さんがわ》・三木《みき》・山田《やまだ》・香東《こうとう》・香西《こうざい》の六郡および阿野《あや》郡の一部、小豆島《しょうどしま》（小豆郡）を管轄した守護代が安富《やすとみ》氏である。その東讃岐守護代として最初に確認できる安富氏は安富盛家《もりいえ》である。次いでその子宝城《ほうじょう》（盛衡《もりひら》）が守護代を継承した。盛家・宝城父子は安芸守を称しており、宝城の仮名《けみょう》は又三郎である。一方、安富氏には嫡流格として安富智安《ちあん》（元衡《もとひら》）もおり、備中国新見荘《にいみのしょう》の代官として富裕をなした。宝城が細川家中で失脚すると、智安が東讃岐の守護代となるが、智安は筑後守を称しており、安芸守の受領《ずりょう》名を世襲する盛家・宝城とは別の系統であった〔川口二〇二〇〕。

守護代を務める安富氏の系統が入れ替わる中誕生したのが、安富元家《もといえ》である。元家は中世人に珍しく、誕生年月日が文安五年（一四四八）十一月一日と判明している〔蔭凉軒日録〕。元家の父元綱《もとつな》は安芸守家の安芸左衛門尉の息子であり、安富氏の庶流である民部丞家を継承した。その後、元綱はさらに智安の養嗣子となり、安芸守家と筑後守家の両家を統合することになった。元家は若年時、安芸守家の仮名である又三郎を名乗っていたが、それは当初安芸守家の嫡男だったからであろう。

安富元綱は主君細川勝元《かつもと》からの信任も厚かったが、応仁元年（一四六七）十月四日、応仁の乱の中の相国寺《しょうこくじ》の戦いで激戦の末戦死する。元綱の後を襲った元家は文明五年（一四七三）には東讃岐守護代の業務を担っていることが確認でき、通称を官途である「新兵衛尉」に改めている。なお、元家が「筑後守」を称するのは延徳三年（一四九一）からである。元家の守護代の初見である文明五年には細川勝元が死去しており、勝元の子でわずか八歳の政元《まさもと》が京兆家の当主となった。元家の政元との三十年以上に及ぶ関係はここから始まった。

細川権力内部の微妙な関係

執政能力に欠ける幼少の政元を補佐したのは、細川典厩《てんきゅうけ》家の政国《まさくに》と京兆家の重臣で形成される評《ひょう》定衆《じょうしゅう》であった。評定衆を形成したのは東讃岐守護代安富氏に加え、摂津守護代薬師寺《やくしじ》氏、丹波守護代内藤《ないとう》氏、西讃岐守護代香川《かがわ》氏、その他増減はあったが寺町《てらまち》氏、一宮《いちのみや》氏、秋庭《あきば》氏、金山《かなやま》氏、若槻《わかつき》氏、土佐守護代細川氏（上野《うえの》氏）などが属している〔横尾一九八二〕。この評定衆の中で元家は筆頭格であったと思しい（後述）。

しかし、幼少の当主を戴く体制は盤石ではない。文明十一年（一四七九）十二月、丹波守護代内藤元《もと》貞《さだ》に反発する一宮宮内大輔は政元を拉致・拘束し、内藤氏の専横を排除するよう評定衆に訴えた。翌文明十二年三月に評定衆に属する一宮賢長《かたなが》が政元を奪還すると、安富元家と庄元資《しょうもとすけ》の軍勢が宮内大輔を滅ぼした。ところが、四月に入ると今度は元家と庄元資が対立する。庄元資には宮内大輔討伐を賞して、将軍足利義尚《あしかがよしひさ》から感状《かんじょう》が授けられたにもかかわらず（将軍からみて陪臣への感状は破格であった）、元家には将軍からの感状はなかった。元家はこの差異に憤り、庄元資を討とうとしたのである。最終的に庄元資が感状を返還することで元家も矛を収めている〔長興宿祢記〕。

文明十八年十月には「紙商売」をめぐって安富元家と上原元秀《うえはらもとひで》の争いが発生し、姉小路《あねがこうじ》から三条室《さんじょうむろ》町西洞院《まちにしのとういん》までが炎上する合戦に発展した。延徳四年（一四九二）六月には讃岐国人牟礼《むれ》氏と上原氏の部下の間で喧嘩があり、最終的に政元が調停して解決したが、一時は牟礼側に立つ安富・香西と上原氏の間で合戦寸前であった。

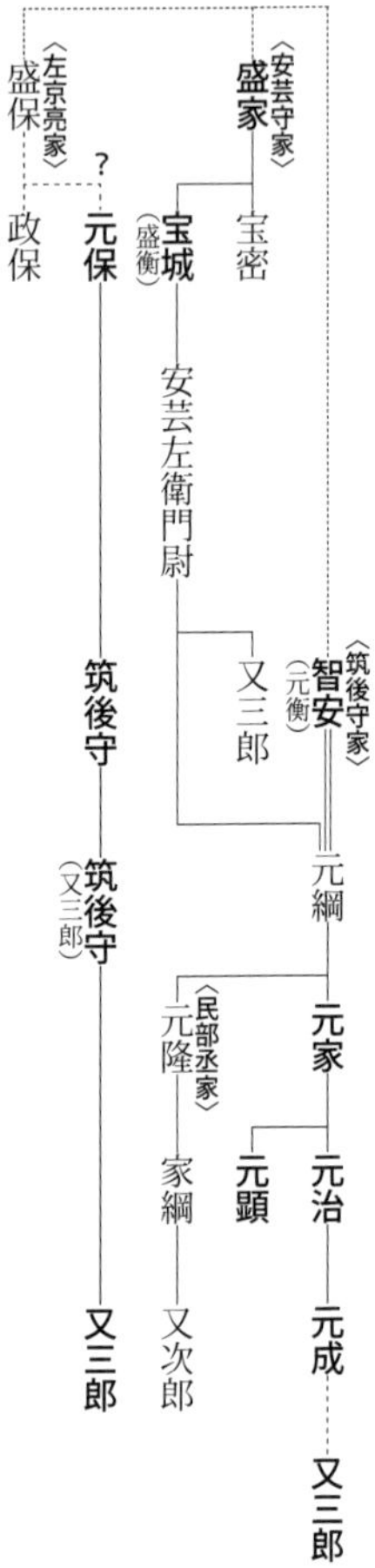

安富氏略系図
太字は室町期の守護代、戦国期の守護代家当主

このときは安富氏と讃岐出身の香西氏が協働していたが、香西氏は政元と直結して勢力を伸長しており、安富氏に常に従っていたわけではない。明応七年（一四九八）五月、山城守護代となっていた香西元長《もとなが》は安富元家と対立し、一時的に守護代職を免じられた。また、明応九年七月には元家の部下が香西元秋《もとあき》（元長の弟）の部下を殺害し、激怒した元秋は報復を行っている。

これらの対立を収めるべき主君の政元は、成人後も奇矯な振る舞いが多かった。政元が政務を投げ出すことは一度だけではなく、そのたびに元家が政務を代行することになった。また、政元は実子を設けなかったが、摂関家の九条政基《くじょうまさもと》から養嗣子に澄之《すみゆき》を迎えた後、阿波守護細川家からも澄元《すみもと》を迎えるなど、一貫した態度を取らなかった。

畿内周辺の世情も安定しなかった。応仁の乱以来、管領家の一角であった畠山《はたけやま》氏は政長《まさなが》流と義就《よしひろ》流で争いを続け、政元が組む畠山氏も政長流から義就流へと推移した。政元は明応二年に将軍足利義材《よしき》を廃して、足利義澄《よしずみ》を将軍としたが、義材は逃亡し復権を目指して政元と争い続ける。

当時の細川権力は畠山氏や将軍家のような大規模な分裂こそ回避してはいたが、当主に強力な指導力もなく、家臣同士に対立を内包する構造にあった。

細川権力を支える安富元家

そうした中で、安富元家が果たした役割とは何だったのであろうか。

文明十年（一四七八）には、摂津守護代薬師寺元長《もとなが》が対応に苦慮していた興福寺《こうふくじ》と摂津国人池田《いけだ》氏の対立を元長に代わって元家が調停している。この後、摂津国人たちは元家を摂津守護代として承認し、推戴する動きをみせている。元家は単なる評定衆の一員ではなく、当主に次ぐ地位を確保し、守護代層より上位、すなわち評定衆筆頭の地位にあった。この地位は後年も維持されていたようで、幕府などが京兆家に接触する際も元家が頼りにされることも多かった〔横尾一九八二〕。

元家は政元の軍事行動も一貫して支えた。元家の軍事基盤は守護代を務める東讃岐であり、文明十年（一四七八）には兵庫を内包する摂津の福原荘《ふくはらのしょう》の代官を務め〔大乗院寺社雑事記〕、延徳二年（一四九〇）閏八月には和泉の堺南荘《さかいみなみのしょう》の代官に任命された〔蔭凉軒日録〕。畿内の要港を確保することで、四国との連絡網を確保したのである。

延徳三年八月に将軍足利義材が近江の六角《ろっかく》氏を討つべく細川氏らの軍勢を率いて出陣すると、六角氏の近江守護の地位は将軍によって否定され、近江守護代には安富元家が任命された。ここに元家は東讃岐に加えて近江の守護代となった。元家は安富一族や高橋光正《たかはしみつまさ》らの配下を総動員して〔馬部二〇一八〕、六角氏と戦いつつ占領行政を一手に担ったものの、翌明応元年（一四九二）十月には近江から撤退し、近江の守護代であったのは一年で終わった。同時に四国勢が帰国している〔大乗院寺社雑事記〕ため、讃岐を基盤とする元家が遠く離れた近江を支配することに限界があったのかもしれない。

元家は基本的に在京していたため、讃岐在地との関わりはそこまでみえてこないが、明応四年三月に讃岐で反乱が起きると、自身が讃岐に赴くことを望んだ。ところが、政元はこれを許さず、激怒した元家は守護代を辞職すると政元に迫ったという。具体的な経過はよくわからないが、十月には元家が戦死したという噂が流れ、政元自身の讃岐発向も検討されているため、脅しが通ったのか元家が現地に赴いて対処にあたっていたらしい〔大乗院寺社雑事記〕。結末は不明であるが、元家の手によって反乱は鎮められたのであろう。

元家には最低でも息子が三人いたが、いずれも政治的に役割を果たしている。長男の又三郎元治《もとはる》は文明末より活動が見え、元家の後継者であった。なお、元治も文明五年九月十二日生まれと生年月日まではっきりわかっている珍しい中世人であり、「美質」〔蔭凉軒日録〕という評価が残っている。ところが、明応八年四月に元治は廃嫡され、年少の弟が新たな後継者となった〔鹿苑日録〕。これに先立つ三月に政元に対立する遊佐《ゆざ》氏が政元の出陣を止めるため、安富氏に賄賂を贈ったという噂が立っている〔大乗院寺社雑事記〕ので、元治は遊佐氏に調略されたために廃嫡された可能性もあるだろう。新たに後継者となった弟は細川澄之の将軍出仕に合わせて元服しており、澄之の側近となることが期待されていた。他にも赤松《あかまつ》氏の重臣・浦上則宗《うらがみのりむね》の養嗣子となった紀太郎祐宗《すけむね》も元家の子であった。元家は浦上氏との関係も深め、先の讃岐での反乱鎮圧時には浦上氏からも加勢があった。

安富元家が温厚な人格であったとは言えないが、政元が政治を投げ出した際にはそれを代行し、守護代層では扱いきれない問題を裁いた。元家が紛争の渦中にいることも珍しくはないが、総じて既存の秩序を維持するために努力していたと評価できる。

しかし、元家に比肩する摂津守護代薬師寺元長が文亀元年（一五〇一）十二月に死去すると、政元は家臣団統制を打ち出してくる。その中で文亀三年八月、政元は元家の腹心で兵庫の代官を委任されていた高橋光正を殺害し、元家の堺南荘代官職も改易した。この衝撃により元家は遁世、失脚に至る。十一月に入ると、政元は前年以来元家が下してきた裁許の無効を宣言する。政元は元家失脚を機に裁許権を評定衆から奪還することを意図していたようである〔末柄二〇〇八〕。ところが、評定衆が解散したわけでもなく、翌永正元年（一五〇四）閏三月に摂津守護代薬師寺元一《もとかず》（元長の養嗣子）の更迭が失敗すると、政元は元家を頼るためか六月に元家を召還する。しかし、直後の七月末、元家は死去し〔文亀年中記写〕、復権はならなかった。享年五十七。政元と重臣たちの関係は再構成を迫られていくことになるが、やがて双方が破滅的な結末を迎える。

こうして安富元家は京兆家重臣筆頭の地位から一転、不遇な最期を迎えた。しかし、それは東讃岐守護代にして京兆家筆頭である安富氏の否定を必ずしも意味しない。元家が築き上げた地位をいかに復権させるかは、次代の細川京兆家も巻き込んだ課題になるのである。

混迷する安富氏

安富元家没落後の安富氏の動向は、江戸時代以降の編纂史料や軍記による記述が多いが、その内容は一次史料によって誤りと認められるものか他の史料によって裏付けできないものばかりである。本項では一次史料による名称・動向を軸に記述していくものとする〔以下、嶋中二〇二一〕。

安富元家が失脚したことにより、廃嫡されていた元治が召し出され、東讃岐守護代と評定衆の地位を継承した。しかし、永正元年（一五〇四）九月、摂津守護代薬師寺元一が淀城《よど》（京都市伏見区）を拠点に反乱すると、元治も征伐のため淀城へ出陣し、十日に戦没してしまう〔後法興院記・不問物語〕。享年三十二であった。

永正四年六月になると、今度は山城守護代香西元長・摂津守護代薬師寺長忠《ながただ》（元一の弟）が謀反して主君の政元を殺害する。香西・薬師寺は細川澄之を擁立するも、主君殺しへの反発は強く、八月一日には細川澄元が澄之を討つ。この中で澄之陣営には安富新兵衛尉元顕《もとあき》がみえ、澄之は元顕を通じて讃岐国人の上洛を図っている。元顕は東讃岐守護代であり、澄之に近しいという位置から、元治に代わって元家の後継者になっていた弟と推測される。しかし、この元顕も澄之と運命を共にする。

ここに東讃岐守護代家である安富氏は一時滅亡してしまうが、細川京兆家の家督に就いた細川澄元の側近三好之長《みよしゆきなが》が専横を始めると、他の細川一門は澄元を敵視しはじめ、新たに細川高国《たかくに》を京兆家の家督とした。澄元は四国に没落し、以降は畿内の高国と四国の澄元とで断続的に抗争が続く。

そして、高国は自身の京兆家家督としての地位を固めるべく、守護代を重臣とする体制の復古に動き、安富又三郎元成《もとなり》を東讃岐守護代、京兆家重臣筆頭に起用する。元成は安富元治の遺児であろう。永正八年、上洛を図る細川澄元が讃岐へ進出すると、元成は西讃岐守護代となった香川元綱《もとつな》とともに讃岐へ赴いて澄元と戦うなど、守護代として一定の役割を果たしている。しかし、讃岐は最終的に澄元の勢力圏となり、元成の東讃岐守護代は実質を伴わなくなった。元成は自身の高位とその内実の背反に苦しんだためか、永正十一年には丹波に出奔してしまう。

それでも諦めきれない高国は大永三年（一五二三）、嫡男稙国《たねくに》の側近として安富又三郎を配する（この又三郎の出自は不明）。稙国が京兆家の当主となる時代に安富氏の復権を託したのである。しかし、これも肝心の稙国が大永五年に夭折し、又三郎が主君を弔うべく出家に至ったことで挫折する。高国にとって、かつて奔放で恣意的な政元を有能で実力のある安富元家が支え続けたことは京兆家重臣の理想であった。たとえ現実がそれを許さなかったとしても、その幻影を追い続けたのであった。

一方、高国と対立する澄元にとっても安富氏の存在は重要であった。澄元方の安富氏として登場するのが安富元保《もとやす》である。

安富氏を一元化する元保

永正十七年（一五二〇）、細川澄元は三好之長を大将とする軍勢を上洛のため畿内に渡海させ、一時は高国を京都から没落させることに成功する（この上洛戦は最終的に失敗し、直後に澄元も病死した）。このとき入京した之長率いる軍勢は阿波国人が中心であったが、安富氏と香川氏の名前も見える。讃岐に澄元の影響が及んだことは先述したが、澄元も独自に東讃岐守護代と西讃岐守護代を擁立していたのであろう。

そして享禄二年（一五二九）には、宇多津《うたづ》の本妙寺《ほんみょうじ》（香川県宇多津町）の諸役免除を安富筑後守元保が直状形式で行っている。当時は澄元の後継者・細川晴元《はるもと》が畿内に進出、法華宗寺院である堺の顕本寺《けんぽんじ》を拠点としていた。本妙寺も法華宗寺院であり、そのために連携がなされていたのであろう。元保は元家以来の筑後守を名乗っており、守護代家当主の地位にあったとみなされる。おそらく、永正十七年に上洛した安富氏も元保でないかと思われる。

それでは安富元保は何者であろうか。元保の直状には安富左京進政保《まさやす》が付随する奉書を出している。通称に注目すると、かつて応仁の乱の際、讃岐の小守護代であった安富左京亮盛保《もりやす》が讃岐から武士を率いて上洛し参戦していることが注目される。おそらく政保はこの盛保の子孫と考えられる。であれば元保は、盛保、政保と同様に実名に保の字を含むことから、この系統の出身ではなかろうか。盛保の系統は讃岐に在国しつつ、有事の際は讃岐の武士をまとめることができた。澄元・晴元が守護代家の当主を擁立する際、この系統が有力な候補として注目された可能性は高い。

晴元は高国との抗争を続け、享禄四年に高国を敗死させる。高国には守護代家当主の安富氏以外にも安富家綱《いえつな》が近臣として仕えていたが、享禄三年に家綱の後継者・又次郎が戦死した後は、高国陣営やその残党に安富氏はみえなくなる。ここに安富氏の分裂は清算され、晴元方の元保が守護代家の安富氏を一元化した。ただし、晴元が畿内に安富氏を呼び寄せることはなく、これ以降の安富氏は讃岐在地の勢力となった。

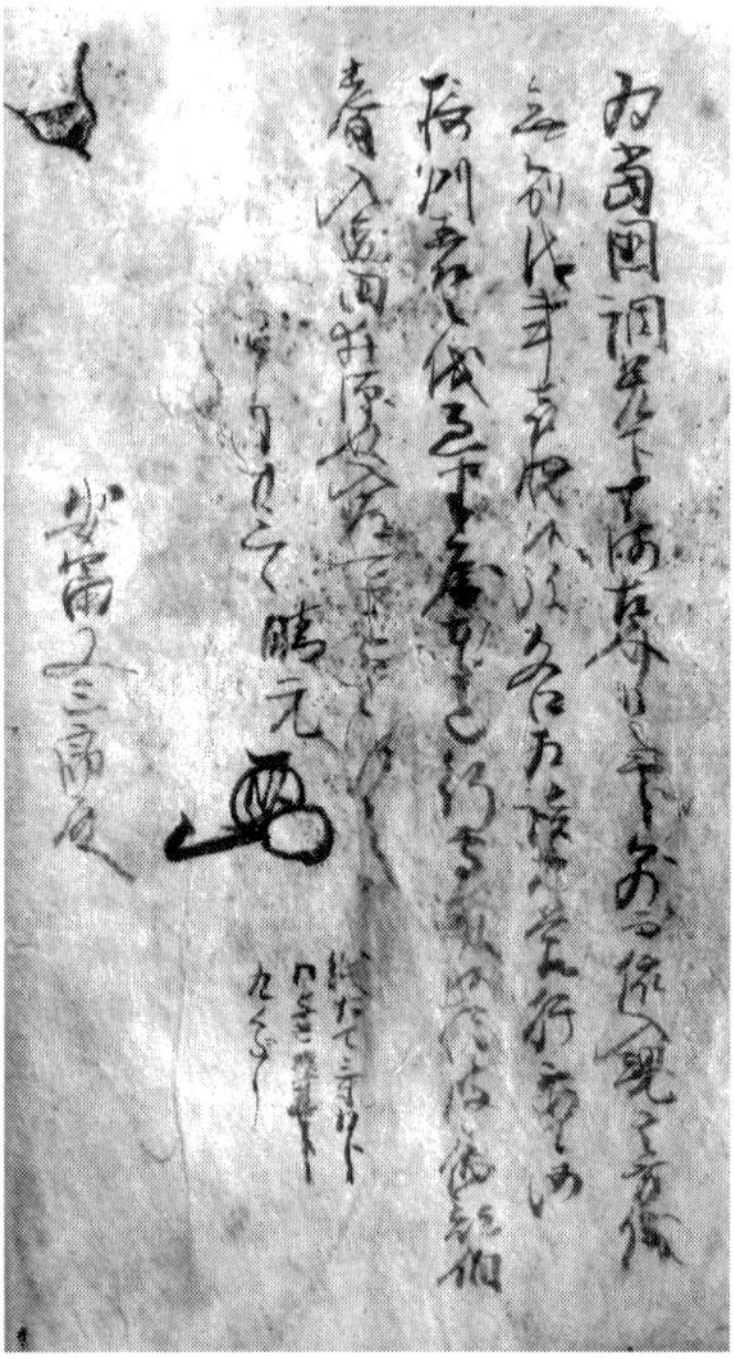
細川晴元書状写　「富田六車氏旧記」　六車博氏蔵

その後の元保の動向はよくわからないが、十河《そごう》一存《かずまさ》が細川晴元に背いて十河城（高松市）を不当に奪取した際、晴元は安富筑後守を通じて讃岐の武士の動員を図っている。元保は天文十年（一五四二）には死去しているため、この筑後守が元保かどうかは、この事件が天文十年以前なのか以後なのかで変わってくる。しかし、三好長慶《ながよし》の末弟である十河一存が主体的に動いていることから年次を天文十年以降と捉え、この筑後守は元保の後継者としておきたい。

さらに天文十七年以降、三好長慶が細川晴元に謀反して晴元を逐うと、晴元は復権を期す中で安富又三郎と連携を図っている。

以上からは、澄元・晴元方の安富氏も元保以来、筑後守・又三郎を通称としていることがわかる。これは安富元家の通称と同じであり、澄元・晴元方の安富氏も氏族として最盛期を築いた元家の跡を襲うことで自らを位置付けていたのである。

畿内権力と安富氏

安富又三郎は天文末期に細川晴元の与党として活動し、三好長慶とは対立する位置にいた。ところが、東讃岐で安富氏が排除されることはなかった。永禄三年（一五六〇）以降、阿波の三好実休《じっきゅう》（長慶の弟）が畿内に援軍した際、その軍勢は「四国衆」と総称されており〔細川両家記〕、少なくとも東讃岐は三好氏の勢力下に入ったとみなされる。安富氏が三好氏に属すようになった理由はよくわからないが、背景としては十河一存の畿内転戦や三好氏による西讃岐守護代家香川氏攻めにより、東讃岐における対立関係が当面の問題にならなくなったことが考えられる。

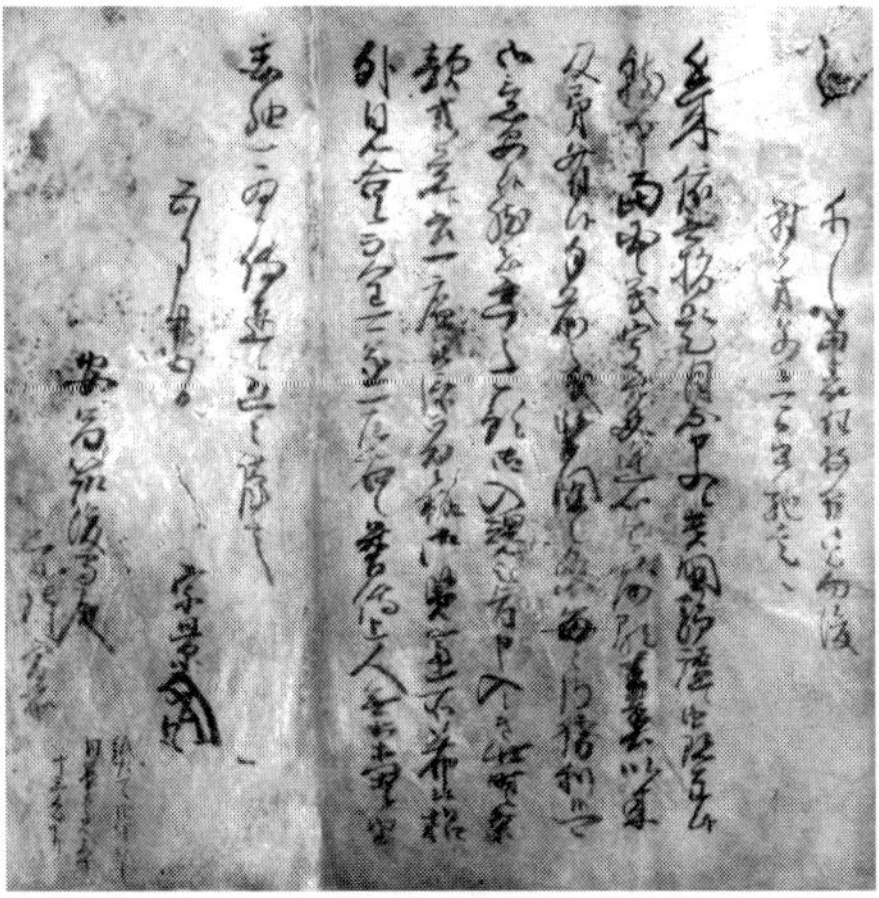
浦上宗景書状写　「富田六車氏旧記」　六車博氏蔵

天正年間に入ると、安富筑後守が登場する。この筑後守は又三郎が成長した姿であろう。筑後守は三好氏と浦上氏の交渉に関与したり、阿波の三好長治《ながはる》（実休の子）から権益を付与されており、三好氏に従属しつつ、その対外交渉に関与できる重臣であった。

ところが、天正四年（一五七六）十二月に三好長治が一宮成相《いちのみやなりすけ》らに背かれて敗死し、三好家が一時崩壊すると、その影響は讃岐にも及ぶ。天正五年二月には、三好氏に逐われた西讃岐守護代家の香川信景《かげのぶ》が毛利《もうり》氏の後援を受けて讃岐に入国しており、毛利氏は讃岐へ勢力扶植を図り始めた。このような情勢下で、三好家の遺臣は織田信長《おだのぶなが》と結び毛利氏と対決する派閥と、毛利氏と結び織田信長と対決する派閥に分裂した。安富筑後守は前者の織田提携派と結んでいたようで、五月に両派閥で内戦が起きると、「東方半国の大将」として阿波に援軍を出そうとしている〔昔阿波物語〕。しかし、このときは毛利氏の讃岐進駐が迫っていたためか筑後守は撤兵し、閏七月には香西氏などの讃岐国人とともに元吉城《もとよし》（櫛梨山城《くしなしやま》）を舞台に毛利氏と交戦した。結果的に阿波における織田提携派や安富・香西らの讃岐国人連合軍は敗北し、毛利提携派が十河存保《まさやす》（長治の弟）を擁立して三好家は再興される。三好家の当主となった存保は讃岐国人を軍事動員できていることから、筑後守も不本意であっただろうが、三好家の従属勢力に戻ったと考えられる。

ただし、畿内で織田信長の権力が確立していき、織田氏と結ぶ土佐の長宗我部元親《ちょうそかべもとちか》が阿波や讃岐で三好家相手に優勢となっていくと状況は変わっていく。毛利氏を攻めていた織田氏の部将・羽柴秀吉《はしばひでよし》は備前の宇喜多直家《うきたなおいえ》を自陣営に取り込むと、天正八年四月には直家を通じて安富筑後守の調略を図った。筑後守はこれに乗ったようで、同年八月には長宗我部元親から同陣営であることを認識されている。また、十一月には織田氏に従う三好康慶《やすよし》が安富氏の拠点（雨滝《あめたき》城。香川県さぬき市）に派遣される噂がたっている。実際に天正九年に秀吉が淡路を平定し、四国介入の準備が整うと、十一月には安富筑後守と又三郎に対し三好康慶が四国に派遣された際、讃岐・阿波の親織田勢力をまとめておくことが連絡された。安富氏は織田氏から、直接的に接触できる四国の親織田勢力とみなされていた。このとき筑後守の息子と思われる又三郎も連絡を受けており、安富氏の側も織田氏の四国進出に合わせて家督交代を睨んでいたのだろう。

しかし、天正十年六月の本能寺の変によって織田氏の四国遠征は実現しなかった。畿内では羽柴秀吉が勢力を伸ばし、四国への介入も秀吉が主体となって行われることになる。秀吉は四国の親羽柴勢力から人質を取っているが、このときも安富氏が動いている。その後も安富又三郎は十河存保とともに讃岐で長宗我部氏に抵抗を続けた。安富氏の動きは徐々にみえなくなっていくが、長宗我部氏に屈服することはなかった。天正十三年になると、秀吉は四国平定を行って長宗我部氏を屈服させ、四国国分《くにわけ》を行うことになる。

その四国国分の中で安富又三郎は一郡を与えられ、讃岐を与えられた仙石秀久《せんごくひでひさ》の与力ではあったが、領主の地位を保障された。長宗我部氏に侵略された讃岐・阿波・伊予において、在来の勢力が領主として残されたのは東讃岐の安富氏と十河氏のみであり、十河氏は三好氏の一門であったことを踏まえると、真に在地勢力として評価されたのは安富氏のみであったとも言えよう。しかし、それも束の間の天正十四年十二月、讃岐勢を率いて九州に出陣した仙石秀久が島津家久《しまづいえひさ》に大敗する（戸次川《へつぎがわ》の戦い）中で又三郎は戦死し、以後、領主としての安富氏も確認できなくなる。又三郎に後継者が不在か幼少であったために、安富氏は改易されてしまったのであろう。ここに室町期より東讃岐の雄として畿内からも重視されてきた安富氏は領主の地位を失い消え去ったのであった。

（嶋中佳輝）

【主要参考文献】
川口成人「細川京兆家被官安富智安の活動と実名比定」（『日本歴史』八六七、二〇二〇年）
嶋中佳輝「戦国期讃岐安富氏の基礎的研究」（『四国中世史研究』一六、二〇二一年）
末柄豊「『不問物語』をめぐって」（『年報三田中世史研究』一五、二〇〇八年）
田中健二「京兆家内衆・讃岐守護代安富元家についての再考察」（『香川県立文書館紀要』二五、二〇二一年）
馬部隆弘『戦国期細川権力の研究』（吉川弘文館、二〇一八年）
横尾國和「細川氏内衆安富氏の動向と性格」（『国史学』一一八、一九八二年）

河野弾正少弼通直・晴通
――父子で争った天文年間の激しい内訌

河野弾正少弼通直・晴通の基本情報

河野《こうの》弾《だん》正《じょう》少《しょう》弼《ひつ》通直《みちなお》（以下、通直と表記）の生年は延徳三年（一四九一）、没年は元亀三年（一五七二）八月で享年八十二（数え年）とされ〔稲葉本河野家譜、上蔵院文書ほか〕、仮名《けみょう》は太郎《たろう》である。通直の発給文書の初見が永正十五年（一五一八）四月〔仙遊寺文書〕、終見は天文二十一年（一五五二）十一月〔二神司朗家文書〕、受給文書の終見は元亀二年八月である〔伊予史談会文庫所蔵文書〕。天文二年に弾正少弼に任じられている〔御内書引付〕。河野氏は南北朝期から細川氏と守護職をめぐって争い、永徳元年（一三八一）以降、守護となる〔佐伯・山内二〇一六〕。通直の守護職補任状は残されないものの、通直発給と推定される禁制《きんぜい》に「守護代」の文言がみえるので〔国分寺文書〕、守護家の家格を持っているとの認識はあったものと思われる。

通直の子晴通《はるみち》の生年や享年を示す史料は知られていないが、天文二年の初見受給文書で「河野六郎《ろくろう》」とあるので〔御内書引付〕、すでに元服している年齢であった。実名の「晴」は将軍足利義晴《あしかがよしはる》の偏諱《へんき》だろう。死没日は天文十二年四月二十四日である〔予陽河野家譜〕。若年で没したものと思われ、同家譜には「早世」とある。発給文書の終見は、天文十二年三月十四日（善応寺文書）で死没直前であった。

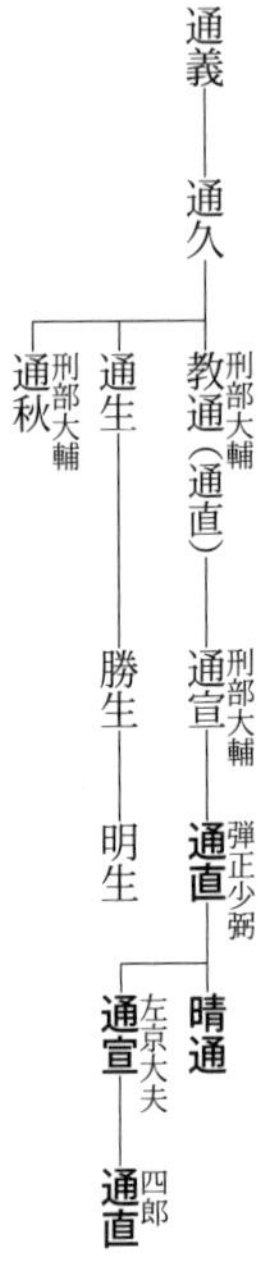

河野氏略系図
川岡勉・西尾和美『伊予河野氏と中世瀬戸内世界』（愛媛新聞社、2004年）掲載図をもとに作成

戦国期の河野氏は、刑部大輔《ぎょうぶだゆう》通直（初名教通《のりみち》。以下、祖父通直）―刑部大輔通宣《みちのぶ》（以下、父通宣）―弾正少弼通直―左京大夫《さきょうだいぶ》通宣（以下、通宣）―四郎《しろう》通直と、「通直」と「通宣」を交互に名乗る（略系図参照）。「通直」は南北朝期にもう一人おり、全部で四名存在していた。また、鎌倉期には「通宣」と同じ「みちのぶ」と読む「通信」もいた。実名を交互に名乗ることにどういう意味があったのか、これまで検討はなされていない。

伊予国内に目を向けると、河野氏は南北朝期以来、湯築城《ゆづき》（松山市）を本拠地としながら、戦国期に至っても越智《おち》郡に所在する府中《ふちゅう》を非常に重要視していた。府中の位置は、今治《いまばり》平野（愛媛県今治市）の蒼社《そうじゃ》川《がわ》流域に多くの在庁官人《ざいちょうかんじん》氏族が住しているため、その付近と推定されている〔川岡二〇〇六〕。祖父通直は、大三島へ渡海して一宮の大山祇《おおやまづみ》神社（今治市）で連歌《れんが》を詠むなど〔大山祇神社連歌〕、一宮も重視していた。通直の場合、芸予諸島の状況が異なるためか、大祝《おおほうり》三島《みしま》氏へのさまざまな祈願依頼や礼状は多数残るものの、連歌を詠んだ記録は現存していない。また通直の発給文書は、年代比定があまりなされておらず、とくに天文期以前のことはわかっていないことが多い。

通直の家督継承

父通宣の発給文書の終見が永正十一年（一五一四）〔仙遊寺文書〕、同十六年に没しているので〔上蔵院文書〕、おそらく永正十年代に通直は家督を継承したものとみられる。

通直は家督を継承してまもない大永～享禄年間（一五二一～三二）頃は、伊予国内および瀬戸内海情勢の対応に追われていたようである。対岸の広島湾では、安芸武田《たけだ》氏（以下、武田氏）と大内《おおうち》氏警固衆の対立が戦を招いた。そこへ尼子《あまご》・毛利《もうり》氏も加わり、大内氏との戦いは内陸部にまで広がった〔河村二〇一〇〕。そのころ能島村上《のしまむらかみ》氏は忽那島《くつなじま》方面で放火している〔忽那家文書〕。天文十年（一五四一）の武田氏と大内氏の対立時には、能島村上氏が武田氏を支援しているので、このときも関与しているのかもしれない。

伊予国内に目を向けると、大永四年（一五二四）に浄明院《じょうみょういん》（松山市）に狼藉停止などの制札が出されている。同寺には木札そのものが残されており貴重である。浄明院は河野氏の本拠地湯築城とも近いことから、湯築城周辺の治安が不安定な状況にあったとみられる。また府中では、正岡《まさおか》・重見《しげみ》氏が反乱を起こし、制圧のために大祝三島氏が奔走している様子がうかがえる。

通直の治世の特徴として、対京都外交に力を入れていたことが挙げられる。不安定な国内を鎮めるツー

河野弾正少弼通直画像　東京大学史料編纂所蔵模写

ルとして、上位権力の有用性を認識していたのだろう。また、いつからか不明であるが、細川高国《ほそかわたかくに》と好を通じていたものの、享禄四年（一五三一）五月に上洛し、「阿《あ》州家《しゅうけ》」（和泉国下守護家の細川元常《もとつね》カ）に一味することを申し出た〔新出大山祇神社文書〕。継続して、伊予の船が堺へ寄港できるようにするためであろう。この翌月、高国は自害した。

　天文期以前の対京都関係の動きとして、幕府の御用医師である半井明親《なからいあきちか》に毎年銭を送っている〔松蘿館《しょうらかん》文庫所蔵文書〕。連歌師や能楽師ほどではないにせよ、行動の制限が少なく将軍の側近くで接することが多い医師を、外交交渉に利用しようとしたのだろう。その後、天文二年に通直と晴通は初めて将軍足利義晴に御礼を送り、弾正少弼の官途を得ると同時に、晴通を嫡子として将軍に紹介している。このとき通直が上洛したか否かは不明である。

　そして他の地域権力ではあまり見られない特徴として、公家出身の僧侶である梅仙軒霊超《ばいせんけんりょうちょう》（南禅寺《なんぜんじ》塔頭岩栖院《がんせいいん》院主。徳大寺実淳《とくだいじさねあつ》息、近衛尚通《このえひさみち》室弟、細川高国猶子）をいわば河野氏専属の交渉代理人として対幕府外交を担わせたことである〔磯川二〇一四〕。義晴と足利義輝《よしてる》（初名義藤《よしふじ》、以下義輝に統一）の時代は「足利—近衛体制」として知られるが〔黒嶋二〇一二〕、近衛家の姻戚として霊超もその一翼を担っていた。その端緒と思われるのが、「天文期河野氏の内訌」である。

天文期河野氏の内訌の始まり

天文期における通直と晴通の争いは、近世に編纂された家譜類の記述が曖昧で筋が通らず、解釈が困難であったこともあり、政治的状況が不明確であった。それを川岡勉氏が一次史料と家譜を併用して「天文伊予の乱」として整理し〔川岡二〇〇二、川岡二〇〇六〕、西尾和美氏が「上蔵院文書」を加えて具体的に何があったのか詳細を明らかにした〔西尾二〇一五〕。その後、筆者は一次史料を見直し、家譜類を使用せず「天文期河野氏の内訌」として再構成した〔磯川二〇一七〕。

大内・大友氏の対立が長らく続いているなか、天文元年（一五三二）八月、大友義鑑《おおともよしあき》は足利義晴の上洛要請を大義名分にして、豊前・筑前への出陣を三原氏等に命じた〔島津家文書ほか〕。通直は宇都宮豊綱とともに義鑑側につき、大内氏と対抗する動きを示したようである〔弥富文書〕。前述のように、翌年通直は弾正少弼に任官し、京都と定期的な交渉を始めている。同四年二月頃になると、通直は湯築城の堀を築くなど大規模な修築を行っているので〔仙遊寺文書ほか〕、大内氏による伊予侵攻の危機が迫っていると認識して行った修築だろう。かつて寛正六年（一四六五）、大内教弘《のりひろ》は自ら興居島《ごごしま》（松山市）まで出陣し湯築城を攻撃した。七十年近く前とはいえ、祖父通直の時代の出来事であり、孫である通直にもその記憶は語り継がれていたものと想像される。翌年には通直と近衛尚通の間に使者が往来している〔後法成寺関白記〕。内容は不明であるが、大内・大友氏の対立による伊予への影響軽減を図るためものだろうか。

ところが、天文七年三月になると大内・大友氏の和睦が成立する。ここで通直をはじめ中国・四国地方で大内氏と対抗していた氏族は、これまで通り大内氏と敵対する行動をとるのか、大友氏のように和睦するのか、各家にとっての安全保障に関わる外交判断が必要となった。宇都宮氏の動向は史料がないため不明であるが、武田・尼子氏は変わらず大内氏に敵対している。結果、武田氏は天文十年に滅亡し〔河村二〇一〇〕、同十一年に大内義隆《よしたか》は自ら軍勢を率いて尼子氏を攻めたものの、撤退に追い込まれた〔山田二〇一九〕。村上氏は家中の分裂に跡目争いが加わり内訌が発生した〔大上二〇二一〕。

河野氏には家中の動向を示す一次史料は存在しないものの、天文八年十二月、近衛尚通室（徳大寺実淳娘、霊超姉）が家長代行として通直を相伴衆《しょうばんしゅう》に推挙した〔後藤二〇〇九〕。通直は近衛家を経由して足利義晴へ申請するのとは別に、幕府を支える有力者や奉公衆を経由する通常のルートも使用した。通直から申請を受けた六角定頼《ろっかくさだより》は、通直が相伴衆としての家格を備えていないとしながらも、近衛家の要請もあるため判断を義晴に委ねた〔大館常興日記〕。通直が相伴衆就任の申請をしたのは、家中に対して幕府と密接な関係があることを示そうとしたためと思われる。通直の申請が通る＝幕府は通直の味方、と家中に示すことができると考えたのではないか。家譜類の記述と総合すると、通直は変わらず大内氏と対抗しようとし、通直の嫡子晴通方（反通直グループ）は大内氏と融和しようとしていた〔川岡二〇〇六〕。家中の分裂は、この時期にはすでに始まっていたと推測される。それを鎮め統合するために上位権力を利用しようとしたのだろう。

晴通湯築城主となる

河野氏内部の対立に乗じてか、天文九年（一五四〇）八月には、大内氏警固衆が忽那島を攻略、翌十年には芸予諸島も攻撃し占拠したため、湯築城及び府中に危機が迫った。通直の発給文書は同八年七月〔石手寺文書〕以降、帰国するまで途絶えていることから、湯築城主はすでに晴通に変わっていたと思われる。晴通は大内氏と同盟を締結したとみられ、伊予侵攻の危機を防いだ。そして同十年、伊予西園《さいおん》寺《じ》家が通直と晴通の和睦を試みる〔山本家文書〕も失敗した。すでに伊予を出国していたと思われる通直は、幕府に和談の仲介を求め、翌十一年七月、幕府は大友義鑑に中人《ちゅうにん》を命じた〔大友家文書録〕。直前の三月からは晴通の安堵状が登場するので〔二神司朗家文書など〕、反通直グループが新城主晴通を擁立して周辺の状況も安定してきたのだろう。義鑑は高野山《こうや》上蔵院《さんじょうぞういん》を使者として、晴通と通直の仲介を行うこととなる。翌十二年三月、幕府はさらに通直に状況説明を求めて上洛を命じた〔類聚文書抄〕。

ところが、天文十二年四月になると晴通が没し〔予陽河野家譜〕、六月になると通直と晴通方との和談が成立し、七月に通直が帰国し湯築城に入った〔上蔵院文書〕。通直が伊予を出国している間の宿所は、史料がないため不明であるが、享禄四年（一五三一）の上洛では「山しな」（山科）に宿を取った。通直は在京中に高野山を往復し、和泉国下守護家細川氏の被官多賀《たが》氏の内者板原《いたはら》氏に和談成立と帰国を伝えているので〔井口家文書〕、堺にも宿所があったようである。堺に滞在できたのは、享禄四年の上洛の成果だろう。

桐紋拝受と内訌の終結

天文十二年（一五四三）八月になると、通直は足利義晴から桐紋を拝受した〔河野家文書写ほか〕。近衛稙家《たねいえ》は通直が「年来望み申され」たことが叶ってよかったと書いているので〔近衛文書〕、通直は自ら桐紋を希望していたことが明らかである。この桐紋拝受は霊超から稙家へ要望を伝え、義晴の裁許を得るという「足利―近衛体制」を利用したものだろう。通直が桐紋を欲した理由は、相伴衆のときと同様、将軍義晴は「晴」を与えた晴通ではなく、通直側についていることを家中に示すためと思われる。相伴衆就任は、幕府内の家格を上昇させたものの、伊予国内で変化が見られるものではなかったため、家中に対しては効果がなかったのだろう。肖像画を見れば明らかなように、桐紋は衣服につけるものであるから、家中の主立った者たちへの視覚的効果は抜群だったのではないだろうか。そのように考えると、桐紋は在地支配を貫徹するための栄典ではなく、通直の場合は、身近な家中に幕府との親密度を強調するものであったと言えるだろう。

翌十三年三月、通直は上洛し、義晴に内訌の終結と桐紋の御礼を伝えて「天文期河野氏の内訌」は終結した。その後、通直は上蔵院に仲介のお礼を述べ、四月には上蔵院に宿坊証文を発給、晴通の追善供養も行われる〔上蔵院文書〕。そしてこの年六月から通直の発給文書が復活した〔石手寺文書〕。

川岡・西尾氏が提起した「天文伊予の乱」では、通直と晴通が対立し戦に及び、通直は追放されたといわれている。しかしながら、一次史料を見る限り、通直と晴通の対立に武力が用いられた形跡は見られない。晴通は嫡子であったために、通直に対抗するための御輿として使われたのだろう。また通直の上洛は追放ではなく、将軍の上意を獲得することで、家中の対立を鎮めようとしていたと思われる。「上蔵院文書」からは、通直が上洛する船を調達したり、高野山に登山しつつさまざまな御礼を出し、上洛後の宿所を確保していることが読み取れる。この時代、高野山や京都へ行くのに通直が単独で行動していたとは考えられない。享禄四年（一五三一）に上洛した際は、主立った者六名の名を挙げ、他三十人としているので、この程度の人数は通直に同行していたのではなかろうか。

「天文伊予の乱」の原因は、天文年間の大内・大友氏の対立と和睦にある〔川岡二〇〇六〕。この影響は、伊予西瀬戸内だけでなく西国全体に及ぶものと思われる。そのため「天文伊予の乱」という名称では、伊予一国に矮小化されてしまう恐れがあるので、筆者は大内・大友氏の対立と和睦に影響を受けて発生した戦いや内訌等を総称して「天文の乱」という名称を提起した。そのうち河野氏の家中対立については「天文期河野氏の内訌」としたのである〔磯川二〇一七〕。

代替わりを賭けた権力抗争

天文十三年（一五四四）終盤には、「天文期河野氏の内訌」も沈静化した。通直は再び安堵状を発給し、自らが当主であることを国内に示した。同十九年十二月になると息通宣の発給文書が登場したものの、同二十一年十一月まで通直の発給文書が残る。当主と隠居がそれぞれ文書を発給すること自体は、小田《お》原北条《わらほうじょう》氏の例を挙げるまでもなく、一般的に行われているものである。しかし、天文二十一年十一月十八日、通宣は二神源三郎《ふたかみげんざぶろう》に対して「久枝郷之内友近名」を安堵し、六日後の二十四日、通直は二神兵庫助《ひょうごのすけ》に「二神源三郎分」の宛行状を発給した〔以上、二神司朗家文書〕。この段階で明らかに通直と通宣の対立が生じていた。

この対立はエスカレートし、将軍足利義輝は、通宣に対して通直との戦いを止めるよう命じる御内《ごない》書《しょ》を出している〔稲葉文書〕。この義輝の御内書は天文二十二年〔西尾二〇〇五〕と、永禄年間〔木下二〇一八〕の二通りの説がある。改めて本文を確認すると、義輝は通宣に「京都不慮の様躰であるので早く〔通直と〕和睦して忠功に励め」と命じているので、義輝がかなり切羽詰まった状況にあることがうかがえる。これは西尾氏が述べているように、同二十二年に義輝が近江に移座した状況を指しているだろう。一方国内では、天文二十二〜二十三年に浮穴《うけな》郡の大野《おおの》氏が平岡《ひらおか》氏領へ攻め込み、久米《くめ》郡の和田《わだ》氏は平岡房実《ふさざね》と村上通康《みちやす》（来島《くるしま》村上氏）によって討たれている〔予陽河野家譜・上蔵院文書〕。また、湯築城発掘の際に発見された焼土層は、一五五〇～六〇年代と推定されており〔柴田二〇〇四〕、通直と通宣の戦いによって湯築城で火災が発生した可能性がある〔西尾二〇〇五〕。

これらの戦いは、通直から通宣への代替わりにともなって起こされたものである。平岡氏は通宣擁立に尽力したため、その後政権中枢に位置した〔西尾二〇〇五〕。通直と通宣の戦いは、どちらが当主かという通直と通宣の対立、その後の政権運営を担っていく平岡・来島村上氏とそれに反発する人々といった複数の対立が連動する大規模なものであった〔山内治二〇一九〕。

義輝は地域権力間の和平調停を行ったことで知られるが、一般的に家中の問題には対応しない。通宣が義輝に何を依頼したのかは御内書に書かれていないので不明である。当時の義輝には、通宣の要請に応えるよりも、身の安全が第一であったことから、結果的に停戦令のようになったのだろう。通直の出家の時期は不明であるが、この頃と考えるのが自然である。戒名に「龍穏寺殿《りょうおんじでん》」とあるので、湯築城からほど近いところで隠居したと思われる。このあと通直に関する史料はしばらく途絶えるので、動向は不明である。おそらく、通宣・平岡房実・村上通康による体制がうまく機能していたからではないか。

その後、通直は永禄十二年（一五六九）に再び史料に表れる。再登場後の通直については、次項の「河野左京大夫通宣・四郎通直」を参照されたい。

（磯川いづみ）

【主要参考文献】

磯川いづみ「伊予河野氏の対京都外交―梅仙軒霊超を介する「近衛ルート」―」(『戦国史研究』六七、二〇一四年)
磯川いづみ「天文期河野氏の内訌―「天文伊予の乱」の再検討―」(『四国中世史研究』一四、二〇一七年)
大上幹広「天文年間の能島村上氏の内訌と大内氏―十六世紀半ばの転換―」(『四国中世史研究』一六、二〇二一年)
川岡勉『室町幕府と守護権力』(吉川弘文館、二〇〇二年)
川岡勉『中世の地域権力と西国社会』(清文堂出版、二〇〇六年)
河村昭一『安芸武田氏』(戎光祥出版　二〇一〇年)
木下昌規「足利義輝(義藤)発給文書一覧」(同編著『足利義輝』戎光祥出版、二〇一八年)
黒嶋敏『中世の権力と列島』(高志書院、二〇一二年)
後藤みち子『戦国を生きた公家の妻たち』(吉川弘文館、二〇〇九年)
佐伯真一・山内譲校注『予章記』(三弥井書店、二〇一六年)
西尾和美『戦国期の権力と婚姻』(清文堂出版、二〇〇五年)
西尾和美「天文伊予の乱再考―「高野山上蔵院文書」を手がかりとして―」(山内治朋編『伊予河野氏』岩田書院、二〇一五年、
　初出二〇〇七年)
山内治朋「河野左京大夫通宣の花押小考」(『愛媛県歴史文化博物館研究紀要』二四、二〇一九年)
山田貴司「大内義隆の「雲州敗軍」とその影響」(黒嶋敏編『戦国合戦〈大敗〉の歴史学』山川出版社、二〇一九年)

河野左京大夫通宣・四郎通直
——地域権力河野氏の滅亡

河野左京大夫通宣・四郎通直の基本情報

最初に河野《こうの》左京大夫《さきょうだいぶ》通宣《みちのぶ》（以下、通宣と表記）の生没年を確認したい。生年を明記する「稲葉本河野家譜」では、天文十年（一五四一）生まれ、天正九年（一五八一）没で、享年四十一（以下、年齢は数え年）とする。家譜類では没年を天正九年とするものが多いが、「上蔵院文書」では元亀元年（一五七〇）五月である。通宣の初見発給文書は天文十九年十二月で〔萩藩閥閲録〕、「通宣」と署判しているので元服していることになる。もし天文十年生まれとすると、少々若すぎるように思われる。仮に、元亀元年に四十一歳で没したとすると、享禄二年（一五二九）生まれとなる。前項に登場した父弾正少弼《だんじょうのしょうひつ》通直（以下、父通直）の嫡男河野晴通《はるみち》は、通宣の兄にあたると見てよい〔河野系図ほか〕。晴通の発給文書の終見が天文十一年〔二神司朗家文書〕、そのとき通宣は十三歳となり、「天文期河野氏の内訌」で蚊帳の外だったとしてもおかしくはないだろう。さしあたり享禄二年生まれ、元亀元年没、享年四十一と推定しておきたい。

仮名《けみょう》は宗三郎《そうざぶろう》で、発給文書の終見は永禄十一年（一五六八）二月〔藩中古文書〕である。室には宍戸《ししど》隆家《たかいえ》嫡女（毛利《もうり》元就《もとなり》孫、小早川隆景《こばやかわたかかげ》養女、以下永寿《えいじゅ》と表記）が知られ、四郎通直（以下、通直と表記）の生

河野左京大夫通宣画像　東京大学史料編纂所蔵模写

母となる。永寿は天文四～十五年生まれと推定され〔西尾二〇〇五〕、没年は文禄三年（一五九四）である〔上蔵院文書〕。

通宣と永寿の婚姻の時期などについては複数の説がある。一つめは天文二十三年十一月頃に縁談がまとまり、厳島《いつくしま》合戦前の天文二十四年（弘治元年、一五五五）五月頃に村上通康《むらかみみちやす》（来島《くるしま》村上氏）に嫁して息子を産む。そして永禄十年十月の通康没後通宣に再嫁し、息子は通宣の養子として後の通直になったとする〔西尾二〇〇五〕。二つめは、弘治年間（一五五五～五八）に始めから通宣に嫁して通直を産んだする〔中平二〇一五〕。三つめは天文二十三年十月頃に代替わりがなされ（後述）、十一月頃に縁談がまとまり、翌年五月から遠くない時期に、婚姻が成立したとするものである〔山内治二〇一九〕。

永寿の実父宍戸隆家は元就の娘を室とし、有名な三本の矢の話に娘婿として四人目に加えられている毛利氏一門である。隆家には三人の娘がおり、一女は吉川元長《きっかわもとなが》（元春《もとはる》息）、二女は毛利輝元《てるもと》（隆元《たかもと》息・元就孫）に嫁している。つまり、河野氏は宍戸氏を介して毛利・小早川・吉川氏と姻戚関係を結んでいる。これが後の通宣・通直の立ち位置を決める重要な要素となった。また父通直の京都中心の外交方針が転換されたとも言える。

永禄五年十月に通宣は左京大夫に任官した。残存する通宣の発給文書は受給文書に比して少なく、また病養生のために上洛するなど〔譜録、稲葉文書〕病弱だったとされ、そのためか国内における動向は不明な点が多い。

河野氏の居城・湯築城跡　松山市

通宣の子通直の生没年は、没年のみ天正十五年七月〔村上家文書、西尾二〇〇五〕と知られ、家譜類に享年二十四とあったため、生年はそこから逆算していた。近年「甲子歳」〔永禄七年〕に生まれたとする史料が発見されたことで〔徴古雑抄、磯川二〇一九b〕生年が確定し、家譜類の享年二十四が正しいことが判明した。仮名は四郎《しろう》である。戒名や系図等から伊予守に任官したとも言われるが、一次史料では確認できない。歴代河野氏で元服前の文書が残存するのは通直のみで、元服前の花押には版刻花押が使用されている。発給文書の初見は永禄十一年十二月〔相原文書〕、天正元年十二月～同二年五月に元服し、自ら花押を据えるようになる〔山内治二〇一一ほか〕。

天正九年七月に、吉見《よしみ》広頼《ひろより》の娘を室に迎えた〔萩藩閥閲録ほか〕。

広頼は隆元の娘を室にしているので、元就の曾孫同士の婚姻となり、河野氏と毛利氏との「一体化」がさらに強化されていくこととなった〔西尾二〇〇五〕。通宣・通直の時代は幕府よりも近隣の地域権力との関係が重視されたことが、妻室の人選に表れたと言える。通直は天正十三年の羽柴秀吉《はしばひでよし》の四国攻めにともない、隆景が伊予に入り湯築城《ゆづき》（松山市）は開城、同十五年七月に安芸国竹原《たけはら》（広島県竹原市）で没し〔村上家文書〕、長生寺《ちょうせいじ》（竹原市）に葬られた。

通宣武力で当主となる

通宣の発給文書は天文十九年（一五五〇）十二月からであるが、父通直の発給文書が天文二十一年十一月までみられる。将軍足利義藤《あしかがよしふじ》（義輝《よしてる》、以下義輝に統一）は通宣に「京都不慮の様躰であるので早く（父通直と）和睦して忠功に励め」と命じているので〔稲葉文書〕、通宣と父通直は戦闘状態にあり、代替わりがすんなりいかなかったことがわかる。

この御内書《ごないしょ》の発給年は、天文二十二年〔西尾二〇〇五〕と永禄年間〔木下二〇一八〕説がある。義輝は「京都不慮」というかなり切羽詰まった状況にあるので、天文二十二年に義輝が近江に移座したときを指しているだろう。

父通直・通宣の直接的な対立以外に、同二十二～二十三年に浮穴《うけな》郡の大野《おおの》氏が平岡《ひらおか》氏領へ攻め込み、久米《くめ》郡の和田《わだ》氏は平岡房実《ふさざね》と村上通康によって討たれている〔予陽河野家譜、上蔵院文書〕。また、湯築城で発見された焼土層は一五五〇～六〇年代と推定されることから〔柴田二〇〇四〕、父通直と通宣の戦いによって湯築城で火災が発生した可能性がある。おそらく、通宣と父通直は湯築城付近で戦っていたのだろう。これらの戦いは父通直と通宣の権力抗争で、通宣を支持する平岡・来島村上氏と、通宣を支持しないまたは平岡・来島村上氏に反発する被官の対立が連動するものであった〔西尾二〇〇五、山内治二〇一九〕。このような実態は明らかになってきたものの、通宣と父通直が対立した根本的な原因は明確ではない。

天文二十二年十月に善応寺《ぜんのうじ》領、翌二十三年十月には仙遊寺《せんゆうじ》住持職の安堵をしている〔善応寺文書、仙遊寺文書〕のは、通宣による代替わり安堵である。御内書が伊予に届いた頃には戦いも終わり、父通直は隠居したと思われる。同年五月以降、通宣は永寿と結婚した。通宣の花押が天文二十四年二～十二月に変化しているのは、結婚が理由であろう〔山内治二〇一九〕。

父通直に勝利した通宣は、永寿との婚姻により、毛利・小早川氏（とくに小早川氏）との連携を深めていく。この婚姻は通康の判断によって進められ、河野氏と小早川氏の関係は、通康を介したものであるので、家中における通康の重要度は増していった。また、通宣擁立に房実が尽力したことで、平岡氏はその後の政権中枢に位置し〔西尾二〇〇五〕、通康と房実が通宣を支えるという体制となった。

通宣の国内支配と国外に対する意識

通宣は婚姻関係を瀬戸内海対岸の毛利・小早川氏に求めたが、幕府との関係性は密にしており、父通直の代から引き続き、梅仙軒霊超《ばいせんけんりょうちょう》が「足利─近衛体制」（黒嶋二〇一二）を担っている（霊超については、前項の「河野弾正少弼通直・晴通」を参照）。前述の停戦令では、霊超は伊予に下向した。また通宣の左京大夫任官にも尽力し、任官を願い出るタイミングまで指示している（稲葉文書）。

河野氏は幕府と交渉する際に、霊超から近衛尚通《このえひさみち》室や近衛稙家《たねいえ》を介するルートを使っていた。稙家の子前久《さきひさ》にも対幕府外交を担ってもらうために、通宣は書状を送ったものの、前久は後に足利義昭《よしあき》と関係を悪化させたため失敗した。永禄六・七年頃の前久の返信には、伊予が「静謐」で「弥重」とある（本福寺文書）。この「静謐」は豊芸和睦を指していると思われ（磯川二〇一二）、かなり早い段階で河野氏と毛利氏の間に、非常に密接な関係を構築していたことがわかる。

幕府や霊超が発給する御内書・副状・書状の中には、村上通康・平岡房実を宛所としたものがあり、河野氏家中における彼らの重要度がうかがえる（山内治二〇二一）。それが明確に表れたのは、永禄九～十一年にかけて、伊予と土佐の国境地帯（南伊予地域＝南予）を戦場とした戦いである。もともとは河野氏と宇都宮《うつのみや》氏の対立であったが、毛利氏・小早川氏・伊予西園寺家・土佐一条《いちじょう》家・大友《おおとも》氏が関与する、戦国期の伊予最大の戦いとなった。通宣は永禄五年頃には病に罹っていたこともあり、戦いで指揮を執った形跡は見られない（執れなかったのだろう）。代わりに通康・房実が指揮し、直状を発給した。

また、厳島合戦で援軍を派遣した来島村上氏への「恩おくり」〔毛利家文書〕として毛利氏が参戦し、その対応に永寿があたっている。通康はそのさなか永禄十年十月に没した〔乃美文書〕。

永禄九年、次代の将軍になるべく足利義親《よしちか》（義栄《よしひで》）は、阿波からの上洛を目指す。そこで通宣と通康に御内書形式の判物《はんもつ》を、畠山守肱《はたけやましゅこう》が副状を発給する〔二神司朗家文書、彦根藩諸士書上〕。河野氏は父通直から霊超を通じて近衛家、義晴・義輝と二代にわたって強固な関係性を構築していた。通宣自身は三好《みよし》氏とも交流はあったものの、彼らに対応した形跡は見られない。

通直の家督継承

通直の家督継承は、理由と時期に複数の説がある。永禄十一年（一五六八）二月に元服したとする「予陽河野家譜」、発給文書が見え始める永禄十一年七月頃〔山内譲一九九一・九二〕、永禄十一年に永寿が史料に登場し、毛利・小早川氏が擁立に関与する説〔西尾二〇〇五〕。そして通宣没後の元亀元年（一五七〇）に継承したとし、小早川氏の関与を否定的に見る説がある〔中平二〇一五〕。しかしながら、初見史料で通直を「大檀越《だいだんおつ》」としているので、永禄十一年十一月以前には家督を継承していたことになる。とはいえ、家督継承時に五歳であり、自分の意志を持ち表明できる年齢ではなかった。

永禄十二年正月、足利義昭は吉川元春・毛利元就・輝元に対し、四国へ逃亡した「逆徒」を討つよう命じ〔吉川家文書ほか〕、梅仙軒霊超にも彼らと一緒に伊予の軍勢を出陣させるよう命じる〔周防国風土記」）。このとき義昭は「其国に相談して」と書いているので、霊超が誰と交渉するかは一任されていることになる。裏を返せば、義昭や周辺の奉公衆には誰が政策の決定権を持っているかが見えにくかったのかもしれない。

また同年七月、一条兼定《かねさだ》（土佐一条家）と思われる人物が、父通直に細川昭元《ほそかわあきもと》への援軍を要請している（恵良宏氏所蔵文書、磯川二〇一九a）。文面から通宣にも発給されたようであるが、河野氏側がこの援軍要請に応えた形跡は見られない。元亀二年にも霊超の料所押領について、義昭から父通直へ御内書が発給されている（山内治二〇二一）。父通直宛に発給されているのは、彼が政策決定に影響力を持つ人物と認識されていたためと思われる。通直が家督を継承した永禄十一年から父通直が没する元亀三年までは、隠居の通宣・父通直、平岡房実、生母で後見の永寿（と永寿に従って伊予に来た小早川隆景家臣等）が家中を統制すべく動いていたと思われ、兼定や義昭はその中で父通直を頼ったのだろう。

永禄五年頃からの通宣の病、同十年の村上通康の病死、そして元亀元年五月に通宣、同年十二月に房実、元亀三年には父通直が没した〔以上、上蔵院文書〕。このころの河野氏は、家を支える人物を次々と失い、国外への対応どころではなかったと言える。通直の家督継承は、河野氏にとって非常に厳しい状況にあったときに行われた。

永禄十一年末に南予地域の戦乱は一段落するが、元亀・天正期に入っても散発的に戦いが継続する。元亀元年十一月、通直は東伊予地域の新居《にい》郡・宇摩《うま》郡（＝東予二郡）の「返付」「還付」を幕府に願い出て認められている〔稲葉文書〕。東予二郡は、永徳元年（一三八一）十一月に行われた河野氏と細川氏の和睦の条件で、伊予守護職と引き換えに細川氏に引き渡されたとされるものである。通直は元服前であり、実際に動いているのは副状を発給された房実〔稲葉文書〕と思われるが、永寿も関与した可能性がある〔石野二〇一五〕。

天正二～四（一五七四～七六）年に霊超が没し〔河野家文書写〕、河野氏の「足利―近衛体制」を駆使した対幕府外交は終わりを告げる。同四年に義昭が備後国鞆《とも》（広島県福山市）に下向したので、幕府に対応を要請して問題を解決するという外交スタイルそのものの終焉と言えよう。これ以降の通直宛の御内書や奉公衆の副状の多くは、御礼や贈答品についてとなる。

通直の時代

天正期に入ると、河野氏や伊予国内の情勢に、鞆に足利義昭を迎えた毛利氏と、土佐を統一した長《ちょう》宗我部《そかべ》氏の対立、それにともなう織田・羽柴・大友氏の動向などにも左右されていくことになる。この時期の研究は多数あるものの〔山内譲一九九一・九二、西尾二〇〇五、山内治二〇一七、中平二〇一七ほか〕、文書の年代比定や解釈に異なる点があるため、それぞれストーリーが相違する。紙幅の都合もあるので本稿では通直の動きを中心に述べることとし、詳しいことを知りたい方は右記研究者の論考を参照されたい。

元亀四年〔天正元年、一五七三〕三月、梶谷新蔵丞は高森城《たかもり》（愛媛県大洲市）に関して通直から恩賞を与えられている〔梶谷文書〕。しかしその後、高森城は敵方に落ちるも、天正四～六年頃再度奪取しているように〔梶谷文書〕、天正前半期には河野氏は喜多郡《きた》へ侵攻し、少しずつ掌握していく。しかし、花瀬城《はなせ》（大洲市）では通直軍が敗北しているので〔愛媛県歴史文化博物館所蔵文書〕、河野氏が完全に喜多郡を押さえこむことは困難な状態だったのだろう。また、長宗我部氏は南予の宇和郡に侵攻する。天正七年または九年になると、岡本城《おかもと》（愛媛県宇和島市）を攻撃するが、重臣久武親信《ひさたけちかのぶ》が討たれ撤退している。この時期、喜多郡・宇和郡ともに戦乱が続いていた。そこで小早川隆景は新居郡の金子《かねこ》氏を仲介として予土和睦を画策、毛利氏と長宗我部氏は芸土提携を成立させようとしている。

天正九年、通直と吉見広頼の娘との婚姻が行われる。毛利輝元は厳島（広島県廿日市市）まで広頼の娘を送り、そこに村上元吉《もとよし》が迎えに行き、三津浦（松山市）まで船に乗せて湯築城まで送り届けている〔児玉文書ほか〕。永寿・広頼の娘が伊予に嫁したことで、毛利・小早川氏の家臣が湯築に「逗留」したり、河野氏の家臣が渡海して隆景の指示を仰ぐなど、頻繁な往来が確認される〔西尾二〇〇五〕。一般的に天正期になると残存史料数が増大するが、それ以上に毛利・小早川側の史料に、伊予関係の記述が目立つようになる。広頼の娘と通直の婚姻の前と後では、毛利氏側から見た河野氏の位置づけに変化が生じているのかもしれない。

羽柴秀吉は中国攻めのさなか、天正八～十年頃にかけて村上氏を調略しようとした〔沖家騒動〕。最終的に能島《のしま》村上氏や村上通康の被官だった村上吉継《よしつぐ》や同吉郷《よしさと》は毛利方に留まったものの、天正十年四月に来島村上氏の当主通昌《みちまさ》（通総《みちふさ》）の離反が明らかとなった。五月頃から毛利・河野・能島村上氏が来島村上氏を攻撃し、翌十一年三月に来島城（愛媛県今治市）、八月には賀島《かしま》城（鹿島城、松山市）が落城し、通昌と庶兄得居《とくい》通幸《みちゆき》は秀吉のもとへ逃亡する。通昌らは羽柴氏による四国平定後に帰国した。

天正十二年二月には、通直は村上元吉に喜多郡への軍事協力を依頼、七月に通直は、自ら安芸へ渡海し福成寺《ふくじょうじ》（広島県東広島市）で輝元と対面している（芸予会談）〔村上家文書ほか〕。通直が手こずっている喜多郡攻略への援助を依頼したもので、輝元は八月の伊予渡海を家臣に命じた〔湯浅文書ほか〕。しかし実際には、羽柴氏との対応などでなかなか渡海の準備が整わず、延期を余儀なくされ、実際伊予への着陣は十一月に入ってからとみられる。その間、九月には長宗我部氏は宇和郡三間《みま》（愛媛県宇和島市）へ侵攻〔金子文書〕、十月には黒瀬《くろせ》城（同西予市）を落とし、喜多郡横松《よこまつ》（同大洲市）まで侵入している〔山内治二〇一七〕。それだけ河野軍が心許なかったのだろう。しかし、十二月頃には元吉が喜多・宇和郡で活動し小康状態となる〔村上家文書ほか〕。天正十三年二月に喜多郡の延尾《のぶのお》城（大洲市）の戦〔桂文書ほか〕。黒瀬城は宇和郡の中枢で横松は喜多郡の要衝であるため、輝元は積極的に派兵を命じていで平賀《ひらが》氏が勝利を収めた〔平賀家文書〕。

四月になると、秀吉は四国出陣の意志を表明し〔小早川家文書〕、隆景が伊予、長宗我部氏が土佐を支配する四国国分が決まる。六月に秀吉軍が出陣、隆景も渡海する。隆景は金子元宅《もといえ》が立て籠もる高尾《たかお》城（愛媛県西条市）を落とし〔吉川家文書ほか〕、新居・宇摩郡を制圧した。その後、隆景は湯築城方面へ兵を向けるが、通直は戦わず降伏した。家譜類では通直が抵抗したとあるが、毛利側に感状が一通も残されていないことから、否定されている。

通直は開城後も湯築城に在城した。伊予は隆景に与えられたものの、九州攻めでほぼ不在であった。そのため隆景が天正十五年六月に筑前へ移るまでの伊予支配は、隆景家臣と「道後奉行人衆」（通直家臣）が相談し協力しながら進められた。通直らは竹原へ移ってまもなく没し、長生寺に葬られた。室は通直と別行動で安芸へ戻り（このとき離縁したのだろう）〔萩藩閥閲録〕、後に毛利元康《もとやす》へ再嫁した〔吉見家譜〕。家譜や系図類には、通直を病死ではなく「生害」と記すものがあることは注目されよう〔西尾二〇〇五〕。

地域権力としての河野氏は、通直を最後に滅亡している。通直の後見として政務に関与した永寿は、天正十六年に宿坊証文を発給するなど〔上蔵院文書〕、通直没後は家督代行になったとみられる。

（磯川いづみ）

【主要参考文献】
石野弥栄『中世河野氏権力の形成と展開』（戎光祥出版、二〇一五年）
磯川いづみ「河野弾正少弼通直最後の受給文書」（『戦国史研究』七七、二〇一九年a）
磯川いづみ「村上吉継と大山祇神社社家―「徴古雑抄」伊予二所収「三島神官家文書」の紹介を兼ねて―」（橋詰茂編『戦

国・近世初期西と東の地域社会』岩田書院、二〇一九年b）
磯川いづみ「本福寺所蔵「近衛前久書状」について」（『戦国史研究』八二、二〇二一年）
黒嶋敏『中世の権力と列島』（高志書院、二〇一二年）
柴田圭子「湯築城跡の段階認定と遺構の変遷をめぐる諸問題」（『紀要愛媛』四、二〇〇四年）
中平景介「河野通直（牛福）の家督相続について―代替わりの時期の検討を中心に―」（山内治朋編『伊予河野氏』岩田書院、二〇一五年、初出二〇〇七年）
西尾和美『戦国期の権力と婚姻』（清文堂出版、二〇〇五年）
山内治朋「河野通直（牛福）の花押の変遷について」（『愛媛県歴史文化博物館研究紀要』一六、二〇一一年）
山内治朋「戦国最末期毛利氏の伊予喜多郡派兵と芸予土関係」（『四国中世史研究』一四、二〇一七年）
山内治朋「河野左京大夫通宣の花押小考」（『愛媛県歴史文化博物館研究紀要』二四、二〇一九年）
山内治朋「戦国末期御内書にみる河野氏当主権の補完と幕府認識―同日・同内容の発給から―」（『四国中世史研究』一六、二〇二一年）
山内譲「河野通直（牛福丸）の時代―戦国時代の伊予―（上）（下）」（『ソーシアル・リサーチ』一七・一八、一九九一・九二年）

村上武吉・元吉――「日本最大の海賊」の全盛期

「日本最大の海賊」能島村上氏

能島村上氏《のしまむらかみ》は、芸予諸島の能島城（愛媛県今治市）を本拠として戦国時代に一大勢力となった。宣教師ルイス＝フロイスから『日本史』のなかで、「日本最大の海賊」と称されたことでも知られている。文献資料からは、十六世紀後半が全盛期であったとされており、この時期に当主であったのが武吉《たけよし》とその子元吉《もとよし》である。すでに武吉の生涯は、山内譲氏によって詳述されており〔山内二〇一五〕、本稿では、近年の研究も踏まえながら、村上武吉・元吉の生涯を追っていきたい。筆者はこれまで能島村上氏に関して、天文年間の家督争いと大内氏《おおうち》との関係〔大上二〇二二〕、戦国末期の河野氏《こうの》との関係〔大上二〇一九a〕、豊臣期の動向〔大上二〇一九b〕を検討してきており、本稿にもこれらの成果を盛り込んでいる。

武吉の家督継承と大内氏

戦国時代の能島村上氏の当主として知られる武吉であるが、幼少期については不明な部分も多い。生年は、江戸時代に萩藩《はぎはん》で編纂された『譜録《ふろく》』所収の系図に記載の没年から逆算すると天文二年（一五三三）、能島村上家に伝わる系図に記載の没年から逆算すると大永六年（一五二六）となるが、武吉自身が「丙申歳」の生まれと述べた願文《がんもん》〔光林寺文書〕から、丙申の干支に該当する天文五年生まれと考えるべきであろう。

能島村上家に生まれた武吉（幼名は道祖次郎）は、幼少期に家督争いに巻き込まれる。武吉祖父の隆《たか》勝《かつ》が死去した後、家督を継承した義雅《よしまさ》（隆勝嫡子、武吉叔父）が早世したため、天文年間に義雅息子の義益《よします》と武吉の間で家督争いになったとされている。この頃の中国地方では、大内氏と尼子《あまご》氏らの反大内氏勢力の対立が激しくなっており、こうした政治情勢のなかに位置づけられる。義益を推す勢力が反大内氏、武吉を推す勢力が親大内氏であったと考えられている。天文十年から大内氏が芸予諸島に侵攻しており、大内氏が芸予諸島を影響下に置くことで、天文二十年頃には能島村上氏の家督争いも決着し、武吉が家督を継承したようである。こうしたことから、武吉と大内氏の間には強いつながりがあったことが想定される。武吉という名についても、大内氏の偏諱《へんき》のひとつである「武」の字を受けた可能性が指摘されている〔西尾二〇〇五〕。

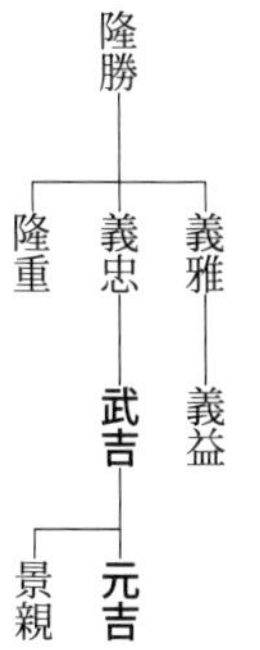

能島村上氏略系図

この頃の能島村上氏と大内氏の関係をみてみると、大内氏が能島村上氏の厳島《いつくしま》（広島県廿日市市）などでの通行料徴収を制限したり、大内氏権力を継承する陶晴賢《すえはるかた》が厳島での通行料の徴収を禁止したりしている。これらは海賊衆の権益を制限・否定する経済政策であり、大内氏・陶氏が芸予諸島を影響下に置いていたことが、これらの経済政策の前提となったと考えられる。ここから筆者は、能島村上氏の家督争いでは、海賊衆の経済活動に介入する大内氏の経済政策への是非も対立軸になったと考えている〔大上二〇二一〕。ここに海賊衆である能島村上氏の特徴を求めることができよう。

武吉の後に家督を継ぐことになる嫡子元吉が生まれたのは、この頃のようである。『譜録』所収の系図に記された没年から逆算すると、元吉は天文二十二年生まれとなる。母は来島《くるしま》村上氏の村上通康《みちやす》の娘とされる。来島村上氏は、来島海峡に浮かぶ来島城（愛媛県今治市）を本拠とする勢力で、当主が通康の天文年間から急成長を遂げ、河野氏の重臣となっていた。

この頃、中国地方では毛利氏が台頭してきており、天文二十四年の厳島合戦で毛利元就《もとなり》と陶晴賢は雌雄を決し、毛利元就が勝利を収める。『陰徳太平記《いんとくたいへいき》』などの軍記物語では、能島村上氏が毛利方として来援し、勝利に貢献した様子が描かれるが、能島村上氏の厳島合戦への参加を示す確かな一次史料は残されておらず、厳島合戦での能島村上氏の動向は不明である。最近では、厳島合戦の前年に陶氏に近い動きをしている能島村上氏に関係する勢力がいたことが注目されている〔秋山二〇一〇〕。

毛利氏への与同

厳島合戦後、中国地方では毛利氏が急速に勢力を拡大していく。村上武吉が毛利氏に与同して活動するのは、永禄年間になってからである。一方で、毛利方としての活動に先んじて、村上武吉は阿波三好《みよし》氏に協力しており、永禄初期の讃岐天霧《あまぎり》城合戦では、村上武吉は三好実休《じっきゅう》から加勢したことを感謝されている。

その後、永禄四年（一五六一）の門司《もじ》城合戦に村上武吉が毛利方として参加したことが確認できる。この合戦は、毛利氏が九州北部をめぐって大友《おおとも》氏と激突したものである。この合戦で門司（北九州市門司区）から大友軍が撤退するときに、村上武吉らは船団を率いて豊前国の簑島《みのしま》（福岡県行橋市）沖で大友軍を追撃し、大友軍の船団数十艘を撃退した。大友方の史料にも能島村上氏の船団が追撃してきたことが記されており、武吉の活躍は敵の大友方からも認識されていた。

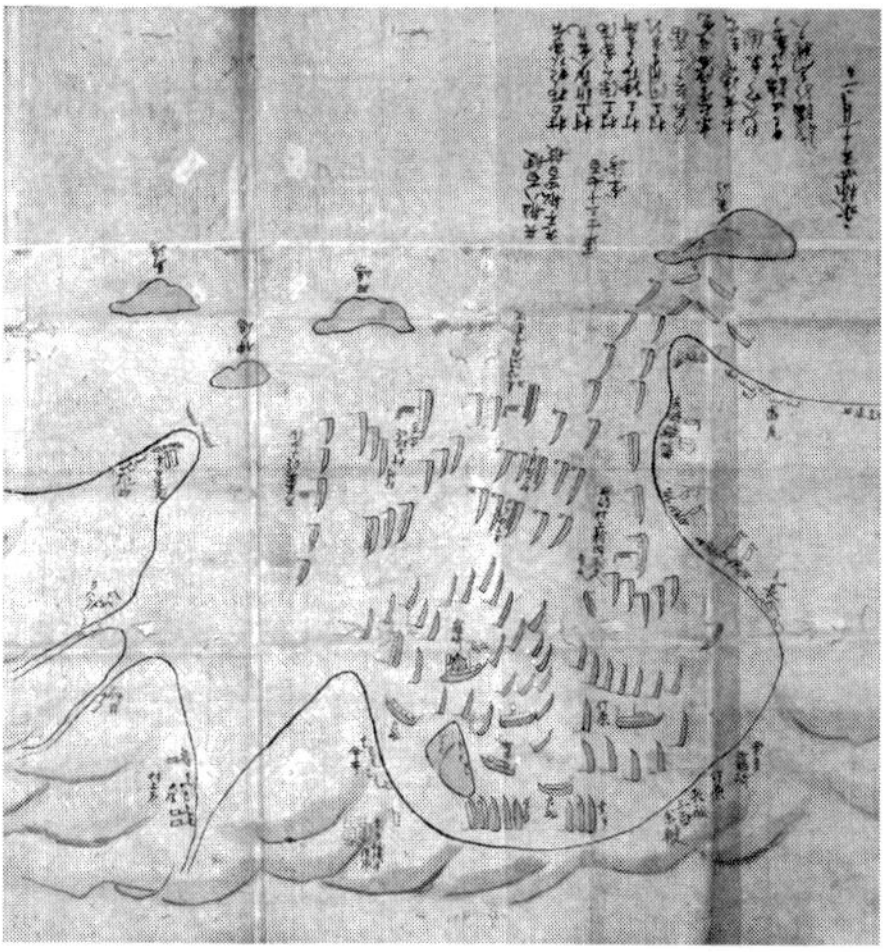

豊前今井元長船合戦図（部分）　大分市歴史資料館蔵

永禄六年に室町幕府十三代将軍足利義輝《あしかがよしてる》が、尼子氏と毛利氏の和睦に乗り出した際には、義輝が武吉に毛利氏への働きかけを求めている。このときには、同様のことを義輝は河野通宣《みちのぶ》にも求めており、河野氏と同様に毛利氏への働きかけが可能な勢力として、武吉は足利将軍から認識されていて、瀬戸内海地域において重要な位置にあったことがわかる。

織田信長《おだのぶなが》が足利義昭《よしあき》とともに上洛を果たした永禄十一年には、能島村上氏家臣の島吉利《しまよしとし》が守る備前児《こ》島《じま》の本太《もとぶと》城（岡山県倉敷市）を、阿波三好氏に関係すると思しき勢力が攻撃し、島吉利らが撃退した（第一次本太城合戦）。本太城は児島の西海岸の突出部に築かれた城郭である。当時、畿内では上洛を目指す織田信長と同盟する松永久秀《まつながひさひで》が、三好氏（三好三人衆）と対立しており、三好氏に関係する勢力を家臣が児島で破ったことを、武吉は久秀からも賞されている。

「毛利氏包囲網」への参加

元亀年間、毛利氏が西国で勢力を拡大するなかで、それに対抗する勢力が共闘を試みて、「毛利氏包囲網」を形成した。大友氏・浦上《うらがみ》氏・宇喜多《うきた》氏・阿波三好氏・尼子氏再興勢力らによって「毛利氏包囲網」が構成されると、元亀二年（一五七一）、それまで毛利氏に与同していた能島村上氏も反毛利氏に転じる。これにより、能島村上氏の拠点が毛利氏によって攻撃されることになる。

まずは、備前児島の本太城が毛利氏によって攻撃され、落城する（第二次本太城合戦）。このときには、阿波三好氏が児島に援軍として駆けつけることを毛利方は警戒しており、第一次本太城合戦とは逆の状況となっていた。続いて、芸予諸島の能島村上氏の拠点も、毛利氏の攻撃に晒された。第二次本太城合戦が勃発している頃には、すでに来島海峡の務司《むし》城（愛媛県今治市）が毛利氏によって攻められている。

また、伊予大島から来島海峡に突き出る姫内《ひない》（今治市）付近の海上でも毛利方の勢力と能島村上氏が衝突している。そして、毛利氏の攻撃は能島村上氏の本拠である能島城にも及んだ。

これに対して武吉は、阿波三好氏や塩飽《しわく》からの船団を援軍として対抗しようとしている。翌元亀三年になっても持ち堪えていた武吉は、大友宗麟《そうりん》に援軍を要請するとともに、備中の浦上宗景《むねかげ》や出雲の山中《やまなか》幸盛《ゆきもり》らとも連携することで、苦境を打破しようとした。しかし、各地の反毛利氏勢力が鎮圧されるなかで、能島村上氏も毛利方の村上通総《みちふさ》（来島村上氏）との和睦に応じることになった。

この後、天正元年（一五七三）には能島村上氏が備作地域の反毛利氏勢力と連携を試みることもあったが、天正三年になると毛利氏との関係を改善させており、これ以降は毛利氏に与同する勢力として、能島村上氏は活動していく。

織田信長との戦い

天正四年（一五七六）、織田信長と毛利輝元《てるもと》が開戦する。織田信長と敵対することになった毛利氏は、同じく信長と敵対する大坂本願寺《おおざかほんがんじ》への兵糧搬入を試みる。このために、毛利氏は大船団を大坂方面に派遣し、そこに能島村上氏も加わった。このとき、能島村上氏から参陣したのが元吉である。

大坂方面に向かい、雑賀衆《さいかしゅう》と合流した毛利方の船団は、木津川口《きづがわぐち》を防ぐ織田方の船団と激突した。第一次木津川口合戦である。『信長公記《しんちょうこうき》』は、毛利方の船団が約七百～八百艘、織田方の船団が約三百艘で、毛利方は「ほうろく火矢」なる武器を用いたと記している。毛利方は織田方の船団を焼き崩し、真鍋《まなべ》七五三兵衛らを討ち取って勝利を収めた。

毛利氏に戦果を報告する注進状〔毛利家文書〕に名を連ねた十四名のうち、村上姓の人物としては、能島村上氏の元吉のほか、因島《いんのしま》村上氏の当主吉充《よしみつ》、能島村上氏の一族で上関《かみのせき》城主の武満《たけみつ》、能島村上氏の一族で笠岡《かさおか》城主の景広《かげひろ》、来島村上氏重臣で甘崎《あまざき》城主の吉継《よしつぐ》をみることができ、村上諸氏が揃い踏みしていたことがわかる。この合戦で元吉（少輔太郎）の活動が初めて確認できる。第一次木津川口合戦の時期の武吉は、伊予一宮大山祇《おおやまづみ》神社（愛媛県今治市）で連歌の寄合に参加している。大山祇神社の法楽《ほうらく》連歌には、武吉や元吉が詠んだものも残されている。

この後、天正五年に毛利氏が讃岐に出兵した元吉合戦にも、村上元吉は加わっている。第一次木津川口合戦や元吉合戦のように、元吉が前線での活動を担い、一方で武吉は本国に留まることが、天正年間には多くみられる。天正六年には、毛利方の船団と織田方の船団が再び木津川口で激突した（第二次木津川口合戦）。このとき、織田方の船団を率いたのが九鬼嘉隆《くきよしたか》である。『多聞院日記《たもんいんにっき》』は、毛利方の火薬を用いた武器（「テッハウ」）に対して、織田方の船団は「鉄ノ船」で攻撃を防ごうとしたと記録しており、織田方の船団が毛利方の船団を阻止したようである。しかし、小早川隆景《こばやかわたかかげ》が毛利方の勝利と認識している史料も残されている。能島村上氏をはじめとする村上諸氏の参戦も、一次史料からは確認することができず、第二次木津川口合戦については、不明な部分も多い。

毛利氏との関係の一方で、この頃から能島村上氏が河野氏との関係を深めていく面もみられる。天正九年の河野四郎通直《みちなお》と毛利輝元姪（吉見広頼《よしみひろより》娘）の婚姻に際しては、村上武吉が安芸国厳島まで送迎に赴いている。村上武吉が発給した厳島の祝師《ものもうし》氏宛ての過所船旗《かしょせんき》は、この頃のものである。また、この時期にも能島村上氏と大友氏の友好関係は継続していたようで、大友宗麟から武吉・元吉は、海上交通での便宜を図ることを期待されている。この頃、武吉はそれまでの掃部頭から安房守に官途名を改めている。

村上武吉過所旗　山口県文書館蔵

「沖家騒動」による変化

織田・毛利戦争が激しさを増すなか、織田信長から中国攻めを任された羽柴秀吉《はしばひでよし》は、毛利方の勢力を調略していく。天正十年（一五八二）、秀吉による瀬戸内海賊衆への調略により、海賊衆が動揺したのが「沖家騒動」である。能島村上氏も動揺し、武吉が毛利・河野方に留まろうとする一方で、元吉が秀吉方に傾いていたと考えられている。「沖家騒動」の頃から、武吉は大和守の官途名を用いるようになっている。これより前の天正九年に、村上元吉と思しき「村上掃部頭」が織田信長に鷹を献上しており〔屋代島村上文書〕、前線での活動を担うなかで、元吉が独自の姿勢をみせるようになったのだろう。「沖家騒動」において、来島村上氏の村上通総（通昌《みちまさ》）は秀吉方に奔るが、能島村上氏は毛利・河野陣営に留まった。この頃、畿内では明智光秀《あけちみつひで》が織田信長に謀反する本能寺の変が起きていた。

「沖家騒動」で来島村上氏が敵方となったことで、伊予では来島村上氏攻めが行われた。来島城や北条沖の鹿島城《かしま》（得居通幸《とくいみちゆき》〈村上通康息、村上通総兄〉の居城。松山市）などを、能島村上氏も加わる毛利・河野連合軍が攻撃した。来島城は天正十一年年明けに落城し、村上通総は畿内の秀吉の許へと逃れ、続いて鹿島城も明け渡されている。鹿島城攻めでは、鹿島城を臨む波妻鼻《はづまのはな》に武吉は陣を敷いていた〔中平二〇〇八〕。この頃、畿内では羽柴秀吉が急成長しており、村上通総は秀吉の後ろ盾により帰国を試みる。天正十二年の年明け、通総帰国が風聞されるなか、元吉は伊予府中の国分山城《こくぶさん》（愛媛県今治市）を普請している。

この年、能島村上氏が悩まされるのが、村上吉継らが関係すると思しき「来嶋」と呼ばれる勢力からの忽那《くつな》諸島周辺での狼藉である。村上吉継は来島村上氏重臣であったが、「沖家騒動」では通総とは異なり、毛利氏に付いた。能島村上氏は「来嶋」に報復しようとするが、河野通直から自重を求められることになる。当時、河野通直は南予の反河野氏勢力を鎮圧するため、毛利氏から援軍を派遣されていた。村上吉継らは毛利氏と親しい勢力であったことから、毛利氏との関係悪化を恐れた河野氏は、能島村上氏に報復を自重するよう求めていたとみられる。しかし、これにより能島村上氏は河野氏への不満を抱えるようになり、元吉が現地で報復行為に及ぼうとしたり、武吉が河野氏との主従関係を解消しようとしたりしている〔大上二〇一九a〕。こうした状況のなか、天正十三年に豊臣秀吉の四国攻めが行われた。

毛利氏の家臣へ

天正十三年（一五八五）、豊臣秀吉による四国国分が行われ、河野通直は領国の伊予を失い、伊予には小早川隆景が入った。能島村上氏はそれまでと同様に能島城を拠点に活動したようであるが、小早川隆景による城郭整理では、来島海峡の務司城と中途城《なかと》（愛媛県今治市）の引き渡しを求められている。秀吉の九州出兵では、秀吉が動員する海上勢力のなかに能島村上氏をみることができ、九州出兵の時期までの能島村上氏は、秀吉配下の海上勢力ともされていたと考えられる。天正十五年、九州国分によって隆景が伊予から筑前へ国替えとなると、能島村上氏も能島城から退いたらしく、この年には武吉・元吉らの父子三人が屋代島《やしろじま》（山口県周防大島町）・能美島《のうみじま》（広島県江田島市）に居住していることが確認できる。

同年、能島村上氏は豊臣政権から賊船事件のために糾弾される。能島村上氏家中の者が賊船行為をしたことが問題となったのである。当初は証拠がないと開き直っていた能島村上氏であるが、豊臣政権の奉行（戸田勝隆《とだかつたか》ら）が態度を硬化させたことを受け、元吉が交渉を進めた。事態は収束しそうでもあったが、秀吉自身から能島村上氏の「海賊」行為が「言語道断」と糾弾される〔小早川家文書〕。天正十六年には「海賊停止令」が出されるように、政権主導の海上交通を志向する豊臣政権と、独自に海上での秩序を形成してきた能島村上氏は相容れない方向性にあり、能島村上氏が築き上げてきた海上での権益は豊臣政権によって否定されることとなった。

独自の海上での活動を否定された能島村上氏は、毛利氏・小早川氏の家臣団に組み込まれていく〔大上二〇一九b〕。天正十六年、能島村上氏は秀吉からの命令によって九州に移り住む。このときに、武吉・元吉は筑前国加布里《かふり》（福岡県糸島市）に移ったと考えられる。加布里は小早川隆景の領国に含まれ、玄界灘《げんかいなだ》を臨む地である。この頃、武吉は隠居したとも言われる。天正二十年から始まる朝鮮出兵に際しては、加布里から船の漕ぎ手が動員されており、独自の海上での活動を否定された後、能島村上氏は大名権力のもとで海上での活動に従事するようになっていたことがわかる。文禄の役では元吉が朝鮮半島に渡っており、小早川隆景から武功を賞されていることから、この時期の元吉は小早川隆景の家臣団に属していたと考えられる。

この後、文禄四年（一五九五）の小早川氏での隆景から秀秋《ひであき》（秀俊《ひでとし》）への代替わりをきっかけとして、元吉（・武吉）は小早川氏の家臣団を離れることになる。この頃に、武吉・元吉が加布里から毛利氏領国の中国地方（長門国大津郡〈山口県長門市〉）に移っている。これにより、武吉・元吉父子は小早川氏の家臣団から毛利氏の家臣団へと移ったのだろう。慶長四年（一五九九）には、武吉・元吉が起請文で毛利氏への忠誠を誓っている。この時期の武吉・元吉は、安芸国竹原《たけはら》（広島県竹原市）に移っていたらしい。

伊予の関ヶ原、そして船手組へ

慶長五年（一六〇〇）九月十五日、徳川家康《とくがわいえやす》の東軍と毛利輝元・石田三成《いしだみつなり》らの西軍の間で、天下分け目の関ヶ原《せきがはら》合戦が勃発する。能島村上氏は、関ヶ原合戦の時期に、毛利氏家臣として毛利氏の軍事活動に参加することになる。

関ヶ原合戦に先立つ七月下旬、毛利氏が蜂須賀《はちすか》氏の猪山《いのやま》城（後の徳島《とくしま》城。徳島市）を接収するのに、村上元吉が従事している。そして、この後の元吉は村上武吉とともに、毛利氏が伊予に派遣する軍勢のなかで中心的役割を担うことになる。武吉は猪山城の接収では活動が確認できないものの、伊予制圧軍の編成に際して、その名がみえるようになる。当時、伊予には東軍に属する加藤嘉明《かとうよしあき》・藤堂高虎《とうどうたかとら》の領地があった。武吉の有する伊予とのつながりが期待され、伊予制圧軍に抜擢されたのだろう〔土居二〇〇七〕。武吉・元吉父子は伊予制圧軍のなかで「頭分」とされており〔『閥閲録』曽弥三郎右衛門〕、大将格を担っていた。

九月十五日、武吉・元吉らは伊予本土を臨む興居島《ごごしま》（松山市）に到着した。関ヶ原合戦が勃発したまさにその日のことである。この後、上陸して三津浜付近で加藤嘉明の留守部隊と合戦となったが、このときに元吉は戦死してしまう（享年四十八）。元吉を失った後も、伊予制圧軍は進軍を続けたが、西軍敗北の知らせを受けて撤退する。

関ヶ原合戦の後、能島村上氏も大きく関わった伊予攻めなどにより、毛利氏は領地を大幅に削減された。これを受けて、能島村上氏の知行も大きく削減され、家臣の多くが能島村上氏のもとを離れた。周防国の屋代島に領地を得た武吉は、そこで元吉の子を養育したらしい。そして、慶長九年に死去した。天文五年（一五三六）生まれならば、享年は六十九であったことになる。江戸時代、元吉の流れを引く村上図書《ずしょ》家は、萩藩の船手組頭《ふなてぐみがしら》として、参勤交代での藩主の送迎や朝鮮通信使の警固など、藩権力のもとで海上での活動に従事していく。

（大上幹広）

【主要参考文献】
秋山伸隆「厳島合戦を再考する」（『宮島学センター年報』一、二〇一〇年）
大上幹広「戦国末期の能島村上氏と河野氏―天正一二年を中心に―」（『地方史研究』三九九、二〇一九年ａ）
大上幹広「豊臣期の能島村上氏―海賊衆の変質―」（『戦国史研究』七六、二〇一九年ｂ）
大上幹広「天文年間の能島村上氏の内訌と大内氏―十六世紀半ばの転換―」（『四国中世史研究』一六、二〇二一年）
土居聡朋「関ヶ原合戦における四国侵攻と武井宗意」（『地方史研究』三二八、二〇〇七年）
中平景介「伊予河野氏と四国国分について―村上通昌の帰国をめぐって―」（山内治朋編『伊予河野氏』岩田書院、二〇一五年、初出二〇〇八年）
西尾和美「織田政権の西国侵攻と瀬戸内海賊衆」（『戦国期の婚姻と権力』清文堂出版、二〇〇五年）
山内譲『瀬戸内の海賊　村上武吉の戦い【増補改訂版】』（新潮社、二〇一五年、初版二〇〇五年）

村上通康・通総——海賊衆から豊臣大名への転身

来島を本拠とする村上氏

愛媛県今治市の今治北インターから一〇分ほど車を走らせ、波止浜港から渡船に乗船すると、約五分で来島《くるしま》に到着する。来島は瀬戸内海の難所である来島海峡の要衝に位置する、周囲が一㎞にも満たない小島であるが、この来島を本拠として、戦国時代には瀬戸内海を縦横に活躍し、イエズス会の宣教師から能島《のしま》村上氏と「日本の最高の海賊」の座を競い合っていたと評されたのが「来島殿」、すなわち来島村上氏である。ここではできるだけ確かな史料に基づき、戦国時代から安土桃山時代にかけて活動した来島村上氏の当主、村上通康《みちやす》・通総《みちふさ》の動向を述べてみたい。

村上通康の出自

村上通康の生年を示す確かな史料はないが、天正十九年(一五九一)に記された彼の肖像画の賛文には、永禄十年(一五六七)十月に四十九歳で没したと記されている。没した年代は一次史料とも一致するので、没時の年齢から逆算すると、通康は永正十六年(一五一九)の生まれとなる。通康の父母の名や系譜は伝わっていない。大永四年（一五二四）八月に越智《おち》郡日吉《ひよし》郷の大浜八幡《おおはまはちまん》神社（愛媛県今治市）社殿を造営した際の棟札《むなふだ》に、大願主となった村上吉智《よしとも》のきょうだいの嫡女が「在来島城村上五郎四郎母儀」との記載があり、この「村上五郎四郎」を通康に比定する説もある。しかし、通康の出生年が前述のとおりであれば、大浜八幡神社社殿が造営された時点で通康はわずかに数え六歳となり、同棟札に登場する「村上五郎四郎」と通康とが同一人物であるかどうか確証はない。通康の幼名は不明で、当初右衛門大夫《うえもんのたいふ》、のち出雲守《いずものかみ》の官途を用いた。

通康の成長

若き通康の動向を示す史料はほとんど残されていないので、いったん通康を取り巻く環境に目を向けてみよう。当時、伊予国中央部および来島を含む府中地域（愛媛県今治市）には、道後湯築《どうごゆづき》城（松山市）に本拠を構え、伊予国守護の地位を世襲していた河野《こうの》氏の支配が及んでおり、通康が生まれた永正十六年（一五一九）前後は、ちょうど河野氏の当主が通宣《みちのぶ》（刑部大輔）から通直《みちなお》（弾正少弼）へと代替わりした時期にあたる。一方、中国地方では周防・長門両国を本拠とする大内《おおうち》氏が大きな勢力を有し、大内義興《よしおき》は北九州をめぐって大友《おおとも》氏・少弐《しょうに》氏と、中国地方各地で尼子《あまご》氏・安芸武田《たけだ》氏と激しく衝突していた。

永正四年に大内義興が足利義尹《あしかがよしただ》を奉じて上洛した際、河野通宣（刑部大輔）・通直父子は大内軍とともに入京する〔予陽河野家譜〕など、もともと河野氏は親大内氏の立場であったが、西瀬戸全域で大内氏と反大内氏との対立が深まる中、通直（弾正少弼）は反大内＝親大友の立場を選んだ。享禄三年（一五三〇）から天文五・六年（一五三六・三七）の間の発給とみられる河野通直が大祝《おおほうり》氏に宛てた書状の中で、重見《しげみ》・「来島」・正岡《まさおか》と相談して忠節を尽くすよう求めており〔三島家文書〕、来島村上氏は通直が府中方面の地域支配を行う上で重要な役割を担っていたことがわかる。

天文十年六月～七月にかけて、大内勢により、三島《みしま》・甘崎《あまさき》・岡村《おかむら》・能島・因島《いんのしま》などへの大規模な侵攻があり〔白井文書〕、天文十一年から十三年にかけて、河野氏の家督が通直から子の晴通《はるみち》へ、後に通直へと交代する出来事が発生するが、この家督交代に通康が関与したとする近世の家譜がある。一次史料には通康の関与は明らかでないので、家譜の記述がどこまで事実を伝えているかはわからないが、この河野氏の家督交代は大内氏と大友氏との激しい対立の中で読み解くべきとする指摘もある〔川岡勉二〇〇六・二〇一九〕。

天文十六年頃から、大内勢の伊予攻撃がみられなくなり、大内氏に敵対していた伊予諸

村上通康画像　大分県玖珠町・安楽寺蔵　画像提供：村上海賊ミュージアム

勢力との講和にあたり、通康は仲介の役割を果たしたようである。この後、天文二十二年頃、河野通直から河野通宣（左京大夫）へと権力の交代が行われる。河野通宣の時代に、通康は河野氏権力の中枢の一人として活動していく。

厳島合戦で毛利元就に強力

天文二十年（一五五二）、陶晴賢《すえはるかた》が大内義隆《よしたか》を倒し、大内氏は事実上滅亡する。こうした中、安芸の毛利元就《もうりもとなり》は天文二十三年に陶氏に反旗を翻し、五月に厳島《いつくしま》（広島県廿日市市）を占領した。これに対し、陶氏は翌二十四年九月二十一日に大軍を率いて厳島に上陸し、三十日から十月一日にかけて両軍が激突、元就が勝利して陶晴賢が自刃した。

陶晴賢と毛利元就の激しい対立に対し、優れた海上機動力を有する通康のもとには双方から協力の勧誘依頼があったが、通康は厳島の開戦直前まで態度を明らかにしなかったようだ。二十七日付で元就は、いかに来島村上氏が来援するといっても落城後では意味がない、という苛立ちを子の小早川隆景《こばやかわたかかげ》に伝えている〔小早川家文書〕。しかし、厳島神社社家の回想記によれば、二十八日には来島の船二、三〇〇艘が厳島に来援し、これに意を強くした元就が二十九日に行動を開始し、合戦に及んだことが記されており〔房顕覚書〕、通康は両軍激突の機運が極限まで高まるぎりぎりの状況の中で、毛利氏への協力を選び、陶晴賢を倒すのに大きく貢献した可能性が高い。

しかしその後、通康は必ずしも毛利氏との提携一辺倒の姿勢ではなかった。永禄二年（一五五九）頃の九月〜十二月には、通康は能島村上氏とともに、毛利氏と対立する阿波の三好《みよし》氏に協力して讃岐天霧《あまぎり》城（香川県善通寺市・三豊市・多度津町）攻略に加わっている。また、永禄年間初期頃、通康は大友義鎮《よししげ》から書状を受け取っており、以前から両者の間で音信を通じていた関係であることを伝えている。通康は大内氏の滅亡後、毛利氏や三好氏、大友氏といった瀬戸内地域の各勢力とできるだけ等距離外交の関係を保とうとしていたものと考えられよう。しかし永禄四年頃には、通康は次第に毛利氏への協力に傾いたようで、毛利氏勢が豊前簑島《みのしま》（福岡県行橋市）に侵攻し、大友勢と激突した豊前簑島合戦においては、通康は毛利氏の求めに応じて重臣の村上吉継《よしつぐ》・吉郷《よしさと》が率いる警固船を派遣し、毛利氏方の勝利に大きく貢献している。

永禄年間には、通康は河野氏の当主となった河野宗三郎（通宣）を支える重臣として室町幕府との交渉も担っている。永禄初年頃、将軍足利義輝《よしてる》の所望により河野通宣が鷂《はいたか》（小型の鷹）を多数献上したが、その鷹は通康が調達したものであった〔臼杵稲葉河野文書〕。また、永禄七年頃、将軍義輝が大友氏と毛利氏の和睦を図る使者を豊後に派遣するにあたり、通康は将軍御内書《ごないしょ》により直接馳走を求められている〔彦根藩諸氏書上〕。さらに永禄九年とみられる十月、通康は足利義栄《よしひで》から、義栄らの上洛にあたり忠誠を求める御内書を河野通宣とともに受け取っている〔彦根藩諸氏書上〕。

鳥坂合戦と通康の死

永禄六年（一五六三）頃から河野通宣が次第に体調を崩す中、村上通康は平岡房実《ひらおかふさざね》と並び、河野氏権力の中枢としてさまざまな課題に対し、前面に出て対処することとなった。晩年の通康が直面を余儀なくされたのが、河野氏をめぐる南伊予方面への軍事情勢への対処である。

南伊予の喜多《きた》郡は宇都宮豊綱《うつのみやとよつな》の支配が及ぶ地域で、天文年間には河野氏と協調していたこともあったが、永禄五・六年頃から両者の関係が悪化し、永禄九年夏、「郡内境目」において錯乱が生じる〔高野山上蔵院文書〕。また、土佐国中村《なかむら》（高知県四万十市）を本拠とし、豊後大友氏の陣営に属していた土佐一《いち》条《じょう》氏の兼定《かねさだ》は、永禄年間には喜多郡の宇都宮豊綱と結び南伊予への進出を企てていた。

これに対し、永禄九・十年にかけて、村上通康・平岡房実ら河野氏勢力が喜多郡に進出していく。永禄十年の二月から四月にかけて、通康らは宇都宮氏の本拠にほど近い喜多郡上須戒《かみすがい》（愛媛県大洲市）の城戸《きど》氏や政所《まんどころ》氏に対して調略を仕掛け〔大野芳夫氏所蔵文書〕、六月には土佐一条氏・宇都宮氏との合戦は避けられないと判断したのか、来島村上氏から小早川隆景に軍勢の派遣要請を行っている。九月には、通康と平岡房実が「立間」（同宇和島市吉田町立間）へ乱入したという情報が土佐一条氏の家臣から長宗我部《ちょうそかべ》氏に伝えられている（同じ史料を収録した別の写本では「三間」＝宇和島市三間町と記されている）。従来、河野氏権力の影響力は南予地域にはほとんど及ばず、河野氏の重臣が直接南予に進出するのは初めてのことであった。

しかし、一ヶ月後の十月十三日付で小早川隆景は乃美宗勝《のみむねかつ》に対し、通康が体調を崩し十月二日に道後に戻ったとの情報を伝えている。そして十一月三日、隆景は同じく宗勝に通康が死去したことを伝えている。肖像画の賛によれば、通康が死去したのは十月二十三日のことであったという。

通総の家督相続と通康没後の軍事動向

通康の死後、来島村上氏の家督を継いだのが牛松《うしまつ》、後の通総である。通総の母すなわち通康の正室は、系譜類によれば河野弾正少弼通直の娘というが、宍戸隆家《ししどたかいえ》の嫡女と通康が婚姻し、通康の死後、子の牛松を来島村上氏に残し、隆家の嫡女が子の牛福《うしふく》とともに河野通宣に再嫁したとする説もある〔西尾二〇〇五〕。通総は永禄五年（一五六二）の生まれで、通康が没したときはわずか六歳であった。通康肖像画の賛によれば、通総は五男であったが、兄たちが早世していたため跡を継ぐことになったという。通総が成長するまでは、重臣の村上吉継・吉郷らが通総を支える体制をとっていたものとみられる。なお、兄の通幸《みちゆき》は得居《とくい》家を継いでおり、弟に義清《よしきよ》がいた。通康の女子の一人は、後に穂田元清の妻となり、もう一人の女子は、能島の村

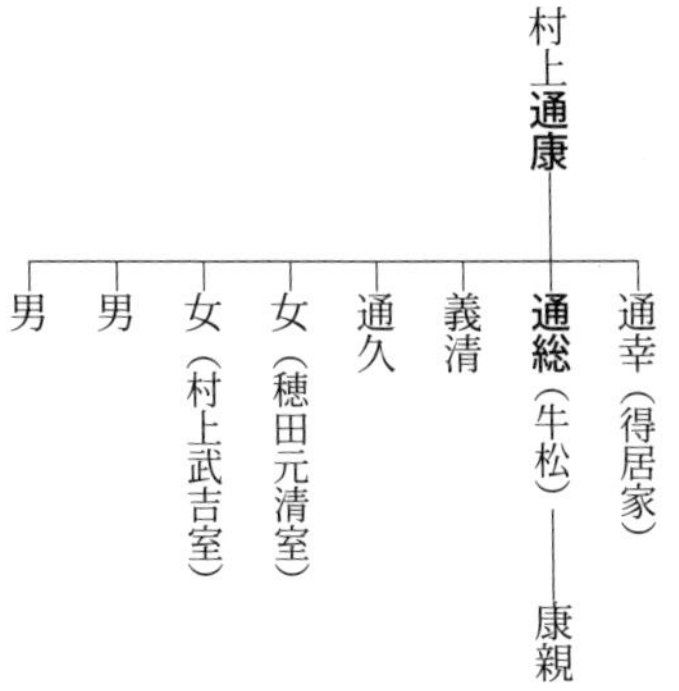

来島村上氏略系図
（「久留島家文書」による）

村上通総画像　大分県玖珠町・安楽寺蔵　画像提供：村上海賊ミュージアム

上武吉の妻となっている。

家督を相続した通総ら来島村上氏が引き続き直面したのは、南伊予の戦乱であった。通康不在のまま戦闘は続き、十月から毛利氏の軍勢も徐々に伊予へ派遣されはじめた。

こうして地域の緊張が高まっていく中で、永禄十一年正月、宇都宮豊綱と提携していた土佐一条氏は大軍を率いて予土国境から伊予へ侵攻し、大洲市南部の高島《たかしま》で（間崎文書）、二月二日は正月森城（愛媛県八幡浜市・大洲市・西予市境界）で、四日には鳥坂《とさか》城（西予市）で、河野・毛利軍と土佐一条氏軍が衝突している（乃美文書ほか）。来島村上氏の村上吉継は、永禄十年冬には鳥坂城に入って要害を堅固に固めており、一条氏が鳥坂城に攻め寄せたときは毛利方の援軍として駐屯していた乃美宗勝と作戦を立て、土佐一条方を撃退した。

三月には、小早川隆景をはじめとする毛利軍の主力が宇都宮両城（大津《おおつ》城・八幡《はちまん》城）を攻め落とし、豊後大友勢との対決に向けて軍勢を引き上げたことで、前年から続いた南伊予の一連の戦乱はいったん一区切りを迎えた。翌十二年には毛利氏は大友方の筑前立花《たちばな》城（福岡市東区・福岡県新宮町・久山町）を攻めているが、これに来島村上氏の軍勢も参戦している。この後も来島村上氏と毛利氏は密接に連携していった。

元亀年間の動向

永禄十三年（元亀元、一五七〇）、河野牛福、後の通直が河野氏の家督を相続する。牛福の出自はさまざまな説があるが、牛福を擁立した勢力と、村上牛松を支える勢力との間に対立関係が醸成されたものか、この年十二月一日付で、通康存命時は共に河野氏重臣として活動していた平岡房実らが連署して、牛松は上意（河野氏の意思）に背いたので今後牛松と対面してはならない旨を二神《ふたがみ》氏に伝えており〔二神文書〕、村上牛松（通総）と河野氏権力との不和が表面化している。

この五日前の十一月二十六日付で、室町幕府は長らく細川《ほそかわ》氏の知行分となっていた新居《にい》・宇摩《うま》郡を河野氏に返還する決定を河野氏に伝えた。だが、理由は不明なものの来島村上氏がこれに反発し、幕府と河野氏との間を取り次いでいた将軍側近の梅仙軒霊超《ばいせんけんれいちょう》の所領である越智《おち》郡日吉《ひよし》郷を押領し、霊超に非難されている。

ただこの時期、河野氏とは不和の状態にあったが、毛利氏とは友好関係を維持していた。元亀二年（一五七一）三月～四月、豊後大友氏と意を通じ、反毛利氏の姿勢を見せた能島村上氏が拠る備前国児《こ》島《じま》（岡山県倉敷市）を攻めた第二次本太《もとぶと》合戦が起こるが、このとき来島村上氏は、毛利氏側からの依頼を受けて、阿波三好氏を監視するための目付を宇多津《うたづ》（香川県宇多津町）に置いている。七月には三好氏および塩飽《しわく》の軍勢と来島村上氏・因島村上氏および小早川氏の水軍である沼田《ぬた》警固衆が交戦。翌三年閏正月には能島近辺まで毛利勢が押し寄せている〔米多比文書〕。このような状況の中、大友宗麟《そうりん》は元亀二年冬には来島村上氏と能島村上氏との和睦交渉を開始しており〔屋代島村上文書など〕、翌三年十月にはおおむね交渉がまとまったらしい。

元亀三年は、来島村上氏は並行して重見氏の軍事行動と南伊予における宇都宮氏残党問題にも対処を余儀なくされた。前年には、喜多郡で来島村上氏の軍勢が合戦したことが判明する。元亀三年四月には、重臣の一人・村上吉郷を通じて小早川隆景に喜多郡への軍勢派遣を要請している〔島文書〕。この動きと関連があるかどうかわからないが、大友宗麟は伊予に軍勢を送り、宇和郡北端の飯森《いいもり》城（愛媛県八幡浜市）で合戦している〔若林文書など〕。

なお、宗麟が元亀三年三月二十一日付で出した書状の中で、牛松を「通総」と呼んでおり、このころまでに村上牛松は元服して「通総」と名乗ったことが判明する。

毛利氏との提携、織田水軍との激突

天正元年（一五七三）三月、将軍足利義昭《よしあき》が二条《にじょう》城（京都市中京区）で反織田信長《おだのぶなが》の動きを起こすも鎮圧された。その後、京を逐われた義昭は河内国若江《わかえ》（大阪府東大阪市）から紀伊国由良《ゆら》（和歌山県由良町）

に移った。天正二年三月、通総の重臣村上吉継や河野通直の手元に義昭からの協力依頼が届いている。

元亀年間以降、来島村上氏は毛利氏とは一貫して連携関係を維持していたが、元亀元年（一五七〇）頃は不和の関係にあった河野通直ともこのころには一定の和解をしていたようで、天正三年、通総が大檀那として伊予府中の別宮大山祇《おおやまづみ》神社（愛媛県今治市）社殿を造営するにあたり、その棟札に自身の名より高い位置に「国司」河野通直の名を記させている。

天正四年二月、足利義昭は備後国鞆《とも》（広島県福山市）に下向して毛利氏の庇護を受ける。義昭は毛利輝元《てるもと》に反信長の兵を挙げることを求め、輝元は七月に反信長の急先鋒であった大坂本願寺《ほんがんじ》の救援のため兵船を送ることを決定し、来島村上氏や能島村上氏の軍勢もこれに加わった。このとき出陣したのは重臣の村上吉継で、通総自身は遠征に参加しなかったものの、合戦直前の七月五日、三島社で開催されていた万句の法楽連歌の寄合に参加している。七月十三・十四日に大坂湾内の木津川《きづがわ》（淀川《よどがわ》）口で織田水軍と毛利水軍は衝突し、来島村上氏らは敵船を焼き崩して大勝を収めた。

天正八年閏三月には、毛利氏家臣の桂景信《かつらかげのぶ》が、「来島祝言」をととのえるため伊予に下向しており〔萩藩閥閲録（湯浅権兵衛）〕、このころ村上通総の婚儀がなされたものとみられる。系図によれば、通総の妻に迎えられたのは毛利氏国衆の平賀隆宗《ひらがたかむね》の娘であるという。年代不明ながら、同八年と推定されている十月十六日付で、豊後大友氏の家臣の宗作《そうさく》（朽網鎮則《くたみしげのり》）が重臣の村上吉継に書状を送っており〔藩中古文書〕、このころ村上通総により佐田岬《さだみさき》半島の三崎《みさき》氏攻めが行われている。これは、毛利氏と大友氏との軍事的緊張が高まる中、田原親貫《たばるちかつら》の大友氏への反乱に関連したものと推定されている〔中平二〇一六〕。天正年間初期から同八年までは、村上通総は一貫して毛利氏と提携する態度を崩さなかったものとみられる。

毛利・河野方から織田・豊臣方へ

天正七年（一五七九）十月、美作・備前の宇喜多直家《うきたなおいえ》が織田方に寝返り、翌八年閏三月には信長と本願寺との和睦がなされ、信長は東瀬戸内海地方に対する圧力を強めていた。水軍力の弱さを克服するため、信長らが誘いの手を伸ばした諸勢力の一つが村上氏である。通総は天正九年十月には織田方につく意思を固めたらしく、羽柴秀吉《はしばひでよし》のもとに書状を届けている〔黒田家文書〕。一二月には通総のもとに秀吉から直接書状が届き、信長に通総の意思を伝えたこと、来春には（四国）出陣があるので忠義を尽くすことが肝要であることなどを伝えている。

翌十年四月には、通総の河野・毛利氏からの離反の意思が表面化した。来島村上氏のすべてが織田方についたわけではなく、村上通総や得居通幸《みちゆき》が織田方についた一方、重臣の村上吉継や吉郷は毛利・河野方に残った。

五月～六月、河野・毛利・能島村上氏が来島およびその周辺を攻撃した。八月には毛利氏がさらに軍勢を増員し、翌十一年三月には来島城攻撃は一段落したとして、通総の兄・得居通幸が守る鹿島《かしま》（松山市）

に攻撃の対象を移した。

毛利氏からの激しい攻撃に対し、来島は秀吉に窮状を訴えたようで、五月には黒田孝高《くろだよしたか》が安国寺恵瓊《あんこくじえけい》に対し、強い調子で来島勢攻撃からの撤兵を求めている〔小早川文書〕。毛利氏と秀吉との間では、前年の天正十年六月に信長が横死した後に講和協定を結んでいたが、毛利氏らの来島攻撃は、この和平自体を破綻に導きかねないとみなしていたのである。

この後は軍事対応と和平交渉が並行して行われたようで、七月には岩城島《いわぎしま》（愛媛県上島町）で「御対談」が行われた〔屋代島村上文書〕。八月には鹿島城と恵良城《えら》（松山市）が明け渡されている。この後も弟の村上義清《よしきよ》は日高城《ひだか》（松山市）に籠もり抵抗を続けていたが、翌十二年末までには城を明け渡している。

なお、得居通幸が鹿島城において河野・毛利・能島村上氏の攻撃を受けている間、通総の姿は伊予において史料上に見えなくなる。通総は伊予にはおらず、秀吉のもとに走っていたと推測される。

天正十三年六月、通総は近江坂本《さかもと》（大津市）で秀吉と面会し、帷子《かたびら》を拝領した。この対面により、通総は秀吉に正式に臣従することになった。翌七月、秀吉は四国攻めを命じ、八月には河野氏の湯築城を開城させているが、十一月頃、通総は伊予へ帰国を果たした〔豊後二神文書〕。

豊臣大名として

秀吉による四国平定後、伊予一国三十五万石は小早川隆景に与えられたが、通総にはこのうち一万四千石、得居通幸に三千石が与えられたという。これにより、通総は自立した豊臣大名としての立場を固めた。

天正十四年（一五八六）八月、秀吉の命により、島津義久《しまづよしひさ》を討つために通総らは九州に渡った。このとき黒田官兵衛のすすめによりキリスト教に改宗したらしい。同十八年には秀吉の小田原攻めに加わっている。

小田原評定およびその後の奥州征伐の後、秀吉は大陸への侵攻を企てる。天正二十年三月には陣立書が発令された。この陣立書に基づき、通総は名護屋城《なごや》（佐賀県唐津市）に向かい、四月二十六日付で通総らは秀吉から、壱岐に待機し対馬に渡るための船を準備するよう命じられている。その後、義兵の決起や李舜臣《リシュンシン》らの朝鮮水軍に大敗したことを受けて、秀吉は巨済島《チェジュとう》を拠点として船手衆を再編しており、この後、通総と得居通幸は船手衆として活動し始める。十一月、秀吉は来春には渡海する予定であるので、それまでは交戦を避けて城の守備を固めること等を通総らに指示している。

翌文禄二年（一五九三）二月下旬から三月、釜山《プサン》から西四〇㎞ほどにある熊川《ウンチョン》で李舜臣率いる朝鮮水軍と日本軍が交戦し、得居通幸が戦死した〔久留島家文書〕。その後、文禄四年二月二十五日、通総は出雲守の官途と従五位下の位階を与えられている。

慶長元年（一五九六）九月、大坂城で秀吉と明使の会見が決裂し、秀吉が再派兵を進めることになると、翌二年七月には通総は再渡海を終え、漆川梁《しっせんりょう》の海戦や南原城《なんげん》の攻撃に加わった。しかし通総は、九月十六日の鳴梁《めいりょう》の海戦にて戦死した。

この後、子の康親《やすちか》が家督を継ぎ、いったん朝鮮に出陣するが慶長三年三月には帰国した。秀吉の死後、関ヶ原合戦では西軍に加担したことで、伊予の領地は没収され、豊後国森《もり》（大分県玖珠町）に転封となった。

（土居聡朋）

【主要参考文献】

川岡勉「天文期の西瀬戸地域と河野氏権力」（『中世の地域権力と西国社会』清文堂出版、二〇〇六年）
川岡勉「天文伊予の乱と河野氏権力」（『四国中世史研究』一五、二〇一九年）
中平景介「来島村上氏の三崎攻めについて」（『伊方町町見郷土館研究紀要』第三、二〇一六年）
西尾和美「戦国末期における芸予関係の展開と婚姻」（『戦国期の権力と婚姻』清文堂出版、二〇〇五年）
福川一徳「来島氏の入部と森藩の成立」（『玖珠町史（上）』玖珠町、二〇〇一年）
山内譲『海賊衆　来島村上氏とその時代』（二〇一四年）
山内譲『瀬戸内の海賊―村上武吉の戦い【増補改訂版】―』（新潮社、二〇一五年）
山田康弘「戦国期伊予河野氏と将軍」（『四国中世史研究』一〇、二〇〇九年）

金子元宅——生き残りをかけた国人の多方位外交

新居郡の国人領主

「世の中に小身の武士ほど浅ましいものはなし。昨日は長宗我部《ちょうそかべ》に従い、今日は又小早川《こばやかわ》に降る。所詮肩をひそめて生きながらえるよりは、討ち死にして、名を後世にあらわさん。」これは、江戸時代中期、宝永年間に編纂されたとされる軍記物『澄水記《ちょうすいき》』に記された金子元宅《かねこもといえ》の言葉である。天正十三年（一五八五）六月、羽柴秀吉《はしばひでよし》の四国出兵を前に開かれた伊予国新居郡《にいぐん》（愛媛県西条市・新居浜市）国人領主連合における決戦前の軍議は、金子元宅の発した大音声により、羽柴秀吉が派遣した芸州（毛利《もうり》）勢に対し、国人衆が、一味同心して徹底抗戦で立ち向かうと決した。その結果、石川《いしかわ》・金子・真鍋《まなべ》・高橋《たかはし》・近藤《こんどう》・松木《まつぎ》・藤田《ふじた》・薦田《こもだ》氏等の新居郡および隣接する宇摩郡《うまぐん》（同四国中央市）の諸勢力が連合して芸州勢を迎え撃ち、四国の戦国史上最大の激戦が、高尾城《たかお》および野々市原《ののいちがはら》（ともに同西条市）において展開された。

一般的には「四国出兵」、地元では「天正の陣」と称される芸州勢との激戦は、天正十三年七月十四日から開始され、十七日の高尾城落城に際し、金子元宅以下六百騎余りが討ち取られて終わったと、攻め手の吉川元長《きっかわもとなが》が記している〔吉川家文書別集〕。

さて、戦国末期に、長宗我部氏から新居郡の旗頭《はたがしら》と目されていた金子元宅とはどのような武将であったのかを見ていきたい。

金子氏は、武蔵七党《むさししちとう》の桓武平氏村山党《かんむへいしむらやまとう》から派生した氏族であり、本貫地は、武蔵国入間郡《いるまぐん》金子（埼玉県入間市金子）とされ、鎌倉時代建長年間に新居郡新居郷の地頭として移り住んだ西遷地頭の系譜を持つ。その地に、本城として金子城（愛媛県新居浜市）を築いている。また、弘安期から天正期にかけての貴重な書状類である『金子家文書』が伝わっていることも、この氏族の特徴と言える。

金子元宅は、仮名《けみょう》を十郎、官途名を備後守とし、『澄水記』によれば、金子元成《もとなり》の嫡男として天文二十年（一五五一）に生まれ、永禄十二年（一五六九）に、新居郡郡代石川備中守通清《みちきよ》の娘を娶って新居郡内で台頭していったとされる国人領主である。

新居郡国人一揆と多方位外交

室町期の新居郡・宇摩郡は、伊予の国の中にありながら細川京兆家《ほそかわけいちょうけ》の分郡とされ、新居郡を代官石川氏が、宇摩郡を代官加地《かじ》氏が治めていた。戦国末期の織豊期には、中四国においても諸勢力の統合が進み、対岸の中国地方に毛利氏、西に伊予守護職の系譜を引く河野《こうの》氏、南の土佐に長宗我部氏、東の西讃岐に半国守護代家の香川《かがわ》氏が台頭し、新居郡・宇摩郡は、大勢力に囲まれたいわゆる「境目」地域と

図１　戦国期伊予の諸勢力図　『愛媛県史古代Ⅱ・中世』掲載図をもとに作成

して存立していた。その新居郡において、代官石川氏の縁戚として台頭した金子元宅は、石川氏を支えて存立の維持に腐心する。

　周辺の大勢力に対抗するため、新居郡の国人領主たちが形成したのが、衆議によって物事を決する国人一揆である。残された史料には、「郡《ぐん》中内談《ちゅうないだん》」とか「方角《ほうがく》」として記録されており、金子元宅もその衆議を尊重していた様子がうかがえる〔金子家文書〕。

　また、金子元宅は「天正の

陣」において、長宗我部方として滅亡したため、長宗我部氏との関係が強かったものと捉えられがちであるが、残存史料からは、芸州の小早川隆景《たかかげ》、伊予の河野氏、讃岐の香川氏とも交流していたことが判明している。特に、天正十二年（一五八四）十一月四日付け金子元宅宛て長宗我部信親《のぶちか》・元親《もとちか》連署書状には、「金子元宅が芸州と入魂《じっこん》であることが長宗我部方より述べられており、翌天正十三年に起こった「四国出兵」の直前まで、金子氏が小早川氏と交流を持っていたことが記録されている。また、長宗我部氏も、瀬戸内方面の情報収集源、および、小早川氏（毛利氏）、河野氏、香川氏との接点として金子氏を重視していたことがわかっている。

長宗我部・織田《おだ》政権間が緊張関係に陥った天正九年七月二十三日には、金子・長宗我部双方が起請《きしょう》文《もん》を交わして軍事同盟を結んでいる〔金子家文書〕。残存史料から、金子氏が境目領主として多方位外交を展開していたことが明らかであるが、元宅は、拠点の新居郡が瀬戸内のほぼ中央に位置するという利点を活かし、周りの諸勢力と交流しながら、自身および、新居郡の存立を保っていたと言える。

予土和睦交渉と金子氏

天正十年（一五八二）六月に勃発した本能寺《ほんのうじ》の変《へん》の後、備後鞆《とも》の浦《うら》（広島県福山市）に身を寄せていた将軍足利義昭《あしかがよしあき》が、自身の帰洛のため、その後援勢力として、毛利氏を軸に、中国・四国の諸勢力を統合しようと画策していたことが『石谷家文書《いしがいけもんじょ》』からわかってきた。一方、金子氏と軍事同盟を結んでいた

金子氏の居城・金子山城跡　愛媛県新居浜市　撮影：筆者

長宗我部氏は、本能寺の変以前に従属していた織田政権内において、羽柴秀吉《はしばひでよし》・三好康長《みよしやすなが》等の勢力と対立していたこともあり、羽柴政権に深くは属していなかった。そこで、長宗我部氏は、足利義昭が画策する領主連合に対して呼応する動きを示し、まず芸州毛利氏と芸土入魂の関係を結ぶ。しかし、統合対象勢力の河野氏が、長宗我部氏との予土和睦交渉に合意せず、交渉が停滞してしまう。

天正十一年十二月十九日付けの金子元宅宛て小早川隆景書状には、金子元宅が、芸州側（小早川隆景）に書状を発して、難航する予土和睦交渉の様子をうかがっていたことが記されている〔金子家文書〕。当書状には、予土和睦交渉成立に向け、毛利・長宗我部間の芸土入魂を背景として予土間の仲介に入る小早川隆景の様子、和睦交渉に応じてもよいという姿勢を見せる土佐側（長宗我部氏）の様子、土佐側の宇和郡《うわぐん》侵攻（三滝《みたき》城合戦〈愛媛県西予市〉）もあって和睦交渉に応じようとしない河野氏の様子などが生々しく記録されている。

この書状中、小早川隆景は、金子氏が「去年」以来河野氏と入魂であることを述べている。この書状発給年の去年とは天正十年に当たり、本能寺の変後に、足利義昭が中四国の諸勢力に対し御内書《ごないしょ》（将軍発給の書状）を発し、糾合を求めた年である。この年に河野・長宗我部間の予土和睦交渉も始まったものと見られるが、金子氏はこの和睦交渉の際に、隣国の河野氏と入魂関係を築くとともに、和睦交渉に付随して協議される、予土間の領域画定交渉に介入し、河野氏領周敷郡北条（同西条市）の地を金子氏側へ譲渡するように、河野氏側に働きかけている。天正十年当時の河野氏は、領域中心部（高縄《たかなわ》半島一帯および島嶼部）に来嶋村上《くるしまむらかみ》氏討伐（鹿島《かしま》城合戦）という大規模な戦乱を抱え、領域東部方面の安定を図る必要があったため、金子氏との関係確立を望んでいたものと考えられる。金子元宅はその状況を見て、河野氏に対し領土割譲を求めたのであろう。なお、このときの金子元宅宛ての小早川隆景書状は、直後に長宗我部氏側の懇願により、土佐側に送られたことも別の史料に記録されている〔金子家文書〕。

小早川隆景書状の発給日翌日の、天正十一年十二月二十日付けの金子元宅宛て吉良貞堯《きらさだたか》（吉良貞堯は、長宗我部元親の次男五郎次郎が、西讃岐の香川氏に養子に入った際の付け家老）書状に、金子氏が道後《どうご》（河野氏）との密談を進めているとの記述がある〔金子家文書〕。

また、同日発給の金子元宅宛て香川信景《のぶかげ》書状には、河野氏内部に「取々《とりとり》の族《やから》」（色々な考えの連中）がいるとして、予土和睦交渉および、金子氏の領域譲渡交渉をめぐり、河野氏家中で賛否が分かれていた様子も記されている。

金子元宅は、河野・細川氏間の足利義満《よしみつ》の仲裁以来、河野氏領となっていた周敷郡北条の地（愛媛県西条市）について、もともとは細川氏の知行分であったと知行由緒を述べ、河野氏配下の在地領主である壬生川行元《にゅうがわゆきもと》が逐電《ちくでん》したのであるから、細川氏被官筋である金子氏に、闕所地《けっしょち》となった北条の地を返還してほしい旨を、河野氏側に申し込んでいた。河野氏側の交渉の窓口になっていたのは、周敷郡剣山《つるぎやま》城（西条市）を拠点とする河野氏一門の重臣黒川《くろかわ》氏であり、周敷郡広江《ひろえ》（西条市）にある徳蔵寺《とくぞうじ》の僧が、使者として金子・河野氏間を往来していた。交渉は当然ながら難航するが、足利義昭が企図した河野・長宗我部氏間の予土和睦交渉停滞後も、金子・河野氏間の領域譲渡交渉は継続されていたことが史料から読み取れる。長宗我部氏は、予土和睦交渉停滞後の、貴重な河野氏・芸州ルートである金子氏に対し、領域譲渡交渉の様子や芸州側の動き等、金子氏から得られる情報を、「手前之儀《てまえのぎ》」（自分の事）として重視しており、情報の提供を懇願し、両者間の使者の往来も頻繁に行われていた。

金子氏は、難航する河野氏との領域譲渡交渉の裏で、河野氏領周敷郡への軍事侵攻も画策しており、長宗我部氏に対し加勢を依頼し、長宗我部氏側もそれに同意している。よって、金子氏の周敷郡北条の獲得は、交渉と軍事侵攻をちらつかせることによる圧迫の、和戦両様で進められていたことが分かる。

交渉の最終段階では、河野氏本拠の道後湯築《ゆづき》城内（松山市）において河野氏家中の談合が持たれている。また、天正十二年十二月には、長宗我部氏重臣の久武親直《ひさたけちかなお》が交渉に加わり、河野氏側から土佐側へ証人（人質）が送られることになった。金子元宅の遺言状とされる、天正十三年六月十一日付けの金子毘沙寿丸《びしゃじゅまる》宛金子元宅置文《おきぶみ》には、「周敷《すふ》の家」を嫡子毘沙寿丸が差配することが記されており、周敷郡北条の金子氏への譲渡は、交渉によるものか、軍事侵攻によるものかが判明しないものの、達成されていたことがわかる。

金子・河野間の領域譲渡交渉は、足利義昭主導の予土（河野・長宗我部間）和睦交渉の障害になっていた可能性もある。しかし、最終段階で長宗我部氏が領域譲渡交渉に加わってきたため、停滞していた長宗我部・河野氏間の予土和睦交渉が復活した可能性もあり、長宗我部氏の四国統一の可能性と絡めて、今後も検証していく必要があるものと考えられる。

羽柴秀吉の四国国分と金子氏

羽柴秀吉の四国国分交渉は、秀吉、長宗我部氏、毛利氏の三者間で、秀吉・毛利氏間の中国国分交渉と絡めて進められた。長宗我部氏は、天正十一年（一五八三）七月段階で、阿波・讃岐を手放すことを承諾するが、伊予の河野氏領（史料では「与州様《よしゅうさま》」と記される）譲渡を秀吉政権側に申し入れている。この時点で、毛利氏も河野氏領領有を希望していたため、秀吉は、毛利氏側に河野氏領を付けると口頭で言い渡している〔阿波国徴古雑抄〕。

秀吉主導の四国国分交渉に関する史料からは、伊予が、大きく長宗我部進退分《しんたいぶん》（長宗我部与同勢力地）と、河野氏領に分けられており、天正十一年段階では、伊予における長宗我部進退分は、長宗我部氏領有分として認められていたと推測する。金子氏が存在した新居郡は、当然、長宗我部進退分に該当していたであろう。

その後、長宗我部氏は、天正十二年に勃発した小牧《こまき》・長久手《ながくて》の合戦において織田信雄《のぶかつ》・徳川家康《とくがわいえやす》方に付いたため、四国国分交渉は中断されたものと見られる。また、羽柴・毛利氏間の中国国分交渉も、領域画定交渉が難航する。さらに、秀吉が、来嶋村上氏問題の解決を毛利氏に強く要求したにもかかわらず、来嶋村上氏の徹底討滅を目指す河野氏に毛利氏が同調し、中国地方全域から徴集した大規模な援軍（芸州勢）を伊予に派遣して来嶋攻めに加担したため、中国国分交渉も長期間にわたってまとまらなかった。

しかし、小牧・長久手合戦が収束した天正十二年末の十二月に、羽柴秀勝《ひでかつ》（秀吉の養子）と、毛利輝《てる》元《もと》養女（内藤元種《ないとうもとたね》の娘）の婚儀が成立して以後、秀吉が領域画定交渉において毛利氏側の要求を受け入れるようになり、毛利氏側も村上（来嶋）通昌《みちまさ》の伊予帰国を容認するようになる。ここに、天正十年以来、長期間にわたり続いた中国国分交渉が、天正十三年初頭にはほぼ終結する形となった。

中国国分交渉がまとまると、天正十三年正月に、羽柴秀吉が夏の四国出兵について表明し、伊予・土佐両国は毛利氏に与え、長宗我部氏側から種々懇望があっても許容は無いと毛利氏側に伝える。また、紀州攻めが収束した四月下旬には、織田信雄や吉川元春・元長《もとなが》父子が四国出兵の準備を配下に命じている。一方、長宗我部陣営でも、五月十九日に元親が阿波岩倉《いわくら》城（徳島県美馬市）に着陣したことが確認できる。

このような緊迫した情勢の中、長宗我部氏は、羽柴方との和睦交渉を密かに進め、その中で領域画定に関する四国国分交渉が再開される。六月十八日付け小早川隆景宛て羽柴秀吉書状によれば、いったんは羽柴・長宗我部氏間において和睦が成立している。長宗我部氏が阿波・讃岐を返上し、元親の実子が大坂に上り奉公することを条件として、羽柴側が土佐側の人質を受け取っている。その見返りに、長宗我部氏に対し、土佐一国と伊予の内、長宗我部進退分の領有を認めると記されている。しかし、秀吉がこのことを伊予出兵準備中の毛利氏側に伝えたところ、安国寺恵瓊《あんこくじえけい》を通じて毛利氏側から上申があり、小早川隆景が伊予一国一円すべてを給わらなければ、外聞的《がいぶんてき》に迷惑である（聞こえが悪い）と主張するので、伊予一円を小早川に遣わすことにすると変更されている。また、長宗我部氏に対しては、土佐一国領有で納得し、秀吉側に詫び言を入れるのであれば、そのまま差し置くとされた。秀吉は、この内容を四国へ渡海準備中の弟秀長《ひでなが》に対し、六月二十日付けの書状で伝えている〔豊臣秀吉文書集二〕。

この条件を長宗我部氏は承諾せず、秀吉の命令によって四国出兵が実施される。よって、金子元宅等、長宗我部氏に与《くみ》していた伊予在地勢力は、四国出兵直前に、いったんは長宗我部氏のもとで存続が決まっていたものの、小早川隆景の意見具申によって四国出兵に巻き込まれ、滅亡していったことになる。

ここで、小早川隆景はなぜ、伊予一国領有を主張したのであろうか。残存史料からその理由を拾うと、秀吉が天正十三年正月に、毛利氏に対し、いったん土佐・伊予両国を与えると表明していたことが大きいものと捉えられる。毛利氏は、秀吉との国分交渉の中で、天正十一年七月段階で、伊予の内、河野氏領の領有希望を秀吉側に打診していた。その後、天正十二年に小牧・長久手戦役が起こると、長宗我部氏は織田信雄・徳川家康方に属し、毛利氏は秀吉方に与して袂を分かつ。その情勢の中、毛利氏は秀吉側に伊予・土佐二国の領有希望を打診するとともに、長宗我部氏との対決の姿勢を示す。六月から八月にかけて行われた、河野通直《みちなお》安芸渡海による毛利輝元との芸予会談において、今後の方針を芸予間で確認した後、郡内表（愛媛県大洲市）に平賀元相《ひらがもとすけ》等を派遣して、長宗我部方の在地勢力と交戦状態に入る。

中国国分が、翌天正十二年正月にまとまると、それに付随していた四国国分についても秀吉が言及し、毛利氏が要望していた長宗我部領（土佐・伊予両国）を、毛利氏に譲渡すると明言した。五月二十三日付け林就長《はやしなりなが》宛ての小早川隆景書状では、隆景が、四国出兵用の舟の徴収に当たっていた林就長に対し、伊予を存分に任せられたなら褒美を加えると伝えており、毛利氏側は、隆景の伊予一国領有を念頭に、四国出兵対応の準備をしていた形跡がある。そのことが、秀吉の四国国分案変更（長宗我部が土佐および、伊予国内の長宗我部進退分を領有）に対する、小早川隆景の「外聞迷惑候」という言葉になり、結局、伊予一国は小早川隆景の領有になったものと考えられる。

高尾城合戦と金子氏の滅亡

四国出兵に際し、金子元宅は、天正十三年（一五八五）六月十一日付で置文を嫡子毘沙寿丸に対して残している。発給された時期、内容からして元宅の遺言状と取れる。置文には、周敷《すふ》家・氷見《ひみ》家という二つの分家も含めた家の運営、新居郡中から集めている人質の処遇の件、新居郡中で問題が起こった場合には長宗我部元親・信親父子を頼ること、刀その他の道具の事等について記されている。

芸州軍の一方の大将である吉川元長が、四国出兵の様子を記し、師の周伯老禅《しゅうはくろうぜん》に送った天正十三年七月二十七日付けの元長自筆書状がある。それによれば、小早川隆景・吉川元長に率いられた兵力二万と言われる芸州勢は、七月五日に越智郡今治《おちぐんいまばり》の津に着岸し、竹子（愛媛県今治市唐子浜《からこはま》か）に陣を張った。その後、新居郡に侵攻し、七月十四日に高尾城および、麓の出城《でじろ》である丸山城《まるやまじょう》（ともに同西条市）を取り囲み、その日の内に丸山城を落城させている。高尾城には十五日より戦いを仕掛け、諸軍手柄を振るい、十七日亥の刻（午後十時ごろ）に高尾城が落城する。城勢の金子備後守をはじめとして、宗徒《むねと》の者（主な者）、六〇〇騎を一時に討ち果たしたと記されている。そのことが諸方に伝わり、石川氏の高峠城《たかとうげ》（西条市）、松木氏の生子山城《しょうじやま》（同新居浜市）並びに藤田氏の岡崎城《おかざき》（同新居浜市）、金子氏の金子本城（新居浜市）が退散し、また、下伊予表（新居郡西方か）においても五ヵ所が退散したと書き留めている。この書状からすれば、新居郡の国人領主たちは、各個の城々にそれぞれ籠城し抵抗しようとしたことがわかる。そこから、金子元宅の拠る高尾城落城を見て、各城を捨てて落ちていったようである〔吉川家文書別集〕。

この戦いにおいて、新居郡中の在地領主たちが、一か所に集まって抵抗できなかったところに新居郡の国人一揆の限界を見ることができる。また、芸州勢は秀吉の指示により今治上陸後、真っ直ぐに金子元宅の籠城する高尾城に向け進撃しており、秀吉からは、金子元宅が伊予における抵抗勢力の首魁と見なされていたことがわかる。金子本城落城後、元宅嫡子の毘沙寿丸は土佐に逃れ、末裔は長宗我部氏、後に山内氏に仕えて続くことになる。

戦乱収束後、小早川隆景は野々市原（西条市）において戦没者供養を行い、「討つも討たるるも皆夢なり、早くも覚めたり汝等が夢」と高らかに唱えたと云う〔澄水記〕。

最後に、金子元宅は滅亡するとわかっていながら、なぜ長宗我部氏に与したのであろうか。元宅は、四国出兵直前まで小早川隆景とも交流しており、家を存続させる道も取れた可能性がある。その点について考えてみる。

金子元宅は瀬戸内のほぼ中央部に位置するという地理的条件を活かし、そこで得た情報を各勢力に廻して多方位外交を展開していた。交流する長宗我部氏と小早川氏が芸土入魂の状態にあるときはよかった。しかし、小牧・長久手戦役において、長宗我部氏と毛利氏が敵対関係に陥ると、どちらかを選択する必要に迫られるようになる。金子元宅は、天正十年（一五八二）以来、足利義昭および毛利氏主導の予土和睦交渉の情勢を見て河野氏に接近し、隣国河野氏領周敷郡北条への進出をもくろんでいた。その情況下、長宗我部氏との関係強化を選んで周敷郡進出に際しての軍事的加勢を求める。一方、長宗我部氏と敵対した小早川隆景とは、次第に距離を取るようになっていったものと推測される。

金子元宅墓所　愛媛県新居浜市・慈眼寺　撮影：筆者

いずれにしろ、戦国最終期の瀬戸内にあって、新居郡の小規模領主でありながら、外交・情報操作を通し、周辺の大名勢力と渡り合った伊予国人の中の傑物が、金子元宅であると言える。

（桑名洋一）

【主要参考文献】

桑名洋一「天正期中国・四国国分と河野氏」（『四国中世史研究』一四、二〇一七年）
桑名洋一「天正期予土和睦交渉の行方―「金子古文書」から読み解く―」（『伊予史談』三九一、二〇一八年）
桑名洋一「本能寺の変と伊予」（『歴史研究』六九五、戎光祥出版、二〇二一年）
中平景介「予土和睦に関する一考察―十二月十九日付小早川隆景書状の年代比定を中心に―」（『伊予史談』三八四、二〇一七年）
平井上総「総論 長宗我部元親の四国侵攻と外交関係」（同編著『長宗我部元親』戎光祥出版、二〇一四年）
藤田達生「「芸土入魂」考」（『織豊期研究』一九、二〇一七年）

宇都宮豊綱

——喜多郡を支配した伊予宇都宮氏最後の当主

肱川と宇都宮氏

四国の西北部、伊予西南部の喜多《きた》郡（愛媛県大洲市とその周辺）および宇和《うわ》郡北部には、愛媛県最大の河川である肱川《ひじかわ》が流れている。この川は、肱を曲げたような屈曲した流路になっていて、長さは一〇三kmと比較的長いが、源流部と河口との直線距離はわずか一八kmしかないという特異な河川である。四国と九州を結ぶ位置にある、肱川中流から下流域およびその周囲の地域を支配し、戦国時代の天文年間から天正年間にかけて独自の活動の足跡を残した武将が宇都宮豊綱《うつのみやとよつな》である。

宇都宮氏と伊予の関わり

宇都宮氏は、もともと下野国宇都宮（宇都宮市）を拠点とし、鎌倉幕府の有力御家人として活動するとともに、下野国一宮《いちのみや》の宇都宮社の検校職《けんぎょうしき》を代々得ていた一族である。東国出身の宇都宮氏と伊予国の関わりは、鎌倉時代の半ば、鎌倉幕府が下野の宇都宮頼綱《よりつな》を伊予国守護に補任したことから始まる。浄土宗に帰依し、歌人としても知られた宇都宮頼綱が守護に任ぜられた年代は不明だが、承久元年

（一二一九）から天福元年（一二三三）の間と推定される二階堂行西《にかいどうぎょうさい》（行村《ゆきむら》）の書状で、宇都宮入道（頼綱）に対し、伊予国忽那《くつな》島地頭職への守護所代官の干渉排除を求めており〔忽那家文書〕、これ以前に頼綱が伊予国守護に任ぜられていたのは確実である。頼綱の後、伊予国の守護の地位は、頼綱の子頼業《よりなり》に引き継がれた。鎌倉時代末期の十四世紀前期には、伊予国守護として宇都宮三河権守貞宗《さだむね》の名が確認できる。

また、鎌倉時代末期から南北朝時代にかけて、貞宗の弟、宇都宮貞泰《さだやす》が、伊予国喜多郡の郡地頭として活動した。貞泰が確実な史料上に登場するのは鎌倉時代末期のことで、元弘三年（一三三三）二月と三月、伊予国喜多郡地頭の宇都宮遠江守・同美濃入道の代官等が、喜多郡の「根来山」に城郭を構え、反幕府方の忽那氏や祝《ほうり》氏らと交戦している〔忽那一族軍忠次第など〕。このことから、少なくとも元弘三年二月以前に、宇都宮遠江守貞泰は伊予国喜多郡地頭職の地位を手に入れており、六波羅探題《ろくはらたんだい》および鎌倉幕府が崩壊する同年五月直前まで、幕府方として活動していたことが判明する。観応三年（一三五二）二月、兄尊氏《たかうじ》との抗争に敗れた足利直義《あしかがただよし》が死亡。この六月、蓮智《れんち》（出家後の貞泰の法名）は、伊予国喜多郡の西禅寺《さいぜんじ》へ年貢を寄進し、貞泰と同じく下野国出身の津々木谷《つづきや》氏とみられる行胤《ゆきたね》の子孫は毎年年貢を勤めること、西禅寺への異乱を禁ずる旨を規定しているが〔西禅寺文書〕、違犯の者は「罪科の軽重においては、当郡の検断沙汰致すべきなり」と定めており、喜多郡の検断権は貞泰が保持していたことがわかる。建武の新政以後、兄貞宗が鎌倉幕府から任ぜられていた伊予国守護の地位はすでに宇都宮氏の手から離れていたが、この時点でも、喜多郡地頭の地位は貞泰が握り続けていたのである。

室町時代の初め、喜多郡は一時宇都宮氏の知行から離れたこともあったが〔近江青木家古文書写〕、その後、貞泰の一流が喜多郡に定着したと思われ、室町時代には国人領主として活動した。残念ながら、確実な史料で実名が判明する室町時代の宇都宮氏の人物はいないが、応永九年（一四〇二）に土佐国西部でおきた佐川《さかわ》氏の反乱のとき、宇都宮氏は幕府軍として参陣したようで、鎮圧後に「佐川本領分」を宛行われている〔大野系図〕。また、永享十年（一四三八）、京都の西園寺《さいおんじ》家領となっていた伊予国宇和《うわ》荘（愛媛県宇和島市）の代官職補任をめぐって伊予西園寺一族間が争い、将軍足利義教《よしのり》が両者を室町御所に呼び寄せ和睦させる際、宇都宮・森山《もりやま》両氏が立会している〔公名公記〕。このころ、宇都宮氏は他の国人と同様に、京都に館を構え、伊予国喜多郡との間を往復したものであろう。文明十二年（一四八〇）、細川政元《ほそかわまさもと》は河野通直《こうのみちなお》および「宇都宮遠江守」に対し、伊予国の泉《いずみ》（大洲市長浜町出海か）合戦において忠節を尽くしたことを賞賛している〔古証文〕。

宇都宮豊綱の登場

宇都宮豊綱は、一説には永正十六年（一五一九）生まれともいうが、生年・没年ともに定かでない。幼名は不明で、仮名《けみょう》は弥三郎《やさぶろう》である。弥三郎は代々下野宇都宮氏の当主が仮名としてきた名であり、豊綱の代に下野宇都宮氏への意識が高まったことがうかがえる。

さて、確実な史料上に豊綱が登場し始めるのは天文年間初頭である。豊綱を囲む天文年間初頭の喜多郡周囲の情勢に目を向けると、伊予中央部は、室町時代から代々伊予国守護の座を世襲した河野氏の当主・河野通直（弾正少弼）が居り、南部の宇和郡は、宇和荘の領主職を有し南北朝期に下向した西園寺氏が土着、領主化していた。さらに北部は周防灘《すおうなだ》を挟んで周防国を基盤とする大内義隆《おおうちよしたか》が長門・石見・安芸・備後・豊前・筑前を領し、西部は宇和海を隔てて豊後国を基盤とする大友義鑑《おおともよしあき》が肥後や筑後に強大な勢力を有し、北部九州の支配をめぐり大内氏と対立していた。また、喜多郡の東南部に位置する、土佐国西部の幡多郡《はたぐん》や高岡郡《たかおかぐん》では、応仁二年（一四六八）に下向した一条教房《いちじょうのりふさ》の子・房家《ふさいえ》と房家の子の房冬《ふさふゆ》が勢力を拡大していた。

年記はないものの、天文元年（一五三二）と推定される七月二十日付で、大友義鑑が熊谷《くまがい》民部少輔に宛てた書状の中で、義鑑は、先に京都を逐われて近江に亡命していた将軍足利義晴《よしはる》に呼応し、大内氏の領国である豊前・筑前への侵攻の意図を述べ、遠く安芸の武田光和《たけだみつかず》・尼子経久《あまごつねひさ》の連携に触れ、最後に海上活動のことを河野通直、宇都宮、村上《むらかみ》宮内大輔に依頼していることを伝えている〔熊谷家文書〕。また、同じく年記はないものの、同年と推定される十二月三日付で、大友義鑑が伊予佐田岬《さだみさき》半島の領主・三崎《みさき》安芸守に対し、大友氏の豊前・筑前侵攻については河野通直と宇都宮豊綱の同意を得ていることを伝え、三崎氏に兵船の派遣を依頼している〔弥冨正邦氏所蔵文書〕。これらの書状からは、豊後の大友義鑑および伊予中央部の河野通直（弾正少弼）と連携しながら、反大内方の一翼として、喜多郡周辺の宇和海や瀬戸内海の海域にまでも影響力を有し活動していた豊綱の姿が浮かび上がってくる。

これより前の永正年間には、大内氏重臣の陶興房《すえおきふさ》が、喜多郡の宇都宮藤三郎（豊綱の父か）に宛て、河野通宣《みちのぶ》に対する「御入魂」を要請しており〔大野芳夫氏所蔵文書〕、もともと大内氏および河野氏・宇都宮氏との関係は良好であったとみられるが、享禄四年（一五三一）、表面上は平穏を保っていた大内氏と大友氏との間の深刻な対立が露になると、前述したとおり宇都宮豊綱は河野通直とともに、豊後大友氏と結んで反大内氏の立場に立つことを選んだのである。

宇都宮豊綱と河野通直との関係は良好で、年代不明ながら天文四年前後と推定される七月五日付で通直が宇都宮弥三郎（豊綱）に書状を送り、内子《うちこ》盆地を拠点としていた曽根《そね》氏と、肱川下流域を拠点としていた津々木谷《つづきや》氏との間の調整が重要であることを述べ、前々からの水魚のごとく相談することが重要であることを述べている〔西禅寺文書〕。

しかし、豊綱を取り巻く状況は天文七年に大友氏と大内氏が和睦したことによって変化を見せる。河野通直は反大内氏の姿勢を崩さず、大内勢の激しい侵攻にさらされたのち、天文十一年、通直からその子晴通《はるみち》へと家督交代が起こり、晴通は父子和睦のことは時分を以て宇都宮豊綱に伝えることを某（大友義鑑か）に伝えている〔萩藩閥閲録（山本宇兵衛）〕。河野晴通は反大内の姿勢を崩さない通直を排除し、大内・大友方への与同を志向する家臣団によって擁立されたもので、宇都宮豊綱は晴通方＝大内・大友氏方の勢力に属していたものとみられる。

しかし、その晴通が天文十二年四月に逝去したことにより、翌十三年に通直（弾正少弼）が再び家督に復帰する。通直は復帰後もしばらくは反大内氏の姿勢を崩さなかったが、天文十六年五月頃に和睦したものか、以後は大内勢の伊予来襲の記録がみられない。おそらくこの間も、豊綱は大友氏・大内氏の勢力に属していたものと思われるから、この時期以降は、豊綱と河野氏との関係はいったん安定化に向かったことが推察される。

なおこのころ、通直、喜多郡上須戒《かみすがい》の向井《むかい》氏から八朔《はっさく》の嘉礼として太刀・絹を受領している〔大野芳夫氏所蔵文書〕。このやりとりに直接豊綱は登場しておらず、後述するとおり、河野通宣の代に河野氏権力が喜多郡に進出する先駆がこの時期に胚胎されたと思われる。

しかしこの後、豊綱をめぐる環境が大きな変動を見せる。まず天文十九年、大友義鑑が討たれ、大友氏の家督は義鎮《よししげ》（宗麟《そうりん》）へ移った。翌二十年には、大内義隆が家臣の陶晴賢《はるかた》に討たれる事態となる。並行して天文十九年～二十一年にかけて、河野通直と子の通宣（宗三郎）の間で家督をめぐる紛争があり、二十二年以降は通宣へ一本化された。豊綱を取り巻く人物が一気に交代していくのである。

遠江守任官と河野氏との対立

天文十五年（一五四六）に第十三代将軍となった足利義輝《よしてる》は、年代不明ながら正月二十日付で日向国への使節の下向にあたり、豊綱に路次の支援を命じている〔萩藩閥閲録（曽根三郎右衛門）〕。宇都宮氏の本拠・大洲盆地は肱川河口部からおよそ一八kmさかのぼった地点にあるが、こうした幕府からの期待を考えれば、宇都宮氏は、肱川を通じて伊予灘沿岸および宇和海の海上交通に関与が可能だったことが推測される。

このような豊綱をとりまく環境が変わってきたことが露になるのが永禄六年（一五六三）頃で、その契機の一つとなったのは、豊綱の遠江守任官問題である。当時の任官システムの原則は、まず幕府に申請して、幕府の合意が得られたら朝廷に伝達され、天皇から任官を受ける。かねてから豊綱は遠江守任官を希望していたところ、伊予国守護の河野通宣の申し出により幕府の合意が得られなかった。そこで豊綱は公家に懇望して幕府を通さず朝廷に直奏し、永禄六年三月、遠江守任官に成功している（臼杵稲葉河野文書）。これに対し、河野氏と関わりの深い将軍側近の梅仙軒霊超《ばいせんけんれいちょう》が不快感を表している。

遠江守は、これまでみてきたとおり、貞泰以来、代々宇都宮氏が得てきた官途であり、何ゆえ豊綱に対してだけ河野氏が横槍を入れて任官を阻止しようとしたのかは不明であるが、河野通宣もこの前年の永禄五年に左京大夫の官途を得ていることが関連するかもしれない。室町初期以降に河野氏が代々得ていた刑部大輔や、通宣の父通直が得た弾正少弼の官途は、位階でいえば正五位下にあたるが、通宣が得た左京大夫は従四位下で官位が上昇している。通宣による従来の家格より上位の官途の獲得と、豊綱への遠江守任官阻止の動きはほぼ時を同じくしており、河野氏からみれば、豊綱の遠江守の任官工作が独立的な動きと評価されたのかもしれない。

さて、天文二十年八月に陶隆房《たかふさ》（晴賢）が大内義隆に背き挙兵し、義隆を自殺に追い込んだ後、弘治元年（一五五五）、毛利元就《もうりもとなり》が陶晴賢を破って旧大内氏領国を継承した。すると、永禄四年（一五六一）頃から毛利勢と大友勢が北九州で干戈を交える状況に至り、天文二十二年頃に河野氏権力を掌握した河野通宣（左京大夫）は次第に毛利氏との結びつきを志向していく。一方、後の動向からすると、豊綱は大友・大内連合のうち大内氏が滅んだ後も、引き続き大友方に属すことを選んだものとみられる。こうした両者の政治的な志向性の相違が、河野氏による任官阻止ならびに豊綱の朝廷直奏という行動として現れたものではないだろうか。

このあと、豊綱と河野氏との関係は次第に悪化していき、この地域は戦国期伊予最大の戦乱の主戦場となる。

戦国伊予最大の合戦となった鳥坂合戦

このころ、豊綱の娘が土佐国幡多郡の一条兼定《かねさだ》に嫁して内政《ただまさ》の母となったといい〔系図纂要九　藤原氏之三土佐一条〕、豊綱は豊後大友氏と結ぶ土佐一条氏と連携を深めていく。永禄九年（一五六六）夏、「郡内境目」において錯乱が生じる〔高野山上蔵院文書〕。このころ、豊綱が河野氏に対し敵対的な動きを見せたものと考えられる。これに対し、永禄九・十年にかけて、毛利氏と提携している河野氏勢力が喜多郡に進出し、豊綱の孤立化を図っていく。永禄十年の二月から四月にかけて、河野氏方の村上通康《みちやす》や平岡房実《ひらおかふさざね》が、宇都宮氏の本拠にほど近い喜多郡上須戒の城戸《きど》氏や政所《まんどころ》氏に対して調略を仕掛けており〔大野芳夫氏所蔵文書〕、同年九月、河野軍の主力である来島《くるしま》村上氏と平岡氏の軍勢が予土国境の通路口に陣城《じんじろ》を構築、これに対し土佐一条氏も軍勢を派遣。十月から毛利氏の軍勢も徐々に伊予へ派遣されはじめ、十一月には喜多郡の津々木谷氏が「津々喜谷要害」へ毛利・河野方の兵力を入れおくことを認めている。「津々喜谷要害」とは、津々木谷氏の居城、肱川下流域の滝ノ城《たきのじょう》（愛媛県大洲市）であろう。津々木谷氏は、もともと宇都宮氏と同じ下野国を出自とし、室町時代から戦国時代にかけて、その名に「綱」の一字を冠する者が何人も史料上で確認できる〔西禅寺文書〕など、宇都宮氏との関わりが深い一族であるが、このころ津々木谷氏は、宇都宮氏と袂を分かち、同氏と敵対する河野・毛利氏方に属したとみられる。

こうして地域の緊張が高まっていく中で、永禄十一年正月、豊綱と提携していた土佐一条氏は大軍を率いて予土国境から伊予へ侵攻し、大洲市南部の高島（大洲市梅川高島山）で交戦した〔間崎文書〕。二月二日は正月森城（愛媛県八幡浜市・大洲市・西予市境界）で、四日には鳥坂《とさか》城（西予市）で、河野・毛利軍と土佐一条氏軍が衝突している〔乃美文書ほか〕。鳥坂峠における河野・毛利氏方と土佐一条氏との合戦の結果は、河野・毛利氏方の圧勝であった。

三月には小早川隆景《こばやかわたかかげ》をはじめとする毛利軍の主力が伊予に渡海し、三月末から四月末までの間に、豊綱の本拠である宇都宮両城（大津《おおつ》城・八幡《はちまん》城）は毛利勢らの攻撃にさらされた〔萩藩閥閲録（浦図書）〕。

永禄十一年十二月の年代が入った、毛利氏の家臣・乃美宗勝《のみむねかつ》が認《したた》めたとされる言上状には、このときの様子について、「大津・八幡両城を切り崩すべく支度を整え、鉄炮・石銃・団子銃などで攻撃し、城郭の諸口を押さえた。籠城の輩は、ほどなく降参し、両要害を速やかに去り渡した。降伏した軍勢は一命を助け、「両城足弱地下人等」・私財雑具は残らず下須戒《しもすがい》（大洲市）に移した」と伝えている。

高島合戦・鳥坂合戦および大洲・八幡両城攻防戦における豊綱自身の動向は定かではないが、年代不明ながら十二月十八日付で豊綱は、小早川隆景に対し「愚身進退の儀、宗勝に対し御意を得候、是又頼み存じ奉り候」と伝えていて〔乃美文書正写〕、豊綱の身柄の取り扱いについて、小早川隆景や乃美宗勝が関わったとみられる。

鳥坂合戦後の抵抗

しかし、豊前での大友氏や備前での三好《みよし》氏との抗争に対応しなければならなかった毛利氏は、伊予国喜多郡における反毛利勢力の鎮圧が不徹底だったものと思われ、その後も反毛利・河野勢は抵抗を続けた。永禄十二年（一五六九）または元亀元年（一五七〇）頃、宇都宮氏は河野氏の敵として足利将軍から認定されたことが見える〔臼杵稲葉河野文書〕。

元亀二年六月、乃美宗勝は小早川氏の重臣である井上春忠《いのうえはるただ》に宛て、来島村上氏は「国元之万事操」にて周防上関に人数を下していること、くれぐれも「豊綱」には早急な対応をすること、かの「渡」をご賢慮などといって延ばすようなことがあれば、「来島大不興」となると伝えている〔乃美文書〕。この豊綱は宇都宮豊綱であろう。八月頃には喜多郡で軍事的緊張が発生し、その安定化を図るため、来島村上氏が喜多郡下須戒を攻略している〔藩中古文書〕。

翌元亀三年と推定される四月三日付で、小早川隆景から有田《ありた》氏に宛てた書状の中で、大津の番衆の派遣を急がないと「豊綱・大野仕執るべき」と懸念を示し、大津の状況がなかなかわからないので有田氏に渡海を依頼している〔吉川家中并寺社文書〕。文意が読み取りにくいが、元亀二年から三年四月頃にかけて、豊綱が大津城奪還の動きを示していた可能性がある。この動きと関連があるかどうかわからないが、同年七月には、豊後大友氏の軍勢が突如として宇和郡北端の飯森城《いいもり》（愛媛県八幡浜市）に出陣している。大友軍の指揮は佐伯惟教《さいきこれのり》で、若林《わかばやし》氏・鶴原《つるはら》氏らの軍勢が参加している〔若林文書ほか〕。伊予側には一切記録が残っておらず、大友氏の出陣の意図や、伊予側の交戦相手は不明だが、飯森城は喜多郡境にほど近い位置にあり、あるいは反毛利・河野氏の態度をみせる宇都宮豊綱残党の動きと連動していた可能性もあるのかもしれない。この後、同年十月、下須戒の問題について来島村上氏と河野氏・乃美氏らが協議しており、この頃まで喜多郡の軍事的緊張は尾を引いていたものとみられる。

天正年間初期の豊綱と本拠大洲

天正三年（一五七五）三月、宇都宮豊綱は喜多郡の上須戒氏に対し「上須戒一跡」を安堵している〔大野芳夫氏所蔵文書〉が、この文書の文末は奉書形式になっているから、安堵主体の権力は別にあって、その権力のもとで意思を伝達するような立場になっていることが判明する。とはいえ、豊綱は一定の地域権力も保持したようで、天正五年正月、自ら主体となって上須戒氏に「安芸守」を宣任している〈大野芳夫氏所蔵文書〉。

この文書を最後に、豊綱は確実な史料の上からその姿を消す。その後の豊綱の動向は定かではないが、一説には備後国で没したといい〈南海治乱記〉、大洲市柚木の清源寺《せいげんじ》には豊綱の位牌が残されている〈大洲市誌〉。

さて、このような動向をたどった喜多郡の宇都宮氏の根拠地が大津城で、前述のとおり八幡城とあわせて「宇都宮両城」と称された。この両城は、肱川と久米川《くめがわ》の合流地点を挟む南北に位置する肱川沿いの独立丘陵で、丘陵の上からは内陸部に広がる大洲盆地の中心部を一望でき、盆地の中央を流れる肱川中流部の河川水運を掌握することができる。肱川下流域の瀧ノ城や水沼《みずぬま》城と連携することで、伊予灘へ注ぐ肱川中流・下流域一帯の領域支配と水運の統制を可能にするのである。

大津城は天正十四年（一五八六）、豊臣政権下で伊予一国を知行した小早川隆景が、国内の主要な城郭を残して整理する際、存続させる十城の一つとしている〈浦家文書〉。その後、戸田勝隆《とだかつたか》を経て藤堂高虎《とうどうたかとら》・脇坂安治《わきさかやすはる》の代に近世城郭化され、加藤貞泰が入って以後、幕末まで大洲藩主の城として存続している。戦国時代から江戸時代末期を通じ、まさに喜多郡支配の要となる城郭であった。

（土居聡朋）

【主要参考文献】

石野弥栄「戦国末期における西南四国の軍事情勢―永禄年間の「国郡境目」地域の合戦をめぐって―」（『西南四国歴史文化論叢よど』創刊号、二〇〇〇年）
石野弥栄「高嶋合戦再論」（『西南四国歴史文化論叢よど』五、二〇〇五年）
川岡勉「永禄期の南伊予の戦乱をめぐる一考察」（『愛媛大学教育学部紀要第Ⅱ部人文・社会科学』三六―二、二〇〇四年）
土居聡朋「伊予宇都宮氏の成立と展開」（市村高男編著『中世宇都宮氏の世界』彩流社、二〇一三年）
中平景介「元亀年間の伊予―来島村上氏の離反と芸予交渉―」（『四国中世史研究』一〇、二〇〇九年）
山内治朋「戦国期の肱川下流域について―須戒・横松地域を中心に―」（『愛媛県歴史文化博物館研究紀要』一四、二〇〇九年）
山内譲「宇都宮豊綱について」（『温古』復刊第二三、二〇〇一年）
山内譲「中世の宇都宮氏と喜多郡―室町時代を中心に―」（『温古』復刊第四四、二〇二二年）

西園寺公広——毛利・長宗我部に翻弄された境目領主

戦国期の西園寺氏と公広

伊予西園寺《さいおんじ》氏は、藤原北家《ふじわらほっけ》閑院流《かんいんりゅう》の公家西園寺家の一族とされるが、伊予へ下向・土着した人物や年代などは、はっきり特定されていない。現在のところ、南北朝期に公重《きんしげ》の系統の誰かが下向したのではないかとする考え方が主流である〔石野一九八七〕。戦国末期の最後の当主が公広《きんひろ》である。伊予西園寺氏は関連史料が少なく、系譜関係もはっきりしないため、公広も出自や系譜、家督継承の経緯などには諸説あり、定説をみない。幼名・仮名《けみょう》・官途受領《ずりょう》名なども、実証的史料の上では判然とせず、系譜類等では四位・少将などと記すものもあるが、実際のところは定かではない。

戦国期の伊予西園寺氏は、室町期に自立志向を強めた宇和《うわ》盆地南部の松葉《まつば》城（愛媛県西予市）を本拠とする松葉流〔山内二〇一二〕の末裔で、「松葉」と称され、公広も「松葉公広」と自称している〔浦家文書、乃美文書〕。ただし、戦国期のいずれかの時点で松葉城から南約二kmの黒瀬《くろせ》城（西予市）に本拠を移しており、公広時代には黒瀬城を本城とした。家臣団については、いわゆる「西園寺十五将」なる存在が古来より流布しているが、これは近世的概念であり中世の実態を示したものではないことがすでに指摘されている〔石野二〇〇〇〕。実際の家臣団構成や権力構造などの詳細は、具体的にはよくわかっていない。本稿では、限られた同時代史料（一次史料）を中心に、公広や取り巻く歴史を描くことを試みる。

戦国期の同時代史料には、天文年間（一五三二〜五五）頃の人物で土佐一条房家《いちじょうふさいえ》の娘を妻とした公宣《きんのぶ》〔一条氏繰出位牌〕、永禄三年（一五六〇）に従五位下左少将の叙任を受け、同八年には大徳寺《だいとくじ》で出家して京都西園寺公朝《きんとも》邸で歌会に参加するなどした実光《さねみつ》〔言継卿記、歴名土代〕が確認できる。公広はこの次代くらいに相当する。

ただし、実光はおそらく永禄八年に出家した頃に家督を退いたと思われるものの、跡を公広が直接継承したのかについては検討の余地がある。主な通説としては、『宇和旧記《うわきゅうき》』「西園寺家略譜」などに記された二説がある。一説には、実充《さねみつ》（実光）―公家《きんいえ》―公高《きんたか》の後、弘治二年（一五五六）に来村《くのむら》（愛媛県宇和島市）の公次《きんつぐ》が家督継承し、さらに公宣《きんのぶ》―公広と継承されたとする。また一説には、実充（実光）の嫡子公高が討ち死にしたため、実充（実光）一族の来村来応寺《らいおうじ》住持を還俗させ、家督としたのが公広であるとする。しかし、そもそも両説とも後世の地誌・系譜の記述のため、十分な確度を備えておらず、内容を過信すべきではない。一説目は先述の公宣・実光や後述の公次の史実に照らして、時代や前後関係に混乱があり、信憑性に劣ることがすでに指摘されている〔須田一九七八、石野二〇〇〇〕。一方で、二説目も同時代的に実証できる根拠史料はないため、記述自体を史実として鵜呑みにはできない。ただ、実光―公広の順序は整合的であることから、どちらかといえば二説目のほうが史実に近い可能性を示唆する。

さらに、留意すべきは実光出家の数年後、永禄十一年の鳥坂《とさか》合戦後の久枝興綱《ひさえだおきつな》宛河野通宣《こうのみちのぶ》感状や、同十二年八月の神領《じんりょう》三島《みしま》神社への西園寺氏奉納金幣《きんぺい》に、「公次」なる人物が現れることである〔宇和旧記所収文書、神領三島神社金幣〕。人物の相関関係は不明で、公広とは別人とする見方〔須田一九七八〕と、同一人物とする見方〔石野二〇〇〇〕がある。実は、永禄十二年二月には神領三島神社もしくは下松葉《しもまつば》春日《かすが》神社で西園寺公広と重臣久枝興綱のため祈祷が捧げられ、願文《がんもん》に「公広」の名が見える〔宇和旧記所収文書〕。公広が現れる初見史料である。そのため、公次と公広は同時並存したことになり、ひとまず別人と考えるのが現段階では自然なのかもしれない。ただし、河野通宣感状で通宣が久枝の戦功を公次に申し入れていることは、公次も相応の地位にあったことを示すものでもあろう。もう一つの金幣の願主については、信仰行為のため、特定の地位を示唆するとは言い難い。いずれにせよ残念なことは、「公次」記載の感状と「公広」記載の願文ともに『宇和旧記』所収の写本であることで、公次の位置付けについては史料批判も含めて今後も引き続き検討を重ねる必要がある。

永禄南伊予争乱と西園寺氏

公広が家督継承したと思しき永禄末期、宇和郡を含む南伊予では大規模な争乱が勃発した。宇都宮《うつのみや》氏ほか喜多《きた》郡勢力と守護家河野氏の対立に、それぞれを支援する土佐一条氏と安芸毛利《もうり》氏の加勢も加わって、最終的には永禄十一年（一五六八）初頭の高島《たかしま》・鳥坂の両合戦にいたる永禄南伊予争乱である。

永禄九年夏頃に喜多郡で争乱が発生し、河野氏は同盟者毛利氏と協議を始め、喜多郡北部の調略や制圧を進めた。一方、以前から宇和郡領主層の懐柔を進めていた一条氏も、予土国境や宇和郡に警戒を強めた。河野氏は土佐方面へも警戒を始め、河野勢が宇和郡北部へと南下侵攻するとともに、毛利氏の加勢も渡海を始めたことを受けて、ついに一条氏も対抗すべく同十年十二月に兼定《かねさだ》自身が出陣し、争乱の核心である喜多郡に向け北上した。同十一年正月前半に喜多・宇和郡境にいたった一条勢は高島合戦で河野勢を退けるも、翌二月四日には鳥坂合戦で敗退。一条氏が喜多郡へ進入できないまま、毛利加勢がその後も順次渡海して増員を続け、五月までには宇都宮氏が制圧され、争乱は一応の決着をみた〔山内二〇一九〕。

宇和郡北部が巻き込まれた争乱では、西園寺氏も当然無関係ではいられなかった。去就については諸説唱えられてきたが、あらためて史料に基づき順を追ってみる。勃発直後の永禄九年十月、河野氏重臣で喜多郡対応を担った来島村上通康《くるしまむらかみみちやす》・平岡房実《ひらおかふさざね》は、喜多郡菅田氏へ条目を発し、趣旨を松葉（西園寺氏）にも心得てもらうよう指示しており、争乱初期から河野氏との協調関係にあったようだ〔大野文書〕。翌十年九月、河野氏が土佐方面対策や宇和郡侵攻を始めた頃、警戒する一条氏から国境の河原淵《かわらぶち》氏加勢を求められた長宗我部《ちょうそかべ》氏は、西園寺氏に和平調停を提案している〔宇和旧記所収文書〕。同時に宇和郡の御庄《みしょう》氏・津島《つしま》氏・法花津《ほけつ》氏へも同様の協議を持ちかけていたようで、平和裏に宇和郡領主層の懐柔も試みられていた様子が垣間見える。ただ、西園寺氏の実際の対応は不明である。

同年十二月に一条勢は宇和郡内を北上したが、一条勢の進軍経路について、以前は戦場となった高島・鳥坂のうち高島の位置がわかっておらず、鳥坂が宇和盆地北端にあることから、宇和盆地を通って鳥坂にいたったとする理解もあった。その理解からすれば、必然的に合戦直前の西園寺氏は一条氏に属さざるをえなかったとの解釈も想起されてくる。しかし、その後の研究成果により、高島が鳥坂の東方、同じく喜多・宇和郡境に位置することが解明された〔石野二〇〇四、川岡二〇〇四〕。進軍経路は、宇和盆地より東方、野村《のむら》盆地付近から北上して白髭《しらひげ》方面を目指したものだったとの見方が有力視されるようになった。したがって、必ずしも合戦直前に西園寺氏が一条方に属している必然性はなくなったのである。

そこで顧みたいのは、先述の久枝興綱宛河野通宣感状である〔宇和旧記所収文書〕。これは、通宣が鳥坂合戦での西園寺氏重臣久枝氏の戦功を称えたもので、河野方での参戦を示す。わずかに遺る史料を追う限り、西園寺氏が一条方に属した実証的史料はない。たしかに、緊張感が高まる中で土佐方から和平を持ちかけられた事実はあったが、最終的に一条勢が戦った合戦では河野方に属していたのである。

争乱収束後、伊予深く遠征したにもかかわらず、主目的の宇都宮氏救援に失敗した一条氏は威信失墜に拍車をかけ、反面で長宗我部氏が勢力拡大を推し進めた。そうした中で長宗我部氏は西園寺氏へ、争乱の静謐にあたっては毛利氏との入魂が安泰の元になったとして祝意を表し、長宗我部・西園寺の協力体制の構築を申し入れている〔宇和旧記所収文書〕。西南四国の勢力図が変化する中、早々に長宗我部氏は西園寺氏・毛利氏らと協調関係を結び自立化を進めようとしたのであろう。

このことからは、西園寺氏が河野氏に限らず毛利氏とも入魂になっていた様子もうかがえる。後述するように、西園寺氏は戦国末期において毛利氏と友好を維持しており、公広が家督を継承した永禄末期頃には関係が結ばれていたとみてよいだろう。

長宗我部氏の宇和郡侵攻

天正三年（一五七五）に一条氏を降し土佐を平定した長宗我部氏は、次第に宇和郡へも進出を図ったとみられる。侵攻の初見としては、同六年に土佐衆が予土国境に近い魚成《うおなし》付近（愛媛県西予市）まで来襲したことが、魚成龍澤寺《りゅうたくじ》僧の書状に見える〔土佐国蠹簡集〕。また、この頃公広は京都西園寺家からの公用物の催促に対し、この三か年の争乱を理由に思うに任せない状況も伝えている〔狩野亨吉氏蒐集文書〕。近年、この書状は天正九年と推定されており〔東近二〇一九〕、六年の侵攻の頃から宇和郡で争乱状態が続いたことが読み取れる。

長宗我部氏の侵攻としてよく知られる出来事は、三間《みま》郷（愛媛県宇和島市）まで侵攻した長宗我部勢に対して、三間の土居清良《どいきよよし》らが防戦して撃退し、久武親信《ひさたけちかのぶ》ら重臣を討ち取った岡本《おかもと》城合戦である。従来、通説的に天正七年のことと語られてきたが、近年これに実証的根拠が乏しく、むしろ天正九年に妥当性が見出せることが示された〔松本二〇一六、東近二〇一九、中平二〇一九〕。これにともない、合戦が織田《おだ》政権の四国政策変更時期と重なることから、長宗我部氏の四国戦略の減速、あるいは織田政権の政策変更や推進など、天正十年の本能寺《ほんのうじ》の変《へん》の直前情勢に結び付けて捉えようという試み〔東近二〇一九、桑名二〇二一〕が始まる一方で、周辺諸勢力への影響は不明瞭であくまで境目地域の偶発的な局地戦として冷静に捉えようとする見解〔中平二〇一九〕も示されており、歴史的評価をめぐって新たな議論が深まりつつある。

この頃、先述のように公広が京都西園寺家に公用物未進の理由等を返信している事実からは、歴代当主のような本家との音信や、献納物京進による奉仕の一端を見ることができる。この関係の維持に有益性を見出すならば、奉仕と恩恵という相互利害の面で、見返りとして本家から恩恵を授かることへの期待が想起される。岡本城合戦の翌年、配下の法花津前延から西園寺本家に宛てた書状で、本家の仲介による織田政権からの公広の進退保障が期待されているのはその一例であろう〔阿波國徵古雑抄〕。本家との関係はもちろんながら、それを介して織田政権にも接近した模様で興味深い。

なお、この書状解釈については、織田政権による進退保障がすでに施行済みとする見解もあり、先述の長宗我部・織田関係をめぐる歴史解釈に岡本城合戦を結び付けた新たな議論の中で、鍵を握る核心的な根拠史料となっている。しかし、丁寧な読み込みの成果に基づけば、いまだ中央権力からの打開策を模索する途中で、あくまで期待している段階とする解釈に妥当性が見出せるのであり〔中平二〇一八〕、中央情勢との連動性を過大評価せず、あくまで境目地域の局地戦とする評価が首肯できると考える。

一方、岡本城合戦の功労者土居清良へは、河野通直《みちなお》から感状が発給されており、そこには公広にも伝えることが添えられている〔高串土居家文書〕。三間土居氏の行動には西園寺氏の裁量が及ぶとともに、河野氏の成敗権も及んだことを示す。また、年代は確定しがたいものの、毛利氏の戦略が畿内にも及ぶようになった天正前期と見られる公広から小早川《こばやかわ》家臣乃美宗勝《のみむねかつ》への書状には、土佐勢の侵攻を受け河野氏に助けを求めたところ、国内が不平均であるため断られたとして、小早川氏からの取り成しを依頼している〔乃美文書〕。公広は、守護家河野氏や、その同盟者でもある有力戦国大名毛利氏を頼りながら、戦国乱世を生き抜いたのである。

本能寺の変後の南伊予と長宗我部氏の侵攻

天正十年（一五八二）六月二日の本能寺の変が、広く全国的に歴史を一変させたことは周知のとおりである。四国においては、「石谷《いしがい》家文書」の出現以来、長宗我部氏をめぐる情勢との関連性に注目が集まり、先述の岡本城合戦はじめ南伊予情勢についても連動性を探る試みもある。ただ、史料的制約が大きい地域でもあり、いまだ多くの議論を残している。変後、毛利氏庇護下にあった足利義昭《あしかがよしあき》は、毛利氏と長宗我部氏の協同支援による京都復帰を画策し、背後の伊予と土佐の和睦（予土和睦）を斡旋した〔石谷家文書〕。同時期、毛利氏と長宗我部氏は入魂の関係（芸土入魂）を結んでいる。そうした中で、河野氏は翌十一年後半に入り、長宗我部氏の与同勢力がいる喜多郡への出兵を企て、毛利氏へも加勢を要請しており、長宗我部氏の警戒心を煽った。

一方の長宗我部側も、入魂関係や和睦気運の中で直接的な軍事行動に出た形跡はないものの、宇和郡へ調略を仕掛け、喜多郡同様に与同勢力の形成を水面下で進めていた〔金子文書〕。こうした時期、年代は確定しにくいが、長宗我部氏は法花津氏を介して西園寺氏に調略をかけ、関係を取り結ぶことに成功している〔玉津村清家文書〕。長宗我部氏への服属、和睦、あるいは芸土双方との協調で等距離外交など、解釈についても定説を見ないが、戦国末期に西園寺氏が長宗我部氏と何らかの形で関係を形成した模様である。

しかし、翌十二年七月、河野通直と毛利輝元《てるもと》の直接会談によって毛利氏は喜多郡加勢に合意。毛利・長宗我部の入魂は破綻し、互いに軍勢を南伊予へ送り込むことになった。喜多郡与同勢力を救うべく国境を越えた長宗我部氏は、九月には三間盆地手前の深田《ふかだ》城（愛媛県鬼北町）を落とした〔金子文書〕。十月中頃には、宇和盆地に到達して西園寺氏本拠の黒瀬城を落去させている〔桂文書〕。先述の西園寺・長宗我部の関係形成と、この黒瀬城落去がどう繋がるかについても判然としないが、いずれにしても、この時点で宇和盆地の中枢が長宗我部氏の制圧下に入ったということになる。勢いに乗る長宗我部氏は喜多郡まで進軍し、早くも十月終盤には喜多郡北部の諸城を陥落させる。なお、このときの長宗我部氏の南伊予侵攻は、与同勢力が窮地に立つ喜多郡を目指して進軍しており、南伊予一帯を軍事制圧して征服しようとする領土拡大戦というよりは、あくまで喜多郡及びその周辺も含めて南伊予与同勢力の救援と捉えるべきである。

その後も、喜多郡北部の肱川《ひじかわ》下流の横松《よこまつ》付近（愛媛県大洲市）においてしばらく両勢力が対峙を続けた。同時に、宇和表の警固活動が能島《のしま》村上氏に求められ、河野氏・毛利氏による宇和郡静謐活動を知ることができるが〔屋代島村上文書〕、宇和郡情勢の詳細は不明である。喜多郡では、翌十三年二月に延尾《のぶのお》城（大洲市）の合戦で毛利加勢衆が戦果をあげるが、やはり宇和郡や西園寺氏の動静は判然とせず、史料から看取できるようになるには羽柴秀吉《はしばひでよし》の四国平定の後まで待たねばならない。

四国平定と西園寺氏

伊予国内で抗争が繰り広げられている頃、中央でも毛利氏と長宗我部氏は、羽柴秀吉と四国国分《くにわけ》交渉という政治的駆け引きを展開していた。伊予の帰属が、毛利領か長宗我部領かの二者択一で進んでいたように見受けられ、両者の南伊予への軍勢派遣と戦闘は、現地事情に詳しくない秀吉に伊予領有権を主張するにあたっての既成事実を作るための争奪戦であった可能性も示されている〔平井二〇一六、山内二〇一七〕。しかし、結果的に協議ではまとまらず、秀吉は天正十三年（一五八五）六月から長宗我部氏征討の目的で四国へ軍勢を派遣、八月初頭に長宗我部氏の降伏が受諾される。

四国平定における伊予国内の戦闘は、東伊予地域で阿讃国境へと東進する形で展開しており、宇和郡はじめ南伊予へは平定戦は及んでいない。四国平定の波が宇和郡に及ぶのは、戦後の支配体制の刷新時となる。伊予が小早川隆景《たかかげ》領国となったことで、西園寺氏はそれまでの独自の領主支配に終焉を迎えることとなった。とはいえ、従来小早川氏と友好関係を維持しており、その小早川氏が上位権力に据わる形になった。

秀吉政権の政策である城割《しろわり》や知行再編などに取り組む小早川隆景は、翌十四年三月五日に来島村上領・喜多郡・支配拠点を中心に、城割の時点案を示して家臣と相談している〔浦家文書〕。この中で隆景は、西園寺領の城郭や領地の遣り替えが捗らない状況に不快感を示し、久枝氏と内談し、西園寺公広に普請等を申し付けるよう指示している。依然西園寺氏の支配機能が活き、家臣久枝氏が実務交渉者となり、地域権力としての影響力が維持されていたのである。この他にも、同年七月に隆景が久枝氏へ屋敷と知行を与えた際、公広が久枝氏へ早急な受領を促したり〔宇和旧記所収文書〕、翌八月に隆景が九州出兵に向けて法花津氏へ軍事動員をかけた際には、別途公広からも伝達があることを添えたりした事実もある〔玉津村清家文書〕。

西園寺氏の影響力維持は、円滑な在地支配に有益なだけでなく、一方で妨げになる場合もあった。隆景は三月四日の書状で、来村の勢力が指示に従わない様子を不満とし、公広からの徹底を急がせ、久枝氏からの事情聴取も命じている〔浦家文書〕。旧主が在地との間に介在することで、小早川氏の直接支配を妨げ、新支配への反発を許し、新たな政策の遂行を停滞させることもあったようだ。公広は、旧来の影響力を背景に小早川氏の在地支配に介在し、そこには良否両面の作用が働いたようである〔山内二〇一〇〕。

豊臣直臣戸田勝隆の支配と西園寺氏終焉

天正十五年（一五八七）、九州平定後の国分けに合わせ、伊予とは無縁の生粋の豊臣《とよとみ》直臣戸《と》田勝隆《だかつたか》が南伊予へ入部し、新たな秩序形成が強力に進められた。そのため、戸田支配は旧秩序との軋轢を強めたようだ。戸田氏が九州国人一揆対応のため九州渡海を間近に控えた同年十二月十一日、伝わるところでは公広は戸田氏本城の大津城（愛媛県大洲市）で謀殺されたといわれる。

同時期の類例の一つに、九州平定後に黒田《くろだ》領となった豊前において、一揆の中心人物の一人城井《きい》氏が中津《なかつ》城（福岡県中津市）にて謀殺されたとする記述が『黒田家譜』などに見える。知行の再編を目指す豊臣政権と、旧来の支配領域に固執する国衆との軋轢、そして抵抗勢力の求心力となりうる領主の殺害といった、これらと同様の事態が各地の新入封大名の領国で生じていたことを示唆する。戸田氏も九州国人一揆のような軋轢を警戒し、自身がまさにその九州国人一揆対応で伊予を不在にする前に、懸案要素を排除して危険を事前回避するため、求心的勢力の排除という強硬手段を講じたとしても不思議ではない。

ただし、だからといって戸田支配が、今も根強く残る一般的イメージのように、単に暴力的で苛烈な圧政だったとは言えない。久枝氏や法花津氏など旧来領主層に給地を与えたり、同じく旧来の武井《たけい》氏を下代官として登用したりと、旧来勢力を懐柔して利用する面もあった。平定直後の九州、服属させた中国毛利氏、同じく四国長宗我部氏と、警戒すべき服属地域に囲まれた中心に位置し、まさに秀吉が「九州・中国之かなめ所」と評した〔福島家文書〕西国支配の「要」となる伊予において、戸田氏は豊臣権力浸透や豊臣領国化を担う存在だったのであり、強硬姿勢は政権自体の過酷な方針に忠実に従い、政策遂行に努めた結果と評価できる。新政策推進による秩序変化や、抵抗への実力行使といった、当時の在地が直面した急激な社会変化がもたらす過酷さが、旧秩序の破壊や残虐性の側面を強く印象付けた可能性もあり、それが後に「戸田時代の過酷さ」から「戸田勝隆の圧政」へと個人転嫁して、今日の通説的理解が生まれたのかもしれない。しかし、過酷な支配は戸田氏に限らず政権が期待した姿勢でもあり、実証的根拠がないにもかかわらず戸田勝隆個人の人格と安易に結びつけるべきではなく、当時の時代特有の社会性の中で西園寺氏は排除されたと考えていくべきであろう〔山内二〇一五〕。

こうして、戸田支配による豊臣政権の強大な波の中で、伊予西園寺氏は滅亡を迎えることとなった。公広の墓所は、西予市宇和町の光教寺《こうきょうじ》にある。

（山内治朋）

【主要参考文献】

石野弥栄「南北朝・室町期の伊予西園寺氏―公家大名成立の前提―」（『国学院雑誌』八八―一〇、一九八七年）

石野弥栄「伊予国宇和郡における戦国期領主の存在形態」(『瀬戸内海地域史研究』八、二〇〇〇年)
石野弥栄「高嶋合戦再論」(『よど』五、二〇〇四年)
川岡勉「永禄期の南伊予の戦乱をめぐる一考察」(『愛媛大学教育学部紀要』第Ⅱ部人文・社会科学三六―二、二〇〇四年)
桑名洋一「信長政権期の伊予」(『伊予史談』四〇一、二〇二一年)
須田武男『中世における伊予の領主』(須田一臣、一九七八年)
東近伸「本能寺ノ変直前の四国の軍事情勢と岡本合戦の意義―土佐側から見た「清良記」・岡本合戦天正九年説の再検討―」(『よど』二〇、二〇一九年)
中平景介「天正前期の宇和郡・喜多郡と長宗我部氏」(『十六世紀史論叢』九、二〇一八年)
中平景介「三間岡本合戦の年代考」(伊予史談会一二五一回例会レジュメ、二〇一九年)
平井上総『長宗我部元親・盛親』(ミネルヴァ書房、二〇一六年)
松本敏幸「岡本合戦の年数問題」(『よど』一七、二〇一六年)
山内治朋「四国平定直後の伊予の城郭整理―遂行過程における地域性を中心に―」(『伊予の城めぐり』、愛媛県歴史文化博物館、二〇一〇年)
山内治朋「永享・嘉吉期の伊予西園寺氏の確執と幕府権力」(『地方史研究』三五六、二〇一二年)
山内治朋「豊臣期戸田勝隆の南伊予入封と支配―入封期における役割を中心に―」(『戦国史研究』六九、二〇一五年)
山内治朋「戦国最末期毛利氏の伊予喜多郡派兵と芸予土関係―派兵の推移・実態と意義―」(『四国中世史研究』一四、二〇一七年)
山内治朋「永禄南伊予争乱の展開と高島・鳥坂合戦―宇和郡初期様相と毛利氏加勢の推移を中心に―」(『伊予史談』三九三、二〇一九年)

土居清良——英雄として語り継がれる謎多き武将

謎多き英雄清良

戦国期の伊予国宇和《うわ》郡三間《みま》郷（愛媛県宇和島市）の英雄として、今なお語り継がれる武将に土居《どい》清良《きよよし》がいる。伝わるところでは、天文十五年（一五四六）正月三十日に土居清晴《きよはる》の子として生まれ、伯父清《きよ》貞《さだ》の養子となったとされる。三間郷の大森《おおもり》城を本拠とした。若い頃は虎松、三郎と称したとも伝わり、同時代の史料（一次史料）には式部大輔の官途名を見ることができる。

清良という武将が現代まで注目され、連綿と語り継がれた最大の背景には、江戸前期に子孫たちがまとめた彼の一代記『清良記《せいりょうき》』の存在がある。『清良記』は、単に清良の伝記のみではなく、取り巻く宇和郡一帯の政治・軍事等に関する叙述も多く含む軍記物として、その後の宇和島《うわじま》藩・吉田《よしだ》藩の地誌『宇和旧記』・『吉田古記』ほか各種編纂物にも影響を与えている。一般的によく語られる清良にまつわるエピソードやイメージは、この『清良記』に由来するところが大きい。

ただし、清良が生きた当時の同時代の史料ではないため、内容については慎重に検討して扱う必要がある。また、巻七には農事記述があるため、以前にはその部分が日本最古の農書『親民鑑月集《しんみんかんげつしゅう》』としてよく知られていたが、成立が近世のため後世の仮託とみる見解が現在では有力である。成立については、慶安三年～承応二年（一六五〇～五三）の間に、土居水也《すいや》たち清良の子孫により作られたことが明らかとなってきた〔石野二〇〇五〕。清良は、その知名度とは裏腹に、実は実態をうかがい知る同時代史料は極めて少なく、実像についてはほとんど謎というのが実情である。

本稿では、その極めて限られた同時代史料に基づきながら、清良や取り巻く歴史を描くことを試みる。そこからわずかに垣間見える史実と、これまで『清良記』を中心に通説的に語られてきた清良像や歴史像とのギャップが実感できるのではないだろうか。

三間衆と土佐一条氏

伊予は土佐と長い国境を接するが、なかでも南伊予の宇和郡は最も広範囲に国境を有する。そのため、土佐との結びつきも深く、土佐西部と一体的に、西南四国という一つの地域として歴史像を捉える視点もある。戦国期に土佐西部の幡多《はた》郡中村《なかむら》（高知県四万十市）を本拠としたのが一条《いちじょう》氏で、法花津《ほけつ》氏・御《み》庄《しょう》氏・芝《しば》氏たち宇和郡の領主は、一条氏から幡多郡内に所領を与えられていた〔石野二〇〇〇〕。一条氏が、隣接する宇和郡で領主層の懐柔をねらった可能性を示唆するもので、西南四国一帯での影響力拡大を徐々に進めようとしていた様子をうかがわせる。

また、一条氏が予土国境に位置する河原淵《かわらぶち》の領主河原淵氏に、一族教忠《のりただ》を養子として送り込んだという記事が『清良記』『宇和旧記』などに見える（『清良記』では法忠）。裏付ける実証的史料はないものの、叙位の記録『歴名土代《りゃくみょうどだい》』には天文十八年（一五四九）に従五位下を授かった一人として、一条房家《ふさいえ》の孫の教忠の名を見ることができる。永禄三年（一五六〇）の上鍵山山王宮《かみかぎやまさんのうぐう》（愛媛県鬼北町）の再建〔吉田古記所収上鍵山山王宮棟札〕以降、永禄期に同時代史料上に姿を現す河原淵教忠の活動時期とも符合するため、西南四国での勢力拡大・強化を志向する一条氏が、国境を越えて宇和郡で拠点形成を図った一例と捉えることも十分可能なのではないだろうか。

さらに、公家西園寺《さいおんじ》家の分流で、宇和盆地を本拠にして宇和郡に広く影響力を及ぼした伊予西園寺氏のうち、天文年間（一五三二〜五五）前後の当主公宣《きんのぶ》は、同じ公家一族である一条房家の娘と婚姻を結んでいる〔一条氏繰出位牌〕。一条氏による宇和郡領主層懐柔策の一環かもしれないが、西園寺氏にとっても西南四国における公家一族同士の結束によって、安定化を図ろうとしたのかもしれない。

では、清良はじめ土居氏についてはどうか。実は、『清良記』では清良も当初一条氏を頼った様子が描かれているのだが、残念ながら同時代史料では事実確認できないため、真偽等の詳細は不明である。しかし、宇和郡の領主のうち、土居氏をはじめ法花津氏・鳥坂《とさか》氏・多田宇都宮《ただうつのみや》氏たちは、一条氏と同じ高野山宿坊《こうやさんしゅくぼう》の窪之坊《くぼのぼう》と師檀《しだん》関係を結んでいたようである〔石野二〇一〇〕。また、宇和郡領主層との関係形成を進めた一条氏は、永禄末期に勃発した永禄南伊予争乱の際には、宇和郡領主層も動かして対応にあたっており〔山内二〇一九〕、一条兼定《かねさだ》自身が出陣した永禄十一年（一五六八）の高島《たかしま》・鳥坂合戦の際には、河原淵氏・多田宇都宮氏らの宇和郡領主とともに、三間衆も一条氏の軍勢に加わっていた〔延川天満宮棟札〕。ただし、このときの三間衆に土居氏や清良が含まれていたかどうかまではわからない。確かなことは、一条氏の影響力が三間郷辺りまで及ぶ時期があったという事実である。

長宗我部氏の宇和郡侵攻と岡本城合戦

清良を英雄に押し上げた最大の出来事が、予土国境方面から三間盆地への入口に位置する岡本《おかもと》城周辺（愛媛県宇和島市）で展開された岡本城合戦である。長宗我部《ちょうそかべ》氏は、天正三年（一五七五）に土佐を統一すると、伊予へも進出を図った。同六年には土佐衆が予土国境に近い魚成《うおなし》付近（同西予市）まで来襲した事実が確認でき〔土佐国蠹簡集〕、この頃から三か年ほどは宇和郡で争乱が続いていた〔狩野亨吉氏蒐集文書〕。

そして、岡本城合戦が勃発する。近年、発生年次については見直しが進められ、従来の天正七年には確かな根拠がないこと、天正九年に妥当性が見出せることが示された〔松本二〇一六・二〇一八・二〇一九、東近二〇一九、中平二〇一九〕。これにともない、合戦が織田《おだ》政権の四国政策変更時期と重なることから、長宗我部氏の四国戦略が一時破綻寸前の危機的状況に陥ったとする評価が示されたが〔東近二〇一九〕、一方では長宗我部氏や織田政権の四国戦略などといった周辺諸勢力への影響は不明瞭であるとして、あくまで境目地域の偶発的な局地戦と冷静に捉えようという相反する評価も示された〔中平二〇一九〕。そこへ、宇和郡侵攻が織田政権の不興を買った可能性があるとして、織田政権の政策変更や織田・長宗我部の断交に影響したという、本能寺《ほんのうじ》の変《へん》の直前情勢に結び付けようとする評価が再び提示され〔桑名二〇二二〕、岡本城合戦に対する歴史的評価をめぐる新たな議論が始まりつつある。

さて、岡本城合戦では、清良らが奮戦して長宗我部氏重臣久武親信《ひさたけちかのぶ》らを討ち取ったうえ、撃退に成功した。久武の他にも、関係史料の再検討から佐竹《さたけ》太郎兵衛の討ち死にも信憑性がある可能性も指摘されている〔東近二〇一九〕。『清良記』には、当然ながら合戦の推移が事細かく具体的に描かれており、清良の武勇を誇る際にしばしば引用される。しかし、もちろん戦闘シーンの具体的な描写について裏付ける実証的な史料は存在しないため、細かな描写については、あくまで後世の編纂時の脚色や想像を多分に含んだ物語性の強い内容と捉えるべきであることは留意しておく必要がある。

清良の戦功に対して、守護家河野《こうの》氏は感状を発給し、太刀や馬代などの褒美も遣わしている〔高串土居家文書〕。感状の末尾には、西園寺公広《きんひろ》へも伝達しておく旨が添えられている。宇和郡の国衆として西園寺氏の裁量の範疇に属していたことの表れとみられるが、永禄南伊予争乱以来、宇和郡へ介入する様子が散見されるようになる河野氏からの感状発給は、土居氏たち宇和郡領主層が、それを差配する西園寺氏も含めて河野氏の軍事統率下にあったことを意味していよう。従来、河野氏は伊予守護家でありながら、宇都宮氏や西園寺氏が独自の権力基盤を形成する喜多郡や宇和郡へは実効支配を及ぼしにくかったが、戦国末期にいたって周辺情勢や権力関係などが変化する中で、守護家としての国成敗権なども背景にしてか、宇和郡までも実権を及ぼしうる状況が生まれていたようである。

長宗我部氏の宇和郡侵攻と喜多郡争奪

その後、三間郷の様子が史料上に現れるのは、天正十一年（一五八三）から河野氏が推し進めた喜多郡平定の関連においてである。河野氏は当初から毛利《もうり》氏と協議を持ち、翌十二年七月には河野通直《みちなお》と毛利輝元《てるもと》の直接会談を経て、毛利氏が加勢に合意する。それまで入魂にあった毛利・長宗我部の関係は決裂し、互いに軍勢を南伊予へ送り込むことになった。

八月末頃、長宗我部氏は岡本城合戦で討ち死にした久武親信の弟親直《ちかなお》に対して三間表へ出陣して刈田行為に及ぶよう命じ、宇和郡に侵攻した長宗我部勢は、九月十一日には三間盆地手前の深田《ふかだ》城（愛媛県鬼北町）を落とし、命令どおり周辺で刈田に及んでいる〔金子文書〕。十月中頃には宇和盆地へと侵入し、西園寺氏本拠の黒瀬《くろせ》城（愛媛県西予市）を落去させ〔桂文書〕、そのまま破竹の勢いで北上して喜多郡に入り、早くも十月終盤には喜多郡北部の諸城を陥落させることになる〔桂文書、城戸文書〕。与同勢力が窮地に立つ喜多郡を目指した長宗我部勢は、進入路として三間表を攻略し、さらに宇和盆地中枢の掌握を済ませた上で、喜多郡や周辺の与同勢力を救援するべくさらなる北上を続けたのである。

長宗我部勢の進入路とされ戦乱に巻き込まれた三間周辺であるが、清良の関与はどのようなものだったのだろうか。三年前の岡本城合戦のように、長宗我部勢を迎え撃っていても不思議ではないが、同時代史料上にそうした様子は確認できない。ただし、長宗我部勢の侵攻を知った毛利氏は、十月下旬になると当初目的の喜多郡平定への加勢すらも延引している中で、緊急事態を迎えて長宗我部勢への応戦部隊の派遣を急いだ〔山内二〇一七〕。平賀《ひらが》・木梨《きなし》・南方《みなみかた》・吉見《よしみ》・粟屋《あわや》・児玉《こだま》・鉄砲衆らに伊予渡海命令が下るが、実はこの喜多郡への加勢に関連して、毛利輝元から清良へ三間方面での堅固な気遣いへの賛辞と、さらなる尽力を求め、銀子十枚が贈られている〔高串土居家文書〕。

この輝元書状の冒頭には、今まで音信を交わしたことがなかった初信の挨拶文言があり、毛利輝元と清良が直接音信を交わしたのはこのときが初めてだったようだ。『清良記』には、清良が何度も中国地方に渡って毛利氏の中国戦線に加勢したとの叙述も散見されるが、同時代史料に確認できないだけでなく、伊予衆が中国地方で毛利氏の軍勢に加わった事例は、瀬戸内海の海賊衆村上《むらかみ》氏で確認できるに留まる。何より、天正十二年が毛利輝元との初めて音信となれば、すでに中国戦線が停戦した後の接触ということになるため、毛利氏の中国戦線に加勢する機会は見出しがたく、史実とは矛盾することになる。

三間周辺が長宗我部勢に蹂躙される中で、どうやら清良は服属することなく河野・毛利方として勢力を維持していた模様である。長宗我部勢の通過後も依然として河野・毛利方が残存して両勢力が混在する状態だったようで、長宗我部勢が通過したからといってその地域や、まして宇和郡全域がすべて長宗我部氏に征服されたわけではなかったことが見えてこよう。やはり、長宗我部氏の主目的があくまで喜多郡付近の与同勢力の支援だったと捉えれば、極めて自然な理解が得られるのである。

四国平定と土居清良

長宗我部氏の三間表侵攻の翌天正十三年（一五八五）には、羽柴秀吉《はしばひでよし》の四国平定により伊予は小早川《こばやかわ》氏（毛利氏）の領国となる。当時、清良と毛利氏が友好関係にあったことや、そもそも宇和郡が西園寺氏をはじめとして独自性の強い地域でもあったことなどからかもしれないが、清良は依然として領主としての立場を維持していたようである。翌十四年に始まる九州平定の際、北九州方面へ向かおうとする小早川隆景《たかかげ》から、清良は出陣を求められている〔高串土居家文書〕。同時期には、宇和郡の法花津氏や喜多郡の上須戒《かみすがい》氏・水沼《みずぬま》氏へも動員がかけられており〔玉津村清家文書、大野芳夫氏所蔵文書〕、南伊予の領主層の軍事力も小早川勢の一員として期待され、土居勢もその一角とされたのだ。

一方、所領支配の面はというと、同時代史料には見えないため詳細不明である。なお、『清良記』における小早川時代の様相に関する叙述には、西園寺氏・土居氏・法花津氏・御庄氏の四氏は在城を許されたという記事がある。実際に西園寺氏や御庄氏が在地への影響力を残し、法花津氏が九州出兵へ動員をかけられるなどした事実〔浦家文書、宇和旧記所収文書、愛媛県歴史文化博物館所蔵文書、玉津村清家文書〕に鑑みると、円滑な在地支配のため旧来勢力が一定度温存されていたのは確かである。もちろん、『清良記』のような在城が可能だったのかはわからないとしても、土居氏もまた同様に在地への影響力を残していたとみてよいのではないだろうか。

しかし、小早川氏の支配は二年で終了し、天正十五年には秀吉直臣の戸田勝隆《とだかつたか》が南伊予の大名として入部する。また、八年後の文禄四年（一五九五）には藤堂高虎《とうどうたかとら》の支配となる。戸田時代以降、清良に関する同時代史料は遺っておらず、一次史料上ではその後の詳細は不明と言わざるをえない。『清良記』や「高串土居家文書」に、勝隆のものとする戸田政信《まさのぶ》の清良宛発給文書が二通収められているが、勝隆が「政信」を称したことはなく、文書形態も不自然であることから、信憑性に疑問がある。

とはいえ、戸田氏入部の際には、豊臣政権の奉行として各地の検地に携わった浅野長吉が、伊予の検地も担うべく宇和郡に入ったようで、三間郷でも在地領主の馳走に礼を述べたり、年貢収納や割合などを指示したりしている〔吉田古記所収文書〕。新たに秀吉直臣が入部する伊予で、早々に検地による新たな秩序形成が推し進められる中、三間郷へも早い段階から豊臣政権の新たな波が着実に及ぶようになったことは確かである。

ちなみに『清良記』では、戸田時代に入ると、小早川時代に在城が許されていた西園寺氏・法花津氏・御庄氏・土居氏の四氏とも下城したと記す。また、清良が戸田支配下で起きた一揆の鎮圧に協力したり、戸田氏からの知行給付を辞退したり、下って藤堂氏からも朝鮮への出陣や板島丸串《いたじままるくし》城城代を求められるも固辞する様子も描かれている。裏付ける実証的史料がないため真偽は定かではないが、例えば戸田氏支配の場合、勝隆が秀吉直臣として豊臣政権の政策を忠実に遂行し、基本政策ともいえる検地や知行再編を推し進める役割を担う中で、久枝《ひさえだ》氏や法花津氏などに給地を与えたり、武井《たけい》氏を在地支配の下代官として登用したりと、旧来勢力を懐柔して利用する面もあった〔山内二〇一五〕。清良に対しても、知行給付で懐柔して支配に利用しようとする画策があったとしても不思議はないのかもしれない。

神になった清良

『清良記』では、清良は戸田氏の知行給付や藤堂氏の誘いを固辞して政治的立場を離れたとし、それ以降亡くなるまでの叙述はない。草庵にて後半生を送ったとも言われる。先述のとおり、同時代史料上にも動向は現れないため、その後の実際の活動等については残念ながら詳細を知ることは叶わず、謎のままである。寛永六年（一六二九）三月二十四日に没し、墓所は宇和島市三間町の龍泉寺《りゅうせんじ》にある。

清良を語る上で特徴的なことは、死後の顕彰活動である。『清良記』に代表されるとおり、庄屋や神官となった子孫たちは清良の功績を語り継いだ。そして寛文元年（一六六一）、ついに清良明神として清良神社（宇和島市三間町）に祀られ、神となった。明治六年（一八七三）には村社に定められ、今も崇敬を集めている。

以上、可能な限り同時代史料に基づいて、清良をめぐる歴史像を実証的に描くことを試みた。従来知られる通説的イメージと比べ、随分と掛け離れ、かなり物足りなさを感じさせることは否めない。しかし、実証的に裏付けられない要素を排し、確度の高い史実に絞って客観的に描いてみると、清良個人のいわゆる英雄譚とはまた趣が変わり、このような宇和郡や三間郷をめぐる地域歴史像として浮かび上がってくるということが、一つの成果として示せたのではないだろうか。

（山内治朋）

【主要参考文献】
石野弥栄「伊予国宇和郡における戦国期領主の存在形態」（『瀬戸内海地域史研究』八、二〇〇〇年）
石野弥栄「『清良記』の成立と素材について」（『伊予史談』三三九、二〇〇五年）
石野弥栄「戦国期南伊予の在地領主と土佐一条氏」（市村高男編『中世土佐の世界と一条氏』高志書院、二〇一〇年）
桑名洋一「信長政権期の伊予」（『伊予史談』四〇一、二〇二一年）
東近伸「本能寺ノ変直前の四国の軍事情勢と岡本合戦の意義―土佐側から見た「清良記」・岡本合戦天正九年説の再検討―」（『よど』二〇、二〇一九年）
中平景介「三間岡本合戦の年代考」（伊予史談会一一五一回例会レジュメ、二〇一九年）
松本敏幸「岡本合戦の年数問題」（『よど』一七、二〇一六年）
松本敏幸「続・岡本合戦の年数問題」（『よど』一九、二〇一八年）
松本敏幸「土佐史料に見る岡本合戦」（『よど』二〇、二〇一九年）
山内治朋「豊臣期戸田勝隆の南伊予入封と支配―入封期における役割を中心に―」（『戦国史研究』六九、二〇一五年）
山内治朋「戦国最末期毛利氏の伊予喜多郡派兵と芸予土関係―派兵の推移・実態と意義―」（『四国中世史研究』一四、二〇一七年）
山内治朋「永禄南伊予争乱の展開と高島・鳥坂合戦―宇和郡初期様相と毛利氏加勢の推移を中心に―」（『伊予史談』三九三、二〇一九年）

【執筆者一覧】（掲載順）

平井上総　別掲

石畑匡基
一九八八年生まれ。現在、大手前大学国際日本学部講師。
【主な業績】図録『史料で読み解く長宗我部』（高知県立歴史民俗資料館、二〇二一年）、企画展図録『長宗我部氏とその時代』（高知県立歴史民俗資料館、二〇二二年）

森脇崇文
一九八一年生まれ。現在、徳島市立徳島城博物館学芸員。
【主な業績】「豊臣期大名権力の変革過程―備前宇喜多氏の事例から―」（『ヒストリア』二二五、二〇一一年）、「天正初期の備作地域情勢と毛利・織田氏」（『ヒストリア』二五四、二〇一六年）、「足利義昭帰洛戦争の展開と四国情勢」（地方史研究協議会編『徳島発展の歴史的基盤―「地力」と地域社会―』雄山閣、二〇一八年）

中平景介
一九八三年生まれ。現在、愛媛県立松山西中等教育学校教諭。
【主な業績】「天正前期の阿波をめぐる政治情勢―三好存保の動向を中心に―」（『戦国史研究』六六、二〇一三年）、「予土和睦と芸土入魂―天正十一年における毛利・長宗我部関係を中心に―」（『四国中世史研究』一四、二〇一七年）、「長宗我部元親の阿波侵攻と西阿波の国衆」（石井伸夫・重見髙博・長谷川賢二編著『戦国期阿波国のいくさ・信仰・都市』戎光祥出版、二〇二二年）

川島佳弘
一九七九年生まれ。現在、松山市立子規記念博物館学芸員。
【主な業績】「小牧・長久手の合戦と伊予の争乱」（『織豊期研究』九、二〇〇七年）、「元吉合戦再考―城の所在と合戦の意図―」（四国地域史研究連絡協議会編『四国の中世城館』岩田書院、二〇一八年）、「天正五年元吉合戦と香川氏の動向」（橋詰茂編『戦国・近世初期 西と東の地域社会』岩田書院、二〇一九年）

嶋中佳輝
一九九二年生まれ。現在、四国中世史研究会会員。
【主な業績】「戦国期讃岐安富氏の基礎的研究」(『四国中世史研究』一六、二〇二一年)、「長宗我部氏・平島公方関係再考」(『戦国史研究』八三、二〇二二年)

磯川いづみ
一九七二年生まれ。現在、新居浜市史編集委員会第1専門部会調査員。
【主な業績】「伊予河野氏の対京都外交―梅仙軒霊超を介する「近衛ルート」―」(『戦国史研究』六七、二〇一四年)、「天文期河野氏の内訌―「天文伊予の乱」の再検討―」(『四国中世史研究』一四、二〇一七年)、「村上吉継と大山祇神社社家―「徴古雑抄」伊予二所収「三島神官家文書」の紹介を兼ねて―」(橋詰茂編『戦国・近世初期西と東の地域社会』岩田書院、二〇一九年)

大上幹広
一九九一年生まれ。現在、私立愛光中学・高等学校教諭。
【主な業績】「豊臣期の能島村上氏―海賊衆の変質―」(『戦国史研究』七六、二〇一九年)、「戦国末期の能島村上氏と河野氏―天正一二年を中心に―」(『地方史研究』三九九、二〇一九年)、「天文年間の能島村上氏の内訌と大内氏―十六世紀半ばの転換―」(『四国中世史研究』一六、二〇二一年)

土居聡朋
一九七〇年生まれ。現在、愛媛県美術館学芸課長。
【主な業績】『戦国遺文　瀬戸内水軍編』(共著、東京堂出版、二〇一二年)、「伊予宇都宮氏の成立と展開」(市村高男編『中世宇都宮氏の世界』彩流社、二〇一三年)、「愛媛県松山市保免・薬師寺所蔵の大般若経について」(『愛媛県歴史文化博物館研究紀要』一八、二〇一三年)

桑名洋一

一九六六年生まれ。現在、愛媛県立松山北高等学校教諭。

【主な業績】「天正期中国・四国国分と河野氏」（『四国中世史研究』一四、二〇一七年）、「天正期予土和睦交渉の行方―「金子文書」から読み解く―」（『伊予史談』三九一、二〇一八年）、「本能寺の変と伊予」（『歴史研究』六九五、戎光祥出版、二〇二一年）

山内治朋

一九七〇年生まれ。現在、愛媛県歴史文化博物館専門学芸員。

【主な業績】「永享・嘉吉期の伊予西園寺氏の確執と幕府権力」（『地方史研究』三五六、二〇一二年）、『戦国遺文 瀬戸内水軍編』（共編、東京堂出版、二〇一二年）、『論集 戦国大名と国衆18 伊予河野氏』（編著、岩田書院、二〇一五年）

【編者略歴】
平井上総（ひらい・かずさ）
1980年生まれ。現在、藤女子大学文学部准教授。
主な業績に、『長宗我部氏の検地と権力構造』（校倉書房、2008年）、『長宗我部元親·盛親』（ミネルヴァ書房、2016年）、『兵農分離はあったのか』（平凡社、2017年）、『列島の戦国史８　織田政権の登場と戦国社会』（吉川弘文館、2020年）、『長宗我部元親』（シリーズ·織豊大名の研究１、編著、戎光祥出版、2014年）などがある。

戦国武将列伝《せんごくぶしょうれつでん》10 四国編《しこくへん》

2023年1月10日　初版初刷発行

編　者　平井上総
発行者　伊藤光祥
発行所　戎光祥出版株式会社
〒102-0083 東京都千代田区麹町1-7 相互半蔵門ビル8F
TEL：03-5275-3361（代表）　FAX：03-5275-3365
https://www.ebisukosyo.co.jp
印刷·製本　モリモト印刷株式会社
装　丁　　堀 立明

ISBN：978-4-86403-449-4